游戏的人

文化的游戏要素研究

Homo Ludens: A Study of The Play-Element in Culture

〔荷〕约翰·赫伊津哈 著

傅存良 译

北京大学出版社
PEKING UNIVERSITY PRESS

图书在版编目(CIP)数据

游戏的人:文化的游戏要素研究/(荷)赫伊津哈(Huizinga,J.)著;傅存良译. —北京:北京大学出版社,2014.10
ISBN 978-7-301-24910-9

Ⅰ.①游… Ⅱ.①赫…②傅… Ⅲ.①游戏—研究 Ⅳ.①G898

中国版本图书馆 CIP 数据核字(2014)第 228602 号

HOMO LUDENS:A STUDY OF THE PLAY-ELEMENT IN CULTURE
Johan Huizinga. Trans. by R. F. C. Hull. Routledge & Kegan Paul Ltd,1949.

书　　　　名:	游戏的人——文化的游戏要素研究
著作责任者:	〔荷〕约翰・赫伊津哈　著　傅存良　译
责 任 编 辑:	刘　军
标 准 书 号:	ISBN 978-7-301-24910-9/K·1066
出 版 发 行:	北京大学出版社
地　　　　址:	北京市海淀区成府路 205 号　100871
网　　　　址:	http://www. pup. cn　新浪官方微博:@北京大学出版社
微信公众号:	通识书苑(微信号:sartspku)
编辑部邮箱:	jyzx@ pup. cn
总编室邮箱:	zpup@ pup. cn
电　　　　话:	邮购部 62752015　发行部 62750672　编辑部 62767346
	出版部 62754962
印 刷 者:	三河市北燕印装有限公司
经 销 者:	新华书店
	650 毫米×980 毫米　16 开本　20.75 印张　250 千字
	2014 年 10 月第 1 版　2025 年 9 月第 9 次印刷
定　　　　价:	60.00 元

未经许可,不得以任何方式复制或抄袭本书之部分或全部内容。
版权所有,侵权必究
举报电话: 010 - 62752024　电子邮箱: fd@ pup. pku. edu. cn

中译者说明

- 本书注释除注明外,均为中译者所加。
- 原书注释为脚注,本书除"英译者识"和"作者前言"外,均改为每章尾注。
- 边码为原书页码。

英译者识

  这个译本参考了1944年瑞士出版的德译本以及作者本人临终前不久完成的英译本。比较这两个版本，不一致之处较多，风格也明显不同。但愿这个后出的英译本能恰如其分地综合两者之长。

理查德·弗朗西斯·卡林顿·胡尔①

---

  ① 理查德·弗朗西斯·卡林顿·胡尔（Richard Francis Carrington Hull，1913—1974），美国学者、翻译家，曾将德国心理学家荣格的全部作品译为英文。

作者前言

有个比当代更乐观的时代,曾不惮于把我们人类称作 *Homo Sapiens*(理性之人)。时光荏苒,我们渐渐认识到,人类压根儿就不像十八世纪(那个崇尚理性、乐观得幼稚的世纪)认为的那么有理性,于是当下流行的观点便是倾向于把我们人类命名为 *Homo Faber*:造物之人(Man the Maker)。虽说 *faber*(会制造)不像 *sapiens*(有理性)那么不靠谱,但如果专门用来定义人类的话,却更不贴切,因为很多动物也会制造。不过还有第三种功能,对人类生活和动物生活同样适用,且其重要性不亚于"有理性"(reasoning)和"会制造"(making),这种功能就是"玩游戏"(playing)。在我看来,继 *Homo Faber*(造物之人)提出之后,*Homo Ludens*,即"游戏的人"(Man the Player),或许与 *Homo Sapiens*(理性之人)不相上下,在我们的术语中当有一席之地。

把人类一切活动统称为"游戏",这是上古的智慧,不过这种智慧也稍嫌蹩脚。情愿满足于此类玄乎结论的,还是不读本书为妙。尽管如此,游戏概念是世人生活中很特别、极重要的因素,我们没理由弃之不顾。历经多年,我日益坚信,文明是在游戏中并作为游戏产生发展起来的。该观点见诸 1903 年以来本人的著述。1933 年,我任莱顿大学校长时所作的年度演讲即以此为主题,后来在苏黎世、维也纳和伦敦也就此做过演讲,最近那次演讲的题目是:"文化的游戏要素"(The Play Element of Culture)。每次演讲,主持人都想把题目改成"文化

'中'的"（"in"Culture），而我每次都表示反对，并坚持使用所有格形式①，因为我的目的不是想确定游戏在各种文化形态中的地位，而是想弄明白文化本身究竟具有怎样的游戏特点。眼下这一篇幅适中的研究旨在将游戏概念努力融入文化概念。因此，本书所说的游戏不应理解为生物现象，而应理解为文化现象；本书对游戏的研究是历史研究，而非科学研究。读者会看到，我几乎不从心理学角度解释游戏，无论这种解释有多重要；同时，我使用人类学术语和注解也慎之又慎，即便不得已援引人种学证据时亦然。读者会发现，我没有提及诸如**魔法**（*mana*）之类的东西，也几乎没有提到任何巫术。倘若一定要以论断的形式简要说明我的理由，其一就是：迄今为止，人类学及其姊妹学科太不重视游戏概念，太不关注游戏因素对文明的极端重要性了。

读者不要指望本书一字一词都详加说明。探讨泛文化课题，往往须得在自己尚未彻底扫荡过的疆域里攻营掠寨。动笔前就预先填满本人知识领域的所有空白，对我来说实在勉为其难。我必须现在就写，不然就根本不会下笔了。而我很想写出来。

1938年6月于莱顿

---

① 当然，逻辑上看，赫伊津哈没错，但英语介词并不是由逻辑支配的。我在本书副题中仍沿用了更顺口的离格。——英译者
所有格（genitive），又称"属格"，表示属性。
离格（ablative），又称"从格"、"夺格"，表示来源。

目 录

中译者说明　1
英译者识　1
作者前言　1

第一章　游戏这种文化现象的性质和意义　1
第二章　用语言表达的游戏概念　32
第三章　游戏和竞赛的教化功能　54
第四章　游戏和法律　95
第五章　游戏和战争　114
第六章　游戏和知识　139
第七章　游戏和诗歌　163
第八章　神话创作的要素　185
第九章　哲学的游戏形式　202
第十章　艺术的游戏形式　221
第十一章　游戏视野下的西方文明　247
第十二章　当代文明的游戏要素　284
索引　307

第一章

游戏这种文化现象的性质和意义

  游戏早于文化。对文化的定义很难面面俱到,但无论怎样定义,文化总是以人类社会的存在为前提,动物则用不着等人来教就会自己玩游戏。我们甚至可以有把握地断言,就一般意义上的游戏来说,人类文明并未添加任何不可或缺的特征。动物玩游戏,恰如人类。只需观察小狗就会发现,人类游戏的一切要素,都体现在它们欢快的嬉闹中了。它们以某种仪式化的姿势和动作相邀玩游戏;它们讲规矩,不咬同伴的耳朵或不用力去咬;它们会装出怒不可遏的样子;而最重要的是,在所有这些行为中,它们显然兴致勃勃,乐此不疲。小狗嬉闹只是较简单的动物游戏。另有更为成熟的形式——以正规竞赛和精彩表演博得公众喝彩。

  现在我们立刻就能得出一个非常重要的观点:即便是动物层面的形式最简单的游戏,也绝不只是生理现象或心理反应。它超出单纯的身体运动和单纯的生物活动范围。游戏是一种**有用意的**(*significant*)功能——也就是说,它具有某种意义。游戏中,某种超越生命直接需求并赋予行动意义的东西"在活动"(at play)。一切游戏都有某种意义。倘若我们把构成游戏本质的有效成分称作"本能",那等于什么也没解释;假如称之为"思想"或"意志",又不免过度诠释。无论我们如何看待它,"游戏有意义"这一事实,都必然意味着游戏本身具有非物质特征。

心理学和生理学对动物游戏、儿童游戏以及成年人游戏进行观察、描述和解释,试图阐明游戏的性质和意义,确定游戏在生命进程中的地位。它们普遍认为,这一地位理所当然极其重要,游戏这种功能理所当然必不可少或至少非常实用,这也构成了所有此类科研活动的出发点。界定游戏生物学功能的诸多尝试明显各执一词。一些理论认为,游戏的起源和本质是过剩生命力的宣泄,另一些理论认为是某种"模仿本能"的满足,还有理论认为不过是对消遣的"需求"。照一种理论看来,游戏相当于对年幼生命体进行的训练,以适应日后生活中离不开的严肃工作;而根据另一种理论,游戏则充当演习,以对个体进行必要的约束。有些理论从发挥某种才能的先天冲动或支配欲、争斗欲中发现了游戏原理;而另有理论把游戏视为一种"发泄"——释放有害冲动;或认为游戏是对单方活动后所耗精力的必要恢复,或认为是"愿望的满足",或认为是意在维系个体价值感的幌子,不一而足。[1]

所有这些猜想都有一个共同点:它们的出发点均假设,游戏必定在为某种**不是**游戏的东西服务,假设游戏必定有着某种生物学目的。这些猜想全在探究游戏的缘由。它们给出的种种答案,与其说会互不兼容,还不如说会部分雷同。认同上述所有解释,而不会真的陷入任何思想混乱——这完全有可能,但离真正理解游戏概念也不会更近。这些解释都不过片面解答了问题。假如其中任何一种解释真的可以一锤定音,那它应该要么排斥所有其他解释,要么囊括那些解释,在更高层面上达成一致。这类解释大多只是附带谈及游戏**本身**是什么,以及它对游戏者意味着什么。它们直接运用实验科学的量化方法对付游戏,却未首先关注游戏深刻的美学特征。通常,它们几乎不触及游戏本身的主要特征。对上述每个"解释"都可以如此反驳:"就算这样吧,那游戏的**乐趣**到底是怎么回事?为什么婴儿开怀欢叫?何以赌徒狂

第一章 游戏这种文化现象的性质和意义

热得难以自拔?怎么一场足球赛就能颠倒众生?"游戏的这种紧张刺激和玩游戏时的全神贯注,用生物学是解释不通的。而正是在这种紧张刺激、全神贯注和令人迷狂的力量中,隐藏着游戏的本质,隐藏着游戏的原始特征。理性思维告诉我们,大自然本可以轻而易举地以纯粹机械练习或机械反应的方式,将"释放过剩精力"、"劳碌之后放松"、"生活技能培训"、"补偿落空的期盼"等所有这些有用功能赠与她的孩子——可大自然并未这么做。她给了我们游戏,给了我们游戏的紧张、游戏的欢笑,还有游戏的乐趣。

请注意,最后提及的要素——玩游戏的乐趣(*fun*),令一切分析、一切逻辑解释束手无策。作为概念,乐趣不能被归纳为任何别的心理范畴。我所了解的现代语言中,还没哪个词与英语中的"fun"完全对应。也许荷兰语的"aardigkeit"与之最为接近(该词源于"aard",意思相当于德语中的"Art"和"Wesen"[2],这也许就证明乐趣概念无法再简化了)。我们可以顺带指出,"fun"(乐趣)一词当前通用的含义是新近才出现的。很奇怪,法语里根本就没有对应的词语;德语中的"Spass"(趣味)和"Witz"(玩笑)凑在一起才勉强与之相当。然而,正是乐趣这一要素体现了游戏的本质。我们眼下面对的是最基本的生活范畴,人人都很熟悉,一眼就看得出,下至动物亦然。我们蛮可以把游戏视为"整体"(totality),现代意义上的"整体",我们必须努力把游戏当做一个"整体"去理解和评价。

既然游戏实际上超出了人类生活领域,它也就不可能以任何理性关系为基础,否则便会限于人类专有了。游戏的产生与任何特定阶段的文明或世界观无关。大凡能思考的人一眼就会看出,游戏就是游戏,哪怕其语言中找不到公认的概念去表达它。游戏的存在不容否认。换句话说,你可以否认真、善、美、正义、精神、上帝等几乎所有抽象概念的存在。你可以否认严肃的存在,却无法否认游戏的存在。

而承认了游戏的存在,也就承认了精神的存在,因为不论游戏是什么,它都不会是物质。即便在动物界,游戏也挣脱了物质存在的束缚。如果认为世界完全受盲目力量支配的话,游戏就纯属多余了——只有精神的洪流冲垮了为所欲为的宇宙决定论,游戏才有可能存在,我们才能想象游戏、理解游戏。正因为游戏的存在,人类社会超越逻辑推理的天性才得以不断证实。动物会玩游戏,因此它们必定不只是单纯的机械物体;我们会玩游戏,而且知道自己在玩游戏,因此我们必定不只是单纯的理性生物,因为游戏是无理性的。

我们要着手研究的,不是动物生活和儿童生活中的游戏现象,而是具有真正文化功能的游戏,在这一问题面前,生物学和心理学止步不前。在文化中,我们发现,文化本身存在之前,游戏就已是重要存在,它从初始阶段就伴随着文化,渗透进文化,直至我们当前所处的文明阶段。我们发现,游戏无所不在,具有清晰可辨、有别于"平常"生活的行为特征。我们不必理会科学到底多么成功地把这种特征加以量化——在我们看来,科学并未做到。不管怎样,正是这一特征,我们所谓"游戏"这种如此典型的生活方式,才是最要紧的。游戏,是特殊的行为方式,是"有用意的形式",是社会功能——这就是我们的研究课题。我们不必探究通常影响游戏的自然冲动和习性,而要研究游戏本身这种社会结构的各种具体形式。我们会尽可能像游戏者本人那样,按游戏的本来面目看待游戏。倘若我们发现,游戏是基于对某些形象、对现实某种"想象"(即把现实转化为形象)的处理,那我们首先要考虑领会这些形象及其"想象"的价值和意义。我们应观察这些形象和"想象"在游戏本身的运作,并由此努力把游戏理解为生活中的文化因素。

人类社会的重要原创活动从一开始就全部渗透着游戏。就拿语言来说吧,语言是人类为了交流、教化和发号施令而首先形成的最重

第一章　游戏这种文化现象的性质和意义

要工具。语言使人类能够区分事物、确认事物、表述事物——简而言之,就是对事物命名,并通过命名将事物提升到精神领域。在言谈和语言的形成过程中,精神在物质和心灵之间持续"放电",似乎在玩这种神奇的命名技巧游戏。每个抽象表达的背后,都蕴藏着最富想象力的比喻,而每个比喻都是文字游戏。就这样,通过对生活的表述,人类创造了另一个与自然界共存的诗意世界。

或以神话为例。神话也是对外部世界的变形或"想象",只不过比单个词句的情形更精致、更雕琢。在神话里,原始人试图借助神灵来解释现象世界。神话所有那些天马行空的想象中,总有一种富于幻想的精神在庄谐交界处游戏。最后,再举仪式为例。原始社会举行宗教仪式、祭祀、献祭和秘仪,凡此种种,都是以真正意义上的纯粹游戏精神来保佑这个世界平安幸福。

于是,文明生活的重要原生力量——法律与秩序、商业与利润、工艺与文艺、诗歌、智慧与科学,都源自神话和仪式,都根植于游戏的原始土壤中。

莎士比亚

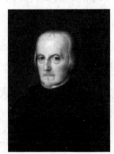
卡尔德隆

拉辛

本书旨在阐明,把文化归入**游戏类别**(*sub specie ludi*)绝非只是修辞上的比喻。这种见解一点也不新鲜。曾有一个时代,这种见解被普遍接受,不过是狭义上的,和我们今天所说的大不一样;那是十七世纪,即世界的戏剧时代;从莎士比亚[3]、卡尔德隆[4]直至拉辛[5],光辉夺目的人物层出不穷,戏剧艺术当时主宰了西方文学。把世界比作舞台,人人在台上扮演各自角色,这个比喻很时兴;这是否意味着文明的游戏要素那时已广为人知了呢? 根本不是。深入研究表明,"把生活比作舞台",这种时髦比喻不过是风行一时的新柏拉图主义[6]的回响,带有明显的说教口吻。它是"万物皆空"(vanity of all things)这个古老主题的变奏。游戏与文化确乎彼此渗透交融,这个事实当时既无人发觉,亦无人点明;而我们的全部意图就是要表明,真正、纯粹的游戏是文明的重要基石之一。

照我们的想法,游戏与严肃完全对立。乍一看,这种对立就像游戏概念本身一样,无法简化成其他范畴。然而,细加研究就会发现,游戏与严肃之间的差异既不足信,也非恒定。我们可能会说,游戏不具备严肃性;但这一见解不仅没有告诉我们游戏的真正性质,而且特别容易被驳倒。一旦我们从"游戏不具备严肃性"推出"游戏是不严肃的",这种差异就让我们跌了个跟斗,因为有些游戏确实非常严肃。此外,我们还可以马上举出另外几种重要范畴,这些范畴同样可以纳入"不具备严肃性"名下,却跟"游戏"毫不相似。比如,笑在某种意义上与严肃相对立,但与游戏的关系并非真的那么密切。儿童游戏、足球以及象棋玩起来可是相当严肃的,而玩游戏的人压根儿就没打算笑。值得注意的是,"笑"这种纯粹生理行为唯独人类才有,而游戏这种重要功能则系人类与动物共有。亚里士多德用 *animal ridens*(会笑的动物)来界定人的特征以区分人与动物,比用 *homo sapiens*(理性智者)来界定大概更彻底[7]。

笑如此,滑稽亦然。滑稽可归入"不具备严肃性"一类,并与笑有所关联——它逗笑。但滑稽与游戏的联系则是次要的。无论对于玩游戏的人来说,还是对于看游戏的观众来说,游戏本身并不滑稽。小动物和儿童的游戏或许有时滑稽可笑,但看到成年犬互相追逐却很难

第一章 游戏这种文化现象的性质和意义

让我们发笑。我们之所以称一出闹剧或喜剧"滑稽",与其说是因为表演动作"滑稽",还不如说是因为所表现的情境或观念"滑稽"。小丑的模仿和逗笑算得上滑稽可笑,但难以称得上是真正的游戏。

无论愚蠢(folly)一词表示的是最高贵的含义还是最低贱的含义,滑稽这个范畴都与之密切相关。然而,游戏并不愚蠢。游戏处于智愚对立之外。中世纪晚期倾向于用愚蠢(folie)同聪慧(sense)的对立来表现游戏与严肃这两种主要生活状态,该做法有些不妥,直到伊拉斯谟[8]在其《愚人颂》中才指明这种对立的不足之处。

伊拉斯谟像(Hans Holbein 作)

《愚人颂》第一版书影

游戏、笑、愚蠢、风趣、戏谑、玩笑、滑稽等等,这组概念关系松散,所有这些术语有个共同特征,也就是游戏的特征,即休想简化成其他术语。其根本原因及相互关系必定位于我们心灵活动的更深层面。

我们越是想把所谓"游戏"这一类别同与之明显相关的其他类别区分开来,游戏概念不受限制的独立性就越发显眼。与游戏隔绝的重要对立范畴领域不止那些。游戏处于智愚对立之外,同样也处于真假对立、善恶对立之外。尽管游戏是非物质活动，但并不具备道德功能。善恶评价对游戏并不适用。

这么一来，如果游戏不能直接归入真或善的范畴，那或许能纳入审美领域吧？此刻我们开始犹豫不定了。因为尽管审美属性并不适用于游戏本身，可游戏往往明显呈现出美感要素。欢乐和优美从一开始就与较原始的游戏形态形影不离；游戏中，运动着的人体之美臻于极致。而较为成熟的游戏形态则充满了节奏与和谐——这是人类已知最重要的美感天赋。游戏与美之间联系丰富，也很紧密。尽管如此，我们也不能说美是游戏本身固有的；所以，我们只能到此为止：游戏是一种生存功能，但不能从逻辑学、生物学或美学上加以精确定义。游戏概念必定始终有别于所有其他用来表述精神生活与社会生活结构的思维形式。所以，我们仅限于描述游戏的主要特征。

既然我们的主题是游戏与文化的关系，那就不必探究所有可能的游戏形式，而仅限于研究其社会表现形式。我们可以称之为高等形式的游戏。比起较原始的婴幼儿游戏和小动物游戏来，这类游戏一般来说更容易描述，因为其形式更明显更清晰，特征更多样更显著；而阐释原始游戏时，我们立刻就会面临单纯嬉戏所具有的无法简约特征，我们认为，这种特征难以深入分析。我们只好谈谈对抗比赛和竞速比赛，谈谈演出和展出，谈谈舞蹈和音乐，谈谈赛会、舞会和比武。我们列举的特征有些是游戏共有的，另一些则是群体游戏特有的。

首先一点，所有游戏都是自愿行为。奉命的游戏不再是游戏：它最多是对游戏的被动模仿。单凭这种自主（freedom）特征，游戏便将自己从自然进程中脱出身来。游戏像是花饰、点缀、外衣，加在自然进程之外并覆盖住自然进程。显然，这里必须从广义上去理解自主，不受决定论这个哲学问题的干扰。有人可能会不同意，认为这种自主对动物和儿童来说并不存在；动物和儿童必须游戏，因为本能驱使他们游戏,因为游戏有助于开发其身体机能和选择能力。不过,术语"本能"让人不知所云,而从一开始就假设游戏是实用的,则犯了**窃取论点**(*petitio principii*)的谬误。儿童和动物玩游戏,是因为他们喜欢游戏,而自主恰恰就在于这种"喜欢"。

即便如此,对成年人和有责任能力的人来说,同样可以对游戏功能不理不睬。游戏是多余的。除非喜欢游戏到了少不了的地步,才会迫切需要游戏。游戏可以推迟,可以随时叫停;它从来不会受制于身体需求或道德义务;它从来不是一桩差事(task)。它是闲暇时的活动,用的是"闲工夫"。只有游戏成为仪式、庆典等公认的文化功能,才与义务观念、责任观念挂起钩来。

这么一来,我们就得出了游戏第一个主要特征,即游戏是自由的,是真正自主的。第二个特征与此紧密相关,即游戏不是"平常"生活或"真实"生活。确切地说,它走出了"真实"生活,暂时迈进一片完全由其支配的活动领域。每个孩子都心知肚明他"只是在假装"(only pretending),或者说"只是好玩而已"(only for fun)。以下故事可以生动说明,这种意识在儿童心里究竟有多根深蒂固,这是受调查的一位孩子的父亲告诉我的。这位父亲发现四岁的儿子坐在一排椅子的前端玩"开火车"游戏;他拥抱儿子时,男孩说:"别亲火车头,爸爸,不然车厢就知道它不是真的了。"游戏这种"只是在假装"的特性,暴露出一种认为游戏比"严肃"卑下的观念。这一感受似乎和游戏本身同样古老。然而,正如我们早已指出的,认为游戏"只是在假装",无论如何也不会妨碍以最严肃的态度、全神贯注地玩游戏,这种专注进而变成迷狂,起码暂时彻底摆脱了"只是在假装"那种恼人感受。任何游戏,无论何时都能一股脑儿地征服玩游戏的人。游戏与严肃之间的对立总是不固定的。游戏的卑下感常常会被相对应的"玩游戏的严肃态度"这种优越感抵消。游戏转为严肃,严肃变成游戏。游戏可以升华至美和崇高的高度,从而把严肃远远甩在下面。我们着手考察游戏与仪式的关系时,此类棘手问题还会提出来讨论。

至于其形式特征,所有学者都强调游戏**不涉功利**(*disinterestedness*)。游戏不是"平常"生活,不能直接满足需求和欲望,甚至中断了欲望的进程。它作为临时活动插入生活,这种活动能实现自我满足并在满足时结束。这至少是游戏起先向我们展现的方式:一首间奏,一段我们日常生活的**幕间表演**(*interlude*)。然而,作为一种定期反复出现的消遣,游戏往往就成了伴奏,成了补给,实际上往往成了生活中不可或缺的一部分。它装点生活,充实生活,乃至成为个人的必需品(因为它是一种生活功能),也成了社会的必需品(因为它所包含的意义、它的重要性、它体现出来的价值、它促进精神交往和社会团结,简而言之,因为它是一种文化功能)。游戏的展现能满足各种社会理想。因此,它所处的地位高于营养摄取、生殖繁育和自卫本能这些纯粹生理过程。这一说法貌似与以下事实相左:游戏,尤其是求偶时的炫耀行为,恰恰在动物生活的交配期占支配地位;不过,套用我们对待人类游戏的做法,认为鸟类的歌唱、鸣啭、炫舞具有纯粹生理学**以外**的作用,岂不过于荒唐?不管怎样,所有高等形态的人类游戏,总是属于节日庆典与宗教仪式等神圣领域。

既然游戏是必需品,它促进了文化,或者确切地说它竟然成了文化,那这一事实会抹杀游戏不涉功利的属性吗?不会,因为它要达成的目的与直接的物质利益或满足个体生理需求无关。作为一种神圣活动,游戏当然增进了团体的幸福,不过完全是以其他途径其他方式,而非以获得生活必需品的方式。

游戏有别于"平常"生活,既在于发生的地点,也在于延续的时间。这是游戏的第三个主要特征:它受封闭、受限制。游戏是在特定时空范围内"做完"(played out)的。它有自己的进程,有自己的意义。

第一章　游戏这种文化现象的性质和意义

　　游戏开始,然后在特定时刻"结束"。游戏自会玩到终止。游戏中,一切都在运动、变化、交替、接续、联合、分离。而跟游戏受时间限制直接相关,还有一个更奇妙的特征:和文化现象一样,游戏同时具有固定形态。游戏一旦玩过,就作为心灵的新鲜创造延续下来,珍藏于记忆之中。它传播开来,形成传统。"儿童游戏"也好,象棋比赛也罢,或神秘剧之类的幕间短剧,无论何种游戏,都可随时重复。游戏最重要的一个特征就在于这种重复功能。它不仅对整个游戏适用,对游戏内部结构也同样适用。几乎所有高等形态的游戏都有重复和交替要素(比方说叠句),就像织布中的经纱和纬纱。

　　比时间限制更醒目的是空间限制。所有游戏都是在游戏场所中进行、在游戏场所中存在的,这个事先划定的场所,或是现实的,或是想象的;或是特意为之,或是自然形成。正如游戏与仪式在形式上并无二致,"祭坛"与游戏场所在形式上也绝无两样。竞技场、牌桌、魔环、庙宇、舞台、银幕、网球场、法庭……在形式上、功能上都是游戏场所,即隔开、围住、奉若神明的禁地,特殊规则通行其间。所有这些场所都是平常世界里的临时世界,用于进行与外界隔绝的活动。

　　游戏场所内,无条件、特有的秩序主宰一切。这里,我们无意中发现游戏另一非常正面的特点:它创造秩序,它就是秩序。它把暂时的、受约束的完美带进残缺的世界和混乱的生活。游戏所需的秩序是无条件的、至高无上的。对秩序的些微偏离都会"毁掉游戏",使游戏丢掉特性、失去价值。我们顺带指出过,游戏似乎在很大程度上属于美学领域;也许原因就在于游戏和秩序之间关系密切。游戏趋向美。这种审美因素或许和创造有序形式的冲动就是一回事,有序形式令游戏方方面面充满活力。我们用紧张、相持、平衡、冲突、突变、化解、解决之类的词语表达游戏要素,这些词语绝大多数都属于描述美感的美学术语。游戏向我们下了符咒,它"迷人"、"诱人"。游戏具有我们在事物中所能察觉到的最高品质:节奏与和谐。

我们刚刚提及游戏中的"紧张"这一要素,其作用尤其重要。紧张意味着不确定、有风险,意味着要努力研判后果以结束游戏。玩游戏的人希望某件事"有所进展"、"有个了结";他希望通过自己的努力"获得成功"。小娃娃伸手抓玩具,小猫咪拍打线轴、小姑娘打球——都是想完成某件难事,想成功,想结束紧张状态。正如我们所说,游戏"扣人心弦"。正是这种紧张要素及紧张的消解,支配着诸如猜谜、拼板、拼图、单人扑克、打靶之类所有讲技能、费脑力的个体游戏,竞争性越强,游戏越激烈。在博彩和竞技体育中,这种紧张达至顶峰。尽管游戏本身不归善恶统辖,但紧张要素赋予了游戏某种道德价值,因为它考验着游戏者的才技:考验他的勇气、韧劲、智谋,以及不可或缺的最后一点,他的精神力量——他的"公道"(fairness);因为,尽管他求胜心切,却仍须恪守游戏规则。

轮到谈规则了,规则是游戏概念中非常重要的因素。所有游戏各有自己的规则。游戏划定的临时世界里哪些"适用",就是由规则决定的。游戏规则具有无条件的约束力,不容置疑。保尔·瓦雷里[9]曾附带表达过一个非常有说服力的观点:"涉及游戏规则之处,容不得怀疑态度出现,因为构成规则的原理是颠扑不破的真理……"没错,一旦违背规则,整个游戏世界即告崩溃。游戏告终,裁判的哨声打破了符咒,使得"真实"生活恢复运转。

触犯规则、无视规则,游戏者就成了"搅局者"(spoil-sport)。搅局者与作弊者(骗子)不同;因为作弊者假装在玩游戏,表面上仍承认魔环的存在。请注意这个怪现象:社会对待作弊者要比对待搅局者宽大得多,这是因为搅局者破坏了游戏世界本身。搅局者本人一度与别人封闭在游戏世界里,搅局者退出游戏,就把游戏世界的相对性、脆弱性暴露出来了。他褫夺了游戏的 *illusion*(错觉)——该词意义丰富,字面

第一章　游戏这种文化现象的性质和意义

意思是"处于游戏状态"（in-play）（源自 inlusio、illudere 或 inludere）——因此，搅局者必须被放逐，因为他对游戏圈子的存活构成了威胁。搅局者的角色在男孩游戏中最为明显。这个小圈子并不追究搅局者的背叛到底是因为他不敢加入游戏还是不许他加入；确切地说，小圈子并不认为是"不许"，而是称之为"不敢"。就圈子而言，做不到听命服从、问心无愧，无非就是害怕受罚。搅局者打破了魔幻世界，他就成了懦夫，就必须被赶走。同样，在极度严肃的世界，骗子和伪君子也比搅局者过得自在；在这个世界里，搅局者又称变节者、异教徒、改革派、先知、拒服兵役者……但有时也会发生这种情形：轮到搅局者成立有自己一套规则的新圈子。亡命徒、革命者、犹太神秘派或地下组织成员，其实，各种异端都很爱拉帮结派，甚至天性喜好交际，他们的所作所为中，游戏要素也很突出。

游戏圈子一般趋于长期存在，哪怕游戏已经结束。当然，并非每个弹球游戏、每次桥牌联谊到头来都会成立俱乐部；但是，在特殊情境中"聚在一起与世隔绝"，共谋大事，一起离开其他人并抵制日常规范，这种感受在游戏结束后魔力犹存。俱乐部之于游戏，犹如帽子之于脑袋。把人类学者所谓的"胞族"（phratria），即氏族、兄弟会等所有联盟都简单归结为游戏团体，这种做法似嫌轻率；但事实反复证明，要在永久性社团（特别是古代文化中有着极端重要、隆重乃至神圣习俗的社团）和游戏领域之间划出界线分清彼此实在太困难了。

游戏爱把自己裹上神秘兮兮的气息，这一事实极为有力地表明了游戏的独特地位。即便在童年之初，在游戏中制造"秘密"也会增添游戏的魅力。我们知道秘密，"外人"不知道；"外人"在"外面"做什么，此刻与我们的所作所为毫不相干。在游戏圈子里，平常生活的规则和习惯不再算数。我们是另类，行事也另类。暂时废止平常世界，这在童年生活完全得到认可，而在野蛮社会盛大仪式活动中也毫不逊色。

游戏的人

12 在接纳年轻人加入男丁团体的隆重入盟庆典上,日常清规戒律不只对新入道的人豁免,连部落里的世仇也都要止争息斗。所有报复与仇杀都暂搁一旁。因神圣的游戏期(play season)而暂时搁置正常社会生活,这在较先进文明中也留下无数痕迹。与古罗马农神节、狂欢节习俗相关的林林总总,均系此类。即便是我们文明中比当今个人体格更健壮、阶级特权更明显、警方更殷勤的往昔时代,也认可有地位的年轻人以"狂欢会"(rag)的名义纵情欢闹。其实,特允年轻人肆意胡闹的风俗仍保留在英国大学的"恶作剧"(ragging)中,《牛津英语辞典》(*Oxford English Dictionary*)将之定义为"无视权威、违抗戒律而进行喧闹和骚乱的大规模活动"。

雕塑《农神节》

游戏的"不同寻常",游戏的保守秘密,在"装扮"(dressing up)中体现得最明显。这里,游戏的"反常"本性毕现。一个人乔装打扮或戴上面具"扮演"(play)别的角色、别人,他就成了别人。童年的恐惧,肆意的欢乐,神奇的想象,神圣的敬畏,全部卷进这种借助面具和伪装的奇特表演中,难解难分。

第一章　游戏这种文化现象的性质和意义

　　总结一下游戏的形式特征,我们不妨认为游戏是一种自主行为,特意置身"平常"生活之外,"不严肃",而同时能让游戏者热情参与、全神贯注。这种行为与任何物质利益均无瓜葛,从中无利可图。它在自身特定时空范围内按既定规则有条不紊地进展。它推动了社会团体的形成,这些团体爱把自己裹进神秘兮兮的气息中,并用伪装或其他手段强调自己异于平常世界。

　　我们这里感兴趣的高等形态游戏功能主要来自两个基本方面:一是为某样东西竞赛,一是对某样东西再现;正是从这两方面我们认识到游戏的功能。而通过以游戏"再现"竞赛,或游戏成为出色再现某样东西的竞赛,这两种功能就合二为一了。

　　再现意味着展示,这也许仅仅表现为当众展示天赐之物。孔雀和火鸡只对雌性展示其华丽羽毛,而其重点在于炫耀超常之物令对方倾慕。假如鸟儿边展示边起舞的话,我们就看到了表演,这一表演**暂时离开**普通现实,进入更高层次。鸟儿忙活时的感受,我们一无所知;但我们知道,在儿童生活中,此类表演富于想象。儿童构想的**形象**跟平时的**自己**大不相同,或是更美丽,或是更高尚,或是更危险。他把自己想象成王子,想象成爸爸,变作邪恶的巫婆,变作老虎。儿童确乎浑然得意"忘形",他情绪高涨,以至于几乎相信他确实就是某某某,但又并未完全失去对"普通现实"的意识。他的再现与其说是假扮的现实,还不如说是"表象的如愿"(realization in appearance),即"想象"(imagination)一词的本义。

　　接下来,从儿童游戏转向古代文化中的宗教表演,我们发现,宗教表演中有更多的精神要素在"起作用"(at play),不过这种要素格外难以界定。宗教表演不仅仅是表面上成为现实,不仅仅是假装的现实,也不仅仅是象征性地成为现实,而是在精神层面上成为现实。宗教表演中,某种看不见、摸不着的东西有了美丽、实在、圣洁的外观。仪式参与者认定,表演活动实现了真正的福祉、带来了真正的福祉,造就了高于平常生活的事物秩序。尽管如此,"以再现来实现"(actualization by representation)仍处处保留着游戏的形式特征。它在真正"立界划定"的游戏场所里活动或表演,而且是以庆宴的方式进行,也就是说,表演开心且自由。一片神圣场地,一片暂属自己的真实世界,特意为此围了起来。游戏结束后,其影响并未随之消失;相反,它的光芒不停投射到外面的平凡世界,对整个团体的安全、秩序和繁荣发挥着有益影响,直至神圣的游戏期再度来临。

世界各地此类例子数不胜数。据中国古代传说,乐舞旨在使天下行其正道,令天地惠爱苍生。好年景靠的是节令庆典中正规迎神赛社;若没举行这些聚会,庄稼就不会有好收成。[10]

仪式是 *dromenon*,意为"表演某事某物"、行为、行动。而所演出的或行动的内容即为 *drama*(戏剧),意思也是指舞台上再现的行为、行动。此类行动,可以是表演,也可以是比赛。仪式或"仪式行为",再现的是宇宙中发生的事情,自然进程中的事件。但"再现"一词与严格意义上的"行为"并不一致,至少就其宽泛的现代含义而言;因为这里的"再现"其实是**认同**(identification),是对事件的神秘重复或**再度呈现**(re-presentation)。因此,仪式产生的效果与其说是**形象地**显现在行动中,还不如说是**真实地**重现在行动中。所以,仪式的功能远非单纯模仿;它使敬拜者参与宗教表演本身。正如希腊人会说:"它是**介入**(*methectic*),而非**模仿**(*mimetic*)。"[11] 它"协助完成行动"。[12]

心理学如何评价这些现象所体现的心态,人类学不是最在意。心理学者为解决这一问题,可能会把这种表演称为**身份认同补偿**(*identification compensatrice*)、称为某种替代,"因无法进行真实、有目的的行动而采取的再现行为"。[13] 表演者的模仿是自知自觉还是浑然不觉?人类学者的任务就是要弄明白这些"想象"的意义,在实践并信奉这些

第一章 游戏这种文化现象的性质和意义

"想象"的民族心目中有何意义。

这里,我们触及了比较宗教学最核心部分:仪式与秘仪的性质和本质。以仪式(无论是祭献仪式、竞赛仪式还是表演仪式)再现某个希望发生的天象,敦促神明在现实中实现这一天象——这一观念是古代吠陀[14]全部祭献仪式的基础。我们完全可以说,这是在"演"天象。现撇开宗教话题,仅关注古代仪式的游戏要素。

这么一来,仪式主要就是一种展示、再现、戏剧化演出或起替代作用的想象式实现。在重大节庆期间,为庆祝自然生活中的重大事件,群众举行祭祀演出,再现四季更迭、星辰升落、

弗洛贝尼乌斯

庄稼生长成熟、人畜繁衍生死。正如列奥·弗洛贝尼乌斯所言,古人把自然秩序当成铭刻在其意识中的东西进行**表演**。[15]弗洛贝尼乌斯认为,在远古,人类首先懂得了动植物的生命现象,然后形成了时间空间、月份季节、日月运行等观念。接下来,以祭祀戏(sacred play)来表演万物运行的博大秩序,在祭祀戏中并通过祭祀戏,重新实现或"再造"了游戏中再现的事件,并借此帮助维护宇宙秩序。弗洛贝尼乌斯还从这种"表演自然现象"(playing at nature)中引申出影响更为深远的结论,他视之为一切社会秩序及社会制度的起点。通过这种仪式化表演(play),野蛮社会学会了原始的统治体制。国王就是太阳,王权有如太阳运行。终其一生,国王都在扮演"太阳",最终也蒙受太阳的命运:他必须以仪式形式被本族人处死。

对弑君仪式的这种解释以及所有潜在观念究竟有几分能当"真"？这个问题我们可以姑且不论。我们此刻感兴趣的问题是：如何看待原始人自然观念的这种具体投射？如何理解"起初对天象默默体验、最终以游戏想象性呈现"这一心理过程？

有个貌似有理的假说只求用先天的"游戏本能"解答，弗洛贝尼乌斯对此加以正确摒弃，他说，"本能"一词是"临时凑用的，等于承认在现实问题面前无能为力"。[16] 还有一种倾向，从"特定用途"的角度去阐释文化的每次进步，把"缘由"强加给创造文化的公众；对此，他同样坦率、甚至理由更充分地斥之为陈腐见解的沉渣。他称这种观点为"糟糕透顶的因果决定论"（Tyranny of causality）、"过气的功利主义"（antiquated utilitarianism）。[17]

弗洛贝尼乌斯对上述心理过程的看法大致如下：古人对生命与自然的体验在尚未表露前，表现为"附体"（seizure）的形式——魂灵附体、激情震颤、心醉神迷。"一个民族的创造力，儿童也好，每个有独创意识的人也好，都是在这种附体状态下产生的。""人类被命运的启示附体。""生生灭灭这种自然周期的现实牢牢附着在他的意识中，而这不可避免地使他通过本能反应在行为中再现其情感。"所以，依其观点，我们所要论述的，是一种必不可少的心理转化过程。这种被生命现象和自然现象"附体"的激情，通过本能反应的提炼，仿佛成了诗意表达，俨然成了艺术。表述创造性想象过程，难以找到更贴切的文字，即使找到，也算不上是真正的"解释"。从对宇宙秩序的审美体验、神秘体验、或至少是纯粹推理体验，到仪式化表演（play），这条精神之路依然和以往一样漆黑。

尽管一再用"游戏"（play）一词来指代这些表演，这位伟大的人类学者却忘了表明他对该词的确切理解。他甚至似乎偷偷摸摸地重新认可了目的论，他非常强烈地反对过与游戏本质属性水火不容的目的

第一章 游戏这种文化现象的性质和意义

论。因为弗洛贝尼乌斯说过,游戏相当明确地用于再现某种天象并以此令其发生。某种类似理性的成分不由自主地混了进来。弗洛贝尼乌斯认为,在表现他物、也就是被天象"附体"时,游戏和再现毕竟有其*存在理由*(raison d'être)。戏剧化就是在*玩游戏*,但在他看来,这一事实显然只是次要的;至少从理论上看,激情可以用其他方式传达。而我们认为,恰恰相反,全部要点就在于*游戏*。这种仪式化表演与高等形态的普通儿童游戏乃至动物游戏本质上没啥不同。而就儿童游戏与动物游戏这两种情形而言,谁也不会认为它们源自竭力要表达的某种宇宙激情。儿童游戏具有最本质、最纯粹的游戏形式。

  描述从自然"附体"到仪式化表演的过程,或许我们可以在用词上避免上述缺陷,而不用号称揭开了难解之谜。可以这么说,古代社会的游戏与儿童游戏或动物游戏没啥两样。游戏特有的所有要素——秩序、紧张、运动、变化、庄重、节奏、痴迷,古代社会的游戏一开始就具备。只是在稍后的社会阶段,游戏才与"在游戏中并通过游戏表达某样东西"的观念联系在一起,也就是和我们所说的"生活"或"自然"联系在一起。于是,不用言语的游戏呈现出诗的形式。人类认为自己扎根于万物的神圣秩序中,借助游戏形式和游戏功能,这种意识找到了最初的表达,也是最高级、最神圣的表达,而游戏自身则是无意义、非理性的独立实体。宗教活动的意义渐渐渗透进游戏。仪式本身嫁接其中;但根本之物还是游戏,也一直是游戏。

  我们在心理学和哲学都颇难进入的思想领域盘旋。此类问题探测着我们的认识深度。仪式的严肃是最崇高、最神圣的,而这还能算游戏吗?我们起先说,所有游戏,无论是儿童游戏还是成年人游戏,都能以最严肃的态度去完成。这是否在暗示游戏仍与圣礼表演的神圣情感密切相关?我们的结论多少受到了头脑中僵化观念的束缚。我们习惯认为游戏与严肃势不两立,而这似乎并未切中要害。

我们且来思考如下观点。儿童玩游戏的认真劲儿可谓彻头彻尾——我们可以说，是神圣不可侵犯的——但儿童玩游戏时知道自己在游戏。运动员游戏起来也满腔热忱、欣喜若狂，可他也还知道自己在游戏。舞台上演员彻底入戏，不过始终都意识到这是"戏"。小提琴手同样如此，纵然他可以心骛八极。因此，游戏特征能够与最崇高的活动形式挂上钩。我们现在能否把范围延伸到仪式、能否说祭司进行祭献仪式也只是在游戏呢？乍一看，这个说法似乎荒谬可笑，因为倘若你假定一种宗教是这样，就得假定所有宗教都是这样。这么一来，仪式、巫术、礼拜、圣餐以及秘仪这些观念就全成了游戏概念。涉及抽象概念，我们务必始终提防不要牵强附会。若是过度延伸游戏概念，那就只是在玩文字游戏了。而通盘考虑之后，我并不认为把仪式称为游戏就犯了上述错误。仪式行为具有前文列举的游戏所有形式特征和本质特征，特别是"游戏能把参与者带进另一世界"这个特征。仪式与游戏的这种一致，柏拉图干脆就认为是既定事实。他毫不犹豫地把**神圣仪式**(*sacra*)归入游戏范畴。"我认为，人必须严肃地做严肃之事，"他说(《法律篇》第七章，第803页)。"极度严肃唯有神配得上，而人是神造的玩偶，那就是人的最佳用途。因此，男男女女都要照此生活，玩最高尚的游戏，并达到有别于当前的另一种精神境界。……因为他们认为战争是严肃之事，但在战争中，既没有名副其实的游戏，也没有名副其实的文化(οὔτ' οὖν παιδιὰ … οὔτ'αὖπαιδεία)，而我们认为游戏和文化是最严肃的。因此，人人都必须尽可能地在和平中生活。那什么是正确的生活方式呢？过生活须得像做游戏，玩玩游戏，献献祭品，唱歌跳舞，如此这般，此人方能取悦众神，方能御敌自卫，方能赛场取胜。"[18]

关于秘仪与游戏之间的密切联系，罗曼诺·瓜尔蒂尼[19]在其《礼拜仪式的精神》(*The Spirit of the Liturgy*)[《教会祈祷》第一部(Ecclesia

第一章 游戏这种文化现象的性质和意义

Orans I),弗赖堡,1922]一书,特别是在"作为游戏的礼拜仪式"(Die Liturgie als Spiel)一章中,已做出最具说服力的论述。其实他并未引用柏拉图的话,但与上述引文相当接近。他总结了礼拜仪式的特点,很多都是游戏特点,别的不说,一个证据就是,最高贵的礼拜仪式"zwecklos aber doch sinnvoll"——"无用处但有用意"(pointless but significant)。

柏拉图

柏拉图把游戏等同于神圣、称神圣为游戏,这并未亵渎神圣,反而把游戏概念升华到最高的精神境界。我们开头说过,游戏早于文化;在某种意义上,游戏也优于文化,起码超脱于文化。游戏中,我们可以像儿童那样在严肃层面以下活动;但也可在这个层面之上活动——在美的领域和神圣领域活动。

据此观点,我们现在可以更细致地描述仪式和游戏之间的关系。这两种形式大体相似,我们对此不再感到惊讶;而每次仪式活动究竟在多大程度上可以列入游戏范畴,这个问题继续令我们关注。

我们发现,与平常生活有着空间间隔,这是游戏最重要的特征之一。为了游戏划出一个封闭空间(有的是实在的,有的是想象的),与日常环境隔开;就在这个空间内部进行游戏,在这个空间内部规则适用。请注意,划出神圣场地也是每个宗教活动的首要特征。仪式,包括巫术和戒律在内,必须要隔离,这不仅仅是时空上的隔离。几乎所有的献祭仪式和入会仪式都要对献祭者和入会者实施某种人为的隔离。每当涉及宣誓或入教入帮,涉及立约和秘密社团,无论如何总会有划定边界的那么一块地方以供表演。巫师、卜士、祭司都要先划出其神圣空间才开始工作;举行圣礼和秘仪都先要有一个神圣场所。

就形式而言,出于宗教目的划出一块空间,和纯粹为了游戏划出一块空间并无任何区别。赛马场、网球场、棋盘和人行道上的"跳房子",在形式上与寺庙、魔环没啥两样。全球祭祀仪式惊人一致,这表明,此类习俗必定源自人类心灵最基本、最原始的层面。通常人们把这种文化形式上的雷同归结为某种"理性"原因、"逻辑"原因,把对隔离与隔绝的需求解释为希望保护献祭者个人免遭有害影响——因为在祭献过程中,献祭者特别会遭受幽灵的邪恶攻击,他本人也会危及周边。这种解释将理性思维与功利目的置于文化进程的开端:而这正是弗洛贝尼乌斯要我们提防的。即便我们在此并未借用"教士发明宗教"的陈词滥调,但还是采用了最好要避免的理性成分。另一方面,假如我们承认游戏与仪式本来就是一回事、一开始就是一回事,我们就会直接把圣地看成游戏场所,而"因为所以"之类的误导性问题也就根本不会出现了。

假如仪式与游戏在形式上真的没啥区别,就还剩这个问题:这种相似是否纯粹限于形式?奇怪的是,人类学和比较宗教学很少关注以下问题:以游戏形式进行的这种宗教活动,在多大程度上是以游戏姿态和游戏心态进行的?据我所知,就连弗洛贝尼乌斯也没提过这个问题。

毋庸赘言,公众举行宗教仪式、体验宗教仪式的心态是高度虔诚认真的。但还要再度强调的是,真诚自发的游戏同样也是极度严肃的。游戏者会全身心投入游戏,会把这"不过"是游戏的想法抛诸脑后。与游戏密切相关、难解难分的乐趣不仅会转化为紧张,而且会转化成欣喜。游戏就在轻松愉悦与心醉神迷这对孪生两极间运转。

究其本性,游戏心态是**不稳定的**。"平常生活"随时都会通过打断游戏或违犯规则等外界影响,以及游戏精神崩溃、游戏者冷静清醒过来等内部影响,从而恢复控制权。

那么,神圣节庆中,什么样的态度和心态在做主呢?宗教活动是在"节日"(holiday)里"举行"——也就是说,宗教活动成为神圣之日(holy day)整个节庆的组成部分。人们相聚圣地,汇集一处,共同欢庆。供奉、献祭、圣舞和竞技、表演、秘仪——所有这些都囊括在节日庆祝活动中。仪式可能血腥,成丁考验可能残酷,面具或许吓人,然而整个活动具有节庆性质。平常生活处于停滞状态。只要节日继续,宴会、野餐以及所有肆无忌惮的狂欢作乐也就会一直延续下去。无论我们想到的是古希腊节庆还是现今非洲宗教,在通常的节庆心态与围绕核心秘仪的宗教迷狂之间,我们都很难划出明显界线。

与本书荷兰版问世差不多同时,匈牙利学者卡尔·科伦伊发表了一篇文章,论述节庆的性质,与我们的主题最接近。[20] 在科伦伊看来,节庆也具有我们赋予游戏的首要特征和完全独立性。"在精神现实中,"他说,"节庆自成一体,不会与世上其他任何东西混淆。"正如我们认为游戏概念多少受到人类学者的忽视一样,他认为节庆也是如此。"节庆现象看来已被人类学者完全置之不理了。""在所有相关学科看来,节庆也许根本就不存在。"我们可以加上一句:游戏亦然。

节庆与游戏之间的关系理所当然非常密切。两者都宣告平常生活的停滞;都由欢快和愉悦支配——当然也不一定,因为节庆也可能是严肃的;都受时空限制;都兼具严格的规则和真正的自由。总之,节庆和游戏的主要特征相同。两者似乎在舞蹈中关系最密切。据科伦伊介绍,居住在墨西哥太平洋沿岸的印第安部落科拉人(Cora),把嫩玉米棒和烤玉米圣宴称为其至尊神灵的"游戏"。

游戏的人

科伦伊

马林诺夫斯基

科伦伊认为节庆是独立的文化概念,这强化并印证了本书的基本观点。然而,尽管如此,在游戏精神与仪式精神之间建立的密切联系并不能解释一切。除了形式特征和快乐心态之外,真正的游戏至少还有一种更本质的特征,即"只是在假装"的意识,不管这种意识多么不易察觉。接下来的问题是,这种意识与虔诚举行的仪式活动在多大程度上兼容?

如果我们仅限于研究古代文化中的宗教仪式,就有可能勾勒出举行仪式时的严肃程度。据我所知,人种学者和人类学者一致同意:野蛮人庆祝和见证盛大宗教节庆活动时的心态并非全然是幻觉;他们心底里知道事情"不是真的"。阿·伊·简森在其论述野蛮社会割礼和成年礼的著作中对此心态作了生动描述。[21] 人们似乎并不害怕那些在节庆期间到处晃荡并在节庆高潮时向众人现形的鬼怪。这不足为奇,因为同样是这些人表演了整个仪式:他们雕刻面具、装饰面具,自己戴上,用完后又藏起来,不让女人看到。他们发出声响通报鬼怪出现,在沙滩上留下自己的足迹,吹奏长笛代表祖先说话,挥舞着能发出吼声的木板。总而言之,简森说:"这种情形十分类似父母为孩子扮演圣诞老人:他们知道是面具,但面具藏了起来不让他们发现。"男人向女人讲述神圣丛林里发生的恐怖故事。刚被成年人接纳的新手时而欣喜若狂,时而假装疯癫,时而浑身乱颤,时而孩子气地吹牛。而到头来女人也并未完全受骗。她们清楚地知道藏在这个面具后的是谁、那个面具后的又是谁。尽管如此,当某个面具张牙舞爪走近时,她们还是惊恐万状,尖叫着四散逃离。简森认为,这些恐惧的表现,有的是相当真实自然的,有的只是遵照传统要求的角色演出来的。这种恐惧"合乎礼仪"。女人仿佛是游戏的伴唱,她们知道自己绝不能"搅局"。

　　以上种种情形,都无法精准地确定"虔诚的认真"最低在哪里降为纯粹的"乐趣"。拿我们来说,如果一位有点孩子气的父亲在准备圣诞礼物时被他的孩子发现,肯定会勃然大怒。不列颠哥伦比亚省夸丘特尔部落的一位父亲,因为在雕制部落仪式用具时被女儿撞见,就把女儿杀了。(22)和简森所言类似,派度尔—莱歇也描述了洛安戈(Loango)黑人部落宗教情感变化无常的特点。这些黑人对圣物的信仰有点半信半疑,还带着嘲讽,装作不屑一顾。派度尔—莱歇总结道,真正重要的东西是心态。(23)罗·拉·马雷特在其《宗教入门》(The Threshold of Religion)论述"原始人的轻信"(Primitive Credulity)一章中提出观点,他认为,所有原始宗教中都有某种"假装"的成分在起作用。施行巫术的也好,被施巫术的也好,总是同时既知情又受骗;但他甘愿受骗。"野蛮人是好演员,完全沉浸在角色里,就像游戏中的儿童;他也像儿童一样,还是好观众,他清楚地知道那不是'真'狮子,但也会被吼声吓得要死。"马林诺夫斯基认为,土著感受自己的信仰、畏惧自己的信仰,却不能自己清晰地阐述信仰。(24)野蛮人使用某些词语某种表达,我们必须把它们当成记录信仰的文献照原样收集,而不能把它们精心加工成前后一致的理论。野蛮社会里被赋予"超自然"力量的那些人,其行为往往可以最贴切地表述为"什么角色演什么戏"(acting up to the part）。(25)

尽管在巫术和超自然现象中通常会部分意识到事物"不是真的"，这些权威们还是告诫：不能由此推断，整个信仰体系及清规戒律不过是一帮"没有信仰的人"为了左右容易上当受骗的人发明出来的一场骗局。没错，不仅许多旅行者这么解释，有时就连土著自己也有这样的传统。而这不可能正确。"任何宗教活动只能源于全体的轻信，而出于某个特殊集团的利益，用欺骗性手段维持宗教活动，只能在长期发展的最后阶段才会出现。"心理分析往往求助于对割礼和成年礼的陈腐见解，我认为简森的批驳非常正确。(26)

据上所述，凡涉及野蛮人仪式，游戏概念一刻都不会消失——至少在我看来，这一点十分清楚。为描述该现象，我们不得不反复使用"游戏"一词。而且，相信与怀疑的统一、不可分割，宗教的真诚与"假装"或"乐趣"之间的难解难分，都能在游戏概念本身得到最透彻的理解。尽管简森承认儿童世界与野蛮人世界相似，但他仍试图对两者心理在实质上加以区分。他说，儿童面对圣诞老人形象时，是在和"现成概念"打交道；他靠自己的清醒和天资"摸索"这个概念。而"对于这里所说的仪式，野蛮人富有想象的态度完全是另一回事，他要打交道的不是现成概念，而是所处的自然环境；这种自然环境本身就需要解释，他领悟到环境的神秘魔力并试图用再现方式进行表达"。(27) 这里，我们认出了简森的老师弗洛贝尼乌斯的观点。不过，由此引出两点异议。首先，他认为野蛮人和儿童的心理过程"完全两回事"，这么一来，他所谈的一个是仪式的*始祖*，另一个是*当今*的儿童；而我们对始祖一无所知。我们能做的，就是研究一个奉行仪式的社会，就像儿童接受"现成概念"一样，这个社会将其宗教想象作为传统素材接受下来，并作出类似反应。其次，即便我们不考虑这一点，对自然环境的"解释"、"领悟"并以某种仪式形象"再现"，整个过程还是无法观察。只是通

第一章　游戏这种文化现象的性质和意义

过富有想象力的比喻,弗洛贝尼乌斯和简森才勉强接近这个过程。对于在形象创造或想象过程中起作用的这个功能,我们最多只能说它是一种诗意功能;而最好的定义其实就是称之为"游戏功能",即 ludic funtion(游戏功能)。

这么一来,"游戏究竟是什么?"这个貌似非常简单的问题,就引发我们深思宗教概念的起源和性质。众所周知,有个最重要的基本观念,每位比较宗教学学者都得熟悉:当某种宗教承认两样不同类别的事物(比如人和动物)存在神圣的一致时,如果把这种关系称为"象征性相似"(我们正是这么想的),那是不妥的。这种一致,这种两者本质上的合一,远比实体及其象征形象之间的那种相似深刻得多。这是一种神秘的一致。此物变成彼物。在魔法之舞中,野蛮人就是袋鼠。对表达手段的欠缺与差异,我们须时刻保持警惕。为了认识野蛮人的所有思维习惯,我们不得已用自己的一套术语来表达。无论是否情愿,我们总是把野蛮人的宗教观念转换为我们自己严格的逻辑思维模式。对于野蛮人与他自己"认同"的动物之间的关系,我们表述为:对野蛮人来说是"存在",而对我们来说则是"游戏"。野蛮人认为,他呈现出袋鼠的"本质";我们则认为,他在"玩游戏"演袋鼠。然而,野蛮人对"存在"与"游戏"两个概念之间的区别一无所知,对"认同"、"形象"或"象征"也一窍不通。因此,我们一再使用"游戏"这个众所周知的重要术语,是否最接近野蛮人举行仪式行为时的心态,仍然存疑。我们认为,在游戏中,相信与假装之间的区别消失了。游戏的概念非常自然地随神圣的概念出现而出现。巴哈[28]的每首序曲、悲剧的每行台词均可为证。通过把所谓的原始文化整个领域视为游戏领域,就为我们更直接、更全面理解其特性铺平了道路,这是任何一丝不苟的心理分析或社会分析都做不到的。

原始仪式,或者说古代仪式,就是神圣的游戏,社会幸福少不了它,博览宇宙离不开它,社会发展也要靠它,但仪式始终是柏拉图所谓的游戏——这种活动超越了日常生活的必需,超越了日常生活的严肃,自成一体。在神圣游戏领域,与野蛮人最合得来的是儿童和诗人。野蛮人对美的感受把现代人带近该领域,连十八世纪的"启蒙"者都没那么接近。想想作为**艺术品**(*objet d'art*)的面具对现代心灵产生的独特魅力吧。当今的人们试图感受原始生活的实质;这种思古情怀有时也许有些矫揉造作,但比起十八世纪对土耳其人、"华人"(Chinamen)和印度人的**迷恋**(*engouement*)来要深刻得多。现代人对太古时代和异国他乡非常敏感。最能帮助他理解野蛮社会的,莫过于他对面具和伪装的感受。人类文化学已证明,面具和伪装对社会非常重要,它们还在受过教育的门外汉和艺术爱好者心中激起了混杂着优雅、恐惧与神秘的直接审美情感。即便对当今有文化的成年人来说,面具仍保留着某种可怕的力量,尽管不带丝毫宗教情感。看到戴上面具的形象,是一种纯粹的审美体验,能把我们带入超越"平常生活"的世界,那里,白昼不再是主宰;面具把我们带回野蛮人、儿童和诗人的世界,那是游戏的世界。

我们对原始仪式重要性的认识,即便可以正当地简化为不能再简化的游戏概念,一个非常棘手的问题依然存在。要是我们现在从低级宗教上升到高级宗教又会怎样?我们把目光从非洲、美洲和澳洲土著粗野怪异的仪式,投向《梨俱吠陀》颂歌中早已有之、孕育着《奥义书》智慧的吠陀祭献传说,投向埃及宗教中极度神秘的神、人、兽合一,投向俄耳甫斯和厄琉息斯的秘仪[29]。所有这些,其形式和实际操作都与所谓的原始宗教紧密相连,甚至与那些怪诞血腥的细节紧密相连。但是,我们察觉到或自以为察觉到的这种高级智慧和真理,却不许我们带着优越感去谈论它们。其实,谈论"原始"文化时,这种优越感同样不合适。我们必须追问,这种形式上的相似,是否允许我们有权放宽"游戏"限制、用它来表示这些更高教义所体现的圣洁和信仰？如果我们接受柏拉图下的游戏定义，这么做也就算不上反常、算不得不敬。游戏是奉献给神灵的，这是人类奋斗的最高目标——这就是柏拉图的宗教观。我们追随他，决不放弃圣洁的神秘体验，并坚持把这种体验视为逻辑思维认识不到的最崇高情感。仪式行为，或仪式行为的重要部分，将始终留在游戏范畴内，而在这种表面的隶属关系中，仍能辨识出仪式的神圣性质。

注释：

(1) 这些理论参见亨·曾德范的《动物游戏、儿童游戏和成年人游戏》(*Het Spel bij Dieren, Kinderen en Volwassen Menschen*)（阿姆斯特丹，1928）和弗·雅·约·拜腾狄克的《体现生命本能的人类游戏和饮食》(*Het Spel van Mensch en Diet als openbaring van levensdriften*)（阿姆斯特丹，1932）。——原作者

亨利·曾德范(Henri Zondervan, 1864—1942)，荷兰学者。

弗雷德里克·雅各布斯·约翰尼斯·拜腾狄克(Frederik Jacobus Johannes Buytendijk, 1887—1974)，荷兰人类学家、心理学家。

(2) 意为"自然"、"本质"、"存在"，等等。 ——英译者

(3) 莎士比亚(William Shakespear, 1564—1616)，英国诗人、剧作家。

(4) 卡尔德隆(Calderon de la Barca, 1600—1681)，西班牙剧作家。

(5) 拉辛(Jean Baptiste Racine, 1639—1699)，法国诗人、剧作家。

(6) 新柏拉图主义(Neo-Platonism, 3 世纪—5 世纪)，古希腊末期的哲学流派，主要基于古希腊哲学家柏拉图(Plato, 约前 427—前 347)的学说，但在许多地方进行了新的诠释。

(7) "人是唯一会笑的动物"，见古希腊哲学家亚里士多德(Aristotle, 前 384—前 322)的《论动物各部分》(*On the parts of animals*)第三卷第十章 673a.9："human beings ... being the only creatures that laugh."

(8) 伊拉斯谟(Desiderius Erasmus, 约 1466—1536)，荷兰哲学家，人文主义者。《愚人颂》(*Laus Stultitiae*)为其代表作。

(9) 保尔·瓦雷里(Paul Valéry,1871—1945),法国象征派诗人。

(10) 马·葛兰言的《中国古代的节庆和谣曲》(Festival and Songs of Ancient China)、《中国古代的舞蹈和传说》(Dances and Legends of Ancient China)、《中国文明》(Chinese Civilization)(劳特里奇)。 ——原作者

马塞尔·葛兰言(Marcel Granet,1884—1940),法国汉学家。

(11) 简·哈里森的《忒弥斯:希腊宗教的社会起源研究》(Themis: A Study of the Social Origins of Greek Religion,剑桥,1912)第125页。 ——原作者

简·哈里森(Jane Harrison,1850—1928),英国文化人类学家。

(12) 罗·拉·马雷特的《宗教入门》(The Threshold of Religion,1912)第48页。 ——原作者

罗伯特·拉努夫·马雷特(Robert Ranulph Marett,1866—1943),英国人类学家。

(13) 拜腾狄克的《体现生命本能的人类游戏和饮食》(阿姆斯特丹,1932)第70—71页。 ——原作者

(14) 吠陀(Veda),又译韦达经、韦陀经,是婆罗门教和印度教重要经典,是印度宗教、哲学和文学的基础。

(15)《非洲文化史》(Kulturgeschichte Afrikas)"历史形态学导言","文化变迁意义上的命运观"(莱比锡,1932)。 ——原作者

列奥·弗洛贝尼乌斯(Leo Frobenius,1873—1938),德国人种学家、考古学家。

(16) 同上。第23页、122页。 ——原作者

(17) 同上。第21页。 ——原作者

(18) 参见《法律篇》(Laws)第七章,第796页。柏拉图在那里提到克里特岛(Crete)的库里特(Kouretes)圣舞,称之为 $ἐνόπλια\ παίγνια$(剑舞)。 ——原作者

(19) 罗曼诺·瓜尔蒂尼(Romano Guardini,1885—1969),德国神学家、哲学家。

(20)《节庆的本质》(Vom Wesen des Festes),见《文化哲学》杂志(Paideuma)1938年12月第二期,第59—74页。 ——原作者

第一章 游戏这种文化现象的性质和意义

卡尔·科伦伊(Karl Kerényi,1897—1973),匈牙利神学家、神话学家。

(21)《原始民族的割礼和成年礼》(Beschneidung und Reifezeremonien bei Naturvölkern)(斯图加特,1933)。——原作者

阿道夫·伊利格·简森(Adolf Ellegard Jensen,1899—1965),德国文化人类学家。

(22) 法·博厄斯的《夸丘特尔印第安人的社会组织与秘密社团》(The Social Organisation and the Secret Societies of the Kwakiutl Indians)(华盛顿,1897)第435页。——原作者

法兰斯·博厄斯(Franz Boas,1858—1942),美国人类学家。

(23)《洛安戈人的民俗》(Volkskunde von Loango)(斯图加特,1907)第345页。——原作者

派度尔—莱歇(Pechuel-Loesche,1840—1913),德国人种学家、博物学家。

(24)《西太平洋的航海者》(The Argonauts of the Western Pacific)(伦敦,1922)第339页。——原作者

马林诺夫斯基(Malinowski,1884—1942),波兰裔英国人类学家。

(25) 同上,第240页。——原作者
(26) 前引简森著作,第152页。——原作者
(27) 前引著作,第149页脚注。——原作者
(28) 巴哈(Johann Sebastian Bach,1685—1750),德国作曲家。
(29)《梨俱吠陀》(rig-veda),印度现存最古老诗集。

《奥义书》(Upanishad),印度古代哲学著作,婆罗门教经典。

俄耳甫斯(Orpheus),古希腊神话中的诗人、歌手,根据俄耳甫斯留下的诗篇,古希腊出现过一个以他名字命名的玄秘教派。

厄琉息斯(Eleusis),古希腊小镇,该地一个秘密教派的年度入会仪式称为"厄琉息斯秘仪"。

第二章

用语言表达的游戏概念

谈起众所周知的游戏并试图分析或界定该词所表达的含义时,我们须始终牢记,我们所知的这个含义,受到所用词语的界定,或许还受到词语的限定。词语和含义并非出自科学思维或逻辑思考,而是出自创造性的语言,也就意味着出自数不胜数的语言——因为游戏"化为概念"一而再再而三地发生。而在游戏含义或表达方式的形成过程中,别指望各种语言会像用一个明确无误的词语表示"手"或"脚"那样,能恰好表达相同含义或找到同一词语。事情没那么简单。

我们只能从最常见的游戏概念着手,从绝大多数现代欧洲语言中与英语"play"(游戏)一词相当或稍有差异的词语所涵盖的游戏概念着手。我们认为,对此概念作如下释义似乎是行得通的:游戏是在特定时空范围内进行的一种自愿活动或消遣;遵循自愿接受但又有绝对约束力的规则,以自身为目的,伴有紧张感、喜悦感,并意识到它"不同"于"平常生活"。如此界定,这个概念似乎就能囊括动物、儿童与成年人中所谓的各种"游戏":拼体能拼技能的比赛、发明比赛、猜谜比赛、碰运气的比赛、各类展示和表演。我们不揣冒昧地把"游戏"称为生活中最基本的范畴。

我们同时看到,各种语言对一般游戏范畴的区分并非同样明确,也并非都只用一个词表达游戏概念。所有民族都玩游戏,玩起来也酷似;但各民族的语言所表述的游戏概念迥然相异,不像现代欧洲语言的游戏概念那么清晰、概括。按唯名论[1]的观点,我们可以否认一般

第二章 用语言表达的游戏概念

概念站得住脚,我们认为,对每类人群来说,"游戏"概念的内涵不过是那个词(确切地说是那些词)所表达的内容。因为,认为某种语言比其他语言能更成功地把游戏的方方面面纳入一个词,这种看法是值得商榷的。而事实确乎如此。将游戏的一般概念抽象出来,某种文化比其他文化做得更早更完善。结果很奇怪,有些高度发达的语言用不同的词语表示各类游戏形式,而这些五花八门的词语却妨碍把所有形式的游戏集中到一个词语名下。这里提醒大家注意那个熟悉的事实:某些所谓的原始语言中,同"属"不同"种"的生物各有对应之词,如有表示"鳗鱼"和"狗鱼"的词,却没有表示"鱼"的词。

种种迹象使我们认识到,在某些文化中,抽象出游戏的一般概念,是后来发生的、次要的,而游戏功能本身才是固有的、第一位的。在这方面,我觉得特别耐人寻味的是,我所熟悉的神话中,没哪个神魔形象是游戏的化身[2];而另一方面,众神常被描绘成爱玩游戏的样子。印欧语系缺乏同一词语表示游戏,这也说明游戏的一般概念形成较晚。就连日耳曼语族对游戏的命名也大不相同,还把游戏分成了三类。

正是游戏"天赋"卓异丰饶的民族,才会对游戏活动有多种不同的表达,这或许并非偶然。我认为,希腊语、梵语、汉语和英语差不多就是这样。希腊语表达儿童游戏很奇特,即在词尾加-inda。这个音节本身没什么含义,只是给一些单词添上"玩"的意思。-inda 这个词缀词尾没有变化,用语言学术语来说,即非派生后缀[3]。希腊儿童玩 *sphairinda*(球类游戏),玩 *helkustinda*(拔河游戏),玩 *streptinda*(投掷游戏),玩 *basilinda*(山大王游戏)。这个后缀在语法上完全独立,俨然象征着游戏概念不具备派生属性。表达儿童游戏的这个专门用法独一无二,相比之下,希腊语中用来表示一般游戏的则起码有三个不同的词。首先是 παιδιά,这是三个词里最为人熟知的。其词源很明显,意为"儿童的或与儿童有关的",不过从发音上立刻就跟 παιδία(幼稚)

区别开来了。而 παιδιά 并不仅指儿童游戏。该词及其派生词 παίζειν（游戏）、παῖγμα 和 παίγνιον（玩具），可以用来表示各种游戏，甚至是最高等最神圣的游戏，我们前引的柏拉图《法律篇》中已经见过。整组词似乎都带有轻松愉悦、快乐舒畅的味道。和 παιδιά 相比，另外表示游戏的词 ἄδῠρω ἄδυρμα 则远非那么常用，它略含"微不足道"、"徒劳无益"的意思。

不过，还剩下一个广阔而非常重要的领域——比赛和竞赛。照我们的术语用法，比赛和竞赛应归在游戏名下，但希腊语的 παιδιά 和 ἄδυρμα 都不包括该领域。这整个领域在希腊人生活中极其重要，是用 ἀγών（竞赛）一词表示的。我们有理由说，游戏概念的一个重要部分就藏在 ἀγών（竞赛）的活动领域。同时我们必须追问，希腊人在用词上对竞赛和游戏加以区分是否合适？的确，ἀγών（竞赛）一词通常并未明确表达"不具备严肃性"这一要素、这个真正的游戏因素。此外，在希腊文化和每个希腊人的日常生活中，形形色色的竞赛占了很大比重，若把希腊文明如此庞大的部分归为"游戏"，可能会过于冒失。这正是博克斯坦教授批评本人见解时所持的相反观点。[4] 他指责我"没来由地把从源自仪式的希腊竞赛到最微不足道的希腊竞赛都归入游戏范畴"。他接着说："谈到奥林匹克**比赛**（*games*），我们随随便便地用了一个拉丁词语，这个词语表达的是罗马人对此类竞赛的评价，这和希腊人自己的评价大相径庭。"我的批评者罗列了一长串**竞技**（*agonistic*）活动，以表明好胜心如何支配着希腊人的整个生活，他得出结论："所有这些都和**游戏**毫不相干——除非谁敢断定，对希腊人来说，全部生活就是游戏！"

在某种意义上，这的确是本书争论的内容。尽管博克斯坦教授长期清晰阐释希腊文化令我敬佩，尽管用不同词语分别称呼竞赛和游戏的其实并非只有希腊语，但我还是深信，两者根本上就是一回事。既

第二章 用语言表达的游戏概念

然要一再回过来探讨这对概念之别,这里我就仅谈一个观点。希腊生活中的竞赛(agon),或世界其他任何地方的竞赛,都具有游戏的全部形式特征,而其功能几乎全属于节庆领域,那也是游戏领域。要把竞赛这种文化功能从"游戏—节庆—仪式"这个综合体里分离开来几乎不可能。至于为何希腊语会对游戏和竞赛在用词上加以显著区分,我认为可解答如下。我们已经知道,包罗万象、逻辑上同类的一般游戏概念的形成,是很晚才出现的语言创造。而和宗教有关的竞赛以及世俗竞赛很早就在希腊人的社会生活中占据了广阔位置,取得了非常重要的价值,致使人们不再意识到其游戏属性。竞赛这种文化功能在各个方面和各种场合都变得非常强大,使得希腊人觉得它太"平常"、自在自足。由于这个原因,再加上已有两个不同的词分别表示游戏和竞赛,希腊人也就无法很清晰地觉察出竞赛所具有的基本游戏要素,结果概念上的统一乃至语言上的统一从未发生。[5]

我们会看到,事关游戏用语,希腊语并非孤例。梵语中也至少有四个词根表达游戏概念。表达游戏最常用的词是 *krīdati*,意为动物游戏、儿童游戏和成年人游戏。和日耳曼语族中的"游戏"一词一样,它也用来表示风或浪的运动。它可以指一般意义上的蹦跳或跳舞,不一定非要和游戏有关。后几种含义接近词根 *nrt*,该词根适用于舞蹈和戏剧表演的全部领域。接下来是 *divyati*,主要意思是赌博、掷骰子,但也指开玩笑、打趣、嘲弄、讥笑等义。该词原意可能是"投掷",但与"照耀"、"光辉"的联系更密切。[6] 再有就是词根 *las*(来自 *vilāsa*),兼有照耀、突现、突响、燃烧、来回运动、玩耍和"从事"消遣之义[和德语"etwas treiben"(玩东西)相近]。最后是名词 *līlā* 及其派生的动词 *līlayati*(主要意思很可能是摇摆、旋转),表达的全是玩耍的轻松、虚幻、不重要、不费力、没用处等方面。而除此之外,*līlā* 还用于表达"似乎"之义,表示"貌似"、"模仿"、事物的"外表",如同英语的"like"

(像)、"likeness"(相似),或德语的"gleich"(类似)、"Gleichnis"(如同)。例如,gajalīlayā(字面意思是"和大象耍弄")表示"像大象一样";gājendralīla(字面意思是"耍象人")意思是"让大象表演的人"或"戏耍大象的人"。在所有这些表示游戏的名号中,语义上的出发点似乎都是快速运动,这层意思在其他很多语言中都找得到。当然,并不是说这些词一开始专指快速运动,只是后来才用于表示游戏。据我所知,梵语中还没哪个游戏用语表示真正的竞赛——虽说在古印度各类竞赛很常见,却没有专用词语表示竞赛,这真够怪的。

承蒙戴文达[7]教授友情相助,容我谈谈游戏功能的汉语表达。汉语中,同样没有哪个词可以把我们习惯视为游戏的所有活动都容纳进去。最重要的词是"玩"(wan),该词主要意思指的是儿童游戏,但其语义范围也延伸至以下特定含义:忙乎、赏玩、玩弄、玩闹、玩笑、笑话、嘲笑,也指抚弄、摩挲、品玩、嗅闻、把玩小物件,最后还可以用"玩月"表示赏月。所以,该词含义似乎源自"以游戏心态对待某样东西",或"略微入神"。该词不用于表示技能运动、竞赛、赌博或剧场演出。而表达正规的戏剧表演,所用汉语词汇则属"姿势"、"情景"、"编排"等概念领域。所有和竞赛有关的,专门用"争"(cheng)这个词表达,该词刚好相当于希腊语的 agon(竞赛)。此外还有"赛"(sai),意思是为获奖而组织的比试。

多谢莱顿大学的前同事乌伦贝克[8]教授,他提供例证表明,阿尔贡金语族[9]中一种所谓原始语言黑足语(Blackfoot)是如何表达游戏概念的。动词词干 koani 可用于表示各种儿童游戏,它与任何特定游戏名称无关,仅指一般的儿童游戏。而一旦涉及成年人或将要成年人的游戏,就不再用 koani 表示了,哪怕他们跟儿童玩同样的游戏。另

戴文达

一方面，很怪的是，*koani* 又偏偏表示色情含义，专门用来指那些不正当的男女关系，比如我们所说的"玩弄"（dallying）。按规则进行的比赛称为 *kachtsi*，既用来指拼技能拼体能的比赛，也用来指碰运气的比赛。这里的语义要素是"获胜"和"竞争"。因此，*koani* 和 *kachtsi* 的关系如同希腊语的 παιδιά（游戏）和 ἀγών（竞赛），其区别在于，黑足语这两个词是动词而非名词，碰运气的比赛在希腊语里属 παίζω（游戏）范畴，而在黑足语里则属竞技范畴。巫术与宗教范围内的一切活动，如舞蹈和仪式，都不用 *koani* 和 *kachtsi* 表达。黑足语用两个不同的词表达"获胜"：一个是 *amots*，表示赢得竞赛、赛跑或体育运动，也指在战争中获胜——用在此处意思是"摧毁"或"胡作非为"；另一个是 *skets*（*skits*），专指游戏和体育运动获胜。显然，在 *skets*（*skits*）一词中，游戏领域本身和竞赛领域完全合一。此外，还有专指赌博的词：*apska*。黑足语有个非常奇特的用法，任何动词加上前缀 *kip-*（字面意思是"不过"或"仅仅"），就会生成"取乐"、"不严肃"等衍生含义。例如，*aniu* 的意思是"他说"，而 *kipaniu* 的意思是"他说着玩的"或"他说说而已"。

　　总之，黑足语的游戏概念和用语看上去跟希腊语相似，不过并非一模一样。

　　可见，在希腊语、梵语和汉语这三种语言里，表示竞赛的词和表示游戏的词截然不同，而黑足语划出的界限不那么明显。这么一来，我们是否还应赞同博克斯坦教授的观点，认为游戏和竞赛这种语言上的不同对应着两者之间社会学、心理学以及生物学上的深层次差异？不仅后文阐述的全部人类学资料与该结论相左，连语言学也举出反证。和上述语言相对照，我们还可以举出一连串其他语言作证，这些语言同样对竞赛和游戏加以区分，也能表达宽泛的游戏概念。不仅绝大多数现代欧洲语言如此，拉丁语、日语以及至少一种闪米特语[10]也是如此。

至于日语,有赖拉德尔[11]教授好心相助,我可以稍加议论。日语表示游戏功能单独有一个完全固定的词,这与汉语不同而酷似现代西方语言。同时,还有一个反义词表示严肃。名词 *asobi* 和动词 *asobu* 的意思是:普通游戏、消遣、休闲、娱乐、消磨时光、游览游玩、狂欢、赌博、游手好闲、懒散、无所事事。它们也用来指装扮(如装傻)、再现、模仿。同样值得注意的是,"游戏"也用来指轮子、工具或其他任何设备的高速运动,就像荷兰语、德语和英语一样。[12] *asobu* 还指在师门受业或在大学求学,这令人想起拉丁语 *ludus*(游戏)一词也有"学校"这层意思。*asobu* 亦可指杂耍,即模拟打斗,但不算是真正的竞赛——这是竞赛和游戏之间分工的又一例子,只是略有出入。最后,*asobu* 一词还可用来表示日本人赏心悦目的茶会——茶会上,人们对陶瓷茶具称赏不已,爱不释手地传来传去。不过这里似乎与快速运动、照耀和打趣等义无甚关联。

进一步研究日语中的游戏概念,可以更深入地探究日本文化。限于篇幅,以下论述谅必够了。在"事事无非游戏"的时髦幌子下,隐藏着日本人特别真诚、极度庄重的生活理想。就像中世纪基督教世界的**骑士精神**(*chevalerie*)一样,日本的**武士道**(*bushido*)也几乎完全是在游戏领域中形成并以游戏形式展现的。日语仍把这个观念保留在 *aso-base-kotoba*(字面意思是"游戏用语")或上流社会言谈(即与有地位人士交谈时的谈吐方式)中。按习俗,高层人士所作所为都只不过是游戏为之。"你来到东京"(you arrive in Tokyo),用上流社会的说法逐字译过来就是"你游抵东京"(you play arrive in Tokyo);"我听说你父亲去世了"(I hear that your father is dead),上流社会的说法是"听闻令尊驾鹤仙游"(I hear that your father has played dying)。换句话说,人们以为尊长生活在超然之境,那里处处唯有乐趣,一举一动流露尊严。

比起掩藏在游戏背后的高贵生活来,日本人还有个非常直白的观念,是和严肃、和"非游戏"有关的。*majime* 一词表达的意思很多,可以是严肃、清醒、庄严、诚实、庄重、威严,也可以是平静、端庄、"得体"。有个众所周知的汉语词组"丢面子"(to lose face),*majime* 一词就和我们译为"面子"的这个词有关。这种观念与虔诚表演的仪式活动究竟多相似?我们尚不得而知。

已故友人文辛克[13]教授告诉我,闪米特语族表达游戏意义的词汇中,词根 *la'ab* 是最重要的——*la'ab* 显然与 *la'at* 同源。而除了本义指"游戏"外,该词还有"笑"和"嘲弄"的意思。阿拉伯语 *la'iba* 的意思包括普通游戏、嘲弄和逗趣。阿拉米语[14] *la'ab* 的意思是"笑"和"嘲弄"。此外,阿拉伯语和古叙利亚语中,同一词根还用来表示婴儿流口水(也许从婴儿用口水吐泡泡

文辛克

的习惯就可以理解,这肯定可以当成一种游戏形式)。希伯来语 *sahaq* 也与笑和游戏有关。最后,值得注意的是,阿拉伯语 *la'iba* 用来指乐器的"演奏",就像某些现代欧洲语言一样。因此,比起我们迄今研究过的语言,闪米特语族中,游戏概念的特点似乎更模糊、更宽泛。我们会发现,希伯来语可以提供明显证据,证明竞赛与游戏之间的原理是相同的。

希腊语表达游戏功能的用语有各种变体,而且五花八门。相比之下,拉丁语明显不同,实际上只有一个词包罗游戏的方方面面,即 *ludus*,原型为 *ludere*,该词直接派生出 *lusus*。我们应该注意到,专指开玩笑、打趣的 *jocus* 和 *jocari*,在古拉丁语中并不指真正的游戏。尽管 *ludere* 可用于表示鱼儿跳跃、鸟儿振翅和水花飞溅,但其词源似乎不在快速运动、闪光等范畴内,而是在"不具备严肃性"范畴尤其是"类似"和"瞒骗"范畴内。*ludus* 包括儿童游戏、消遣、竞赛、礼拜仪式演出和

戏剧表演,还有碰运气的游戏。词组 *lares ludentes* 中,它的意思是"舞蹈"。该词最重要的意思似乎是"假装"或"装扮",复合词 *alludo*、*colludo*、*illudo* 均指向"不真实"和"虚幻"之义。当 *ludi* 表示在罗马人生活中占有重要地位的大型群众活动或表示"学校"之义时,其语义依据不甚明显——在头一种情形中,语义的起点是"竞赛",而第二种呢,很可能是"练习"(practice)。

据我所知,游戏的统称 *ludus* 不仅没进入罗曼语族,而且在这些语言中几乎没留下任何蛛丝马迹,这一点值得注意。在所有这些语言中(当然指很早时期),*ludus* 被 *jocus* 的派生词取代了,这个派生词由专指开玩笑和打趣引申为泛指"游戏"。这么一来,就产生了法语的 *jeu*、*jouer*,意大利语的 *gioco*、*giocare*,西班牙语的 *juego*、*jugar*,葡萄牙语的 *jogo*、*jigar*,罗马尼亚语的 *joc*、*juca*,加泰罗尼亚语、普罗旺斯语和列托—罗曼斯语[15]中也出现了类似词语。至于 *ludus* 和 *ludere* 的消失到底是语音还是语义的缘故,这个问题我们则不必追究。

在现代欧洲语言中,"play"(游戏)一词包含范围很广。我们看到,在罗曼语族和日耳曼语族中,游戏都延伸至涉及运动活动的各类概念,而这些运动活动算不上严格意义或正规意义上的游戏。比如,法语、意大利语、英语、西班牙语、德语以及荷兰语,都用"play"表示机器零件的高速运动。日语亦然,前文已经提及。play 概念囊括的领域似乎比希腊语 $\pi\alpha\iota\zeta\epsilon\iota\nu$ 更广,甚至比拉丁语 *ludere* 还广——在此领域内,"play"的专门含义完全隐匿在轻松活动和运动的含义中了。这在日耳曼语族中更为明显。

如上所述,这些语言没有表示游戏的共同词语。由此我们断定,在有待证实的古日耳曼语时期,游戏尚未被当成一般概念。但是,这些日耳曼语族各个分支一旦冒出一个表示游戏的词语,所有这些词语就以完全相同的方式在语义上发生变化,更确切地说,这组规模庞大、貌似不同的含义就归入"play"(游戏)名下了。

流传至今的古哥特语[16]《圣经》残篇(仅包括一部分《新约》)中,没有表示游戏的词语。不过从《马可福音》第十章第34节 $καέμπαίζουσιν$ $αὔτῷ$ ("他们要戏弄他")的译文 jah bīlaikand ina 所用词汇来看,可以很有把握地断定,哥特语是用同一个 laikan 表示游戏的,该词在斯堪的纳维亚语族中衍生出表示游戏的常用词语,还以此含义出现在古英语以及高地德语、低地德语[17]中。而哥特语文本中 laikan 只是以"跳跃"之义出现。前面提到,"快速运动"之义应被视为许多游戏用语的确切起点。我们想起,柏拉图曾推测游戏源于所有幼小生物(动物和人)的跳跃需求(《法律篇》第二章第653页)。因此,依《格林兄弟德语词典》(Grimm's German Dictionary)[18],高地德语名词 leich 的原意常用于表示"节奏轻快的运动",其他引申含义也都属于游戏领域。而盎格鲁—撒克逊语 lâcan 的具体含义则表示像波浪中的小船那样"摇荡、起伏",或像鸟儿"振翅",或像火焰"摇曳"。此外,lâc、lâcan 以及古斯堪的纳维亚语族的 leikr、leika[19],用于描述各类玩耍、舞蹈和身体锻炼。在较晚的斯堪的纳维亚语族中,lege 和 leka 几乎专门限于表示玩耍。

在《德语词典》(Deutsches Wörterbuch)(第十卷第一章,1905)有关"游戏和玩耍"的词条里,莫·海恩[20]等人详尽阐明了日耳曼语族中由词根 spil、spel 派生出的丰富词汇。其中与本文相关的要点如下。首先是动词及其谓词的联系。虽然可以用德语说"ein Spiel treiben"(做游戏),用荷兰语说"een Spiel doen"(做游戏),用英语说"pursue a game"(进行游戏),但合适的动词仍是"play"(游戏)本身。确切的说法是"play a game"(玩游戏)或"spielen ein Spiel"(德语"玩游戏")。由于英语中的 play 和 game 词源相同,动词与谓词的联系多少已经消失了。尽管如此,事实仍是:为了表达这种活动的性质,名词中所包含的观念须在动词中重复。这难道不正意味着游戏活动的特性和独立性是普通类型活动所不具备的吗？游戏不是普通意义上的"做"（doing）——你不可能像"捕"鱼、"打"猎、"跳"莫利斯舞[21]、"做"木工那样"做"游戏（"do"a game），你是在"玩"游戏。

另一要点是：不论用哪种语言进行思考，我们总倾向于把游戏观念降格为单纯的一般活动，这种活动只通过游戏的某一属性——比如轻松愉快、结局紧张难料、有序变更、自由选择等——与游戏本身有所关联。这种倾向在很早的古斯堪的纳维亚语 *leika* 中就能看出。*leika* 含义很多，包括"自由行动"、"抓住"、"造成或影响"、"处理"、"忙于"、"消遣"、"练习"。前面我们谈过"游戏"一词用于表示高速运动或自由运动。就此而言，荷兰银行行长谈及荷兰盾贬值时所说的"目前所留范围过于有限，金本位制玩不转了（cannot play）"，就完全没打算卖弄辞藻或故作风趣。"to have free play"（自由发挥）或"to be played out"（筋疲力尽）之类的表述说明，游戏概念正变得稀薄起来。与其说这是因为游戏观念象征性地转向概念而不是转向游戏活动本身，还不如说是因为游戏观念在无意识的嘲讽中自然消隐了。在中古高地德语中，游戏（*spil*）及其复合词备受神秘派行话偏爱，这很可能并非偶然，因为某些思想领域特别需要此类含糊的游戏术语。比如康德[22]就明显对类似"想象力的游戏"（the play of imagination）、"观念的游戏"（the play of ideas）、"宇宙起源观念的所有辩证游戏"（the whole dialectical play of cosmological ideas）之类表述情有独钟。

在谈及日耳曼语族游戏概念的第三个词根即 *play* 本身前，我们可顺便指出，除了 *lâc* 和 *plega*，古英语或盎格鲁—撒克逊语还会用 *spelian* 一词，不过是专门用来特指"代表别人"或"取代他人位置"［*vicem gerere*（取代某人）］之义。比如它用来指代替以撒祭献的公羊[23]。尽管该含义从"扮演角色"（playing a part）的意义上说也是"游戏"固有的，但并非头号含义。而 *spelian* 和德语"*spielen*"在语法上的联系究竟有多密切?这个问题我们须搁在一边;也不必去讨论"Spiel"(德语"游戏")和英语"spell"(符咒)、"gospel"(教义)之间的关系。德语"Beispiel"(例子)或"Kirchspiel"(教区)以及荷兰语 kerspel(教区)、dingspel(古代司法辖区)的词尾 -spiel,通常都是和上述英语词汇一样由相同词根派生而来,而非派生自"Spiel"(spel)(游戏)。

祭献以撒(Michelangelo Caravaggio 作)

从语义角度看,英语"play"(游戏)和"to play"(扮演)非常值得关注。该词源自盎格鲁—撒克逊语 plega、plegan,主要意思是"游戏"或"扮演",但也指快速运动、姿势、手抓、拍手、演奏乐器以及各种身体运动。其丰富的含义大部分仍保留在后来的英语中,如莎士比亚《理查三世》(Richard the Third)第四幕:

> 啊,白金汉,现在我且
> 扮作试金石,
> 看你到底是不是真金币。

请注意,古英语 *plegan* 和(欧陆)古撒克逊语 *plegan*、古高地德语 *pflegan* 和古弗里西亚语[24] *plega*,形式上完全一致,这是不容置疑的。现代德语 *pflegen* 和荷兰语 *plegen* 都是由这些词语直接派生出来的,而这些词语都有游戏所不具备的抽象含义。最古老的含义是"保证或担保、冒险、为某人某事担风险"[25];后来的含义是"允诺或答应(*sich verpflichten*)、照料、照顾(*verpflegen*)"。德语 *pflegen* 也用于表示与实施宗教活动、提出忠告、司法管理(*Rechtspflege*)有关的含义,而在日耳曼语族其他语言中,可以说"致"敬("pflegen" homage)、"致"谢("pflegen" thanks)、"起"誓("pflegen" oaths)、"致"哀("pflegen" mourning)、"干"活("pflegen" work)、"献"爱("pflegen" love)、"施"法("pflegen" sorcery)乃至"玩""游戏"("pflegen" "play")[26]——不过最后一层意思很少用。因此,该词主要用于宗教、法律和伦理领域。迄今为止,由于意义上的明显差异,"to play"和 *pflegen*(或其他日耳曼语族的同义词)被公认为属同音异源词——由发音相似但来源不同的词根派生而来。先前的研究则让我们提出相反观点:不如说其差异在于,"play"的演进发展是循具象路线的,而 *pflegen* 则循抽象路线。但两者语义上都贴近游戏领域。我们可以称之为仪式领域。*pflegen* 的最古老含义中就有"节庆"与"炫富"之义——荷兰语 *plechtig*(意为"盛大仪式"、"隆重")即由此而来。形式上,德语 *pflicht* 和荷兰语 *plicht* 类似盎格鲁—撒克逊语的 *pliht*[英语 *plight*(困境、订婚)即源于此]。[27]而荷兰语 *plicht* 和德语 *pflicht* 这两个词意思是"责任",几乎没有其他意思;*pliht* 则主要指"险情",其次指"违法"、"犯错"、"归咎",最后还指"保证"、"订婚"。动词 *plihtan* 有"置身险境"、"连累"、"迫使"之义。至于 *pledge* 一词,由日耳曼语族的 *plegan* 形成了中世纪拉丁语的 *plegium*,而 *plegium* 接下来演化成古法语 *pleige*——由此演化成英语的 *pledge*。该词原意为"担保"、"保证"、"质押",后来演化为表示

第二章　用语言表达的游戏概念

挑战而扔到地上的象征物(*gage*)、"赌注"(*wager*)("wage"和"gage"是同源对似词),最后还指"订婚"仪式,以及为某个保证或某人健康、某次许诺、某句誓言而"喝酒"。[28]

挑战、危险、竞赛等——所有这些概念都令我们非常接近游戏领域,这一点谁能否认呢？游戏和危险、冒险、运气、功绩——这一切都处于单独的活动场所之内,都处于危险之中。由此我们不禁得出结论:*play* 和 *pflegen* 这两个词及其派生词不仅形似,而且意同。

《入侵诺曼底》描绘的索库尔之役(Jean-Joseph Dassy 作)

这又把我们带回到游戏和竞赛的关系上来,带回到更通常意义上的竞赛和争斗关系上来。在日耳曼语族所有语言以及许多其他语言中,游戏用语也经常用来表示武装争斗。盎格鲁—撒克逊诗歌中,此类用语和措辞比比皆是,我们仅举一例。武装争斗,或者说战斗,盎格鲁—撒克逊语叫 *heado-lac* 或 *beadu-lac*,字面意思是"战斗游戏"(battle-play);或叫 *asc-plega*,字面意思是"矛刺游戏"(spear-play)。这些复合词无疑让我们看到了诗意比喻,看到了游戏概念向战争概念完全自觉的转换。古高地德语诗歌《路德维希之歌》(Ludwigslied)中的诗句"Spilodum ther Vrankon"(法兰克人在那里游戏)也是如此,尽管没那么明显。这首诗歌颂了西法兰克国王路易三世于公元881年在索库尔战胜斯堪的纳维亚人的事迹[29]。尽管如此,如果断定"游戏"一词每次用于严肃的争斗都只不过是诗歌的特权(poetic licence),就难免过于轻率。我们得摸索着进入原始思想领域,在这一领域,使用武器的危险战斗,以及包括从最无足轻重的运动到充满血腥、你死我活的争斗在内的种种竞赛,还有游戏本身,都体现了"在特定规则限制下与命运抗争"这一基本观念。这么看来,用"游戏"这个词来指战斗就几乎算不上自觉的比喻。游戏就是战斗,战斗就是游戏。

原始文化中能证明游戏和战斗本质相同的,最惹人注目的当属《旧约》提供的例子了。在《撒母耳记下》第二章第14节,押尼珥对约押说:"让少年人起来,在我们面前戏耍(play)罢。"(拉丁文《圣经》:"Surgant pueri et ludant coram nobis")"双方各过去十二名。彼此揪头,用刀刺肋,一同仆倒。所以那地叫做壮士地。"这个故事是否有历史依据?还是仅仅为了解释某个地名的来历而编了个词源神话?在我们看来都不重要。唯一重要的是,这一行为被称为游戏,而且只字不提这不是游戏。把拉丁语 ludant 译成 "let them play"(让他们戏耍罢)简直天衣无缝。希伯来语原文此处用的是动词 sahaq 的一种形式,主要意思是"笑",其次是"闹着玩地做事",还有"跳舞"之义。《旧约》希腊语译本是这么表述的:$\dot{\alpha}\nu\alpha\sigma\tau\dot{\eta}\tau\omega\sigma\alpha\nu\ \delta\dot{\eta}\ \tau\dot{\alpha}\ \pi\alpha\iota\delta\dot{\alpha}\rho\iota\alpha\ \kappa\alpha\dot{\iota}\ \pi\alpha\iota\zeta\dot{\alpha}\tau\omega\sigma\alpha\nu\ \dot{\epsilon}\nu\dot{\omega}\pi\iota\sigma\nu\ \dot{\eta}\mu\tilde{\omega}\nu$。显然,这里不可能是诗歌的特权。事实很简单,游戏可能会是你死我活的,不过仍然是游戏——这更让我们有理由不去割裂游戏概念和竞赛概念。[30] 由此进一步得出结论,倘若在原始思维中游戏和战斗不可分离,那接下来把打猎纳入游戏也就再自然不过了。这种现象在语言和文学中比比皆是,此处毋庸赘言。

对"play"(pflegen)(游戏)一词追根求源,我们发现,游戏术语会

第二章　用语言表达的游戏概念

出现在仪式领域。表示"结婚"的荷兰语常用词 *huwelijk* 更是如此,该词仍能看出中古低地德语 *huweleec* 或 *huweleic*[字面意思是"wedding-play"(婚礼游戏)]的影子。再如 *feestelic*(节日、节庆)、*vechtelic*(战斗:古弗里西亚语 *fyuchtleek*)。这些词均由前文谈到的词根 *leik* 构成,该词根在斯堪的纳维亚语族中生成了表示游戏的常用词;其盎格鲁—撒克逊语形式 *lâc*、*lâcan* 除了表示游戏、跳动、律动之外,还表示牺牲、祭品、赠品、恩惠乃至慷慨、奖赏之义。这个相当奇特的语义进程据称始于 *ecgalâc* 和 *sveorda-lâc* 之类词语,意思是剑舞——因此,按格林的说法,该词根源自庄重的祭祀舞蹈观念。[31]

从语言学全面考察完游戏概念之前,我们要讨论"play"(游戏)一词的某些特殊用法,特别是用于表示演奏乐器。前文提到,阿拉伯语 *la'iba* 有这层意思,而许多欧洲语言也是如此,日耳曼语族(还有一些斯拉夫语)即是,这些语言早在中世纪阶段就用"游戏"一词表示乐器演奏技艺。[32]罗曼语族中,似乎只有法语 *jeu* 和 *jouer* 才有这层意思,这或许可视为受到日耳曼语族影响的迹象;意大利语用 *sonare*、西班牙语用 *tocar* 表达这层含义;希腊语和拉丁语则根本没有这类词。其实,德语"Spielmann"(荷兰语"Speelman")有"音乐家"这层意思,而与乐器演奏并无直接关联。"Spielmann"与 *joculator*、*jongleur* 完全对应,原意范围较广,指各类表演艺术家,后来意思缩水了,一方面指行吟诗人,另一方面指音乐家,最后表示耍刀舞球的江湖艺人。

哪怕没有这些特殊的语言学例证,我们也应倾向于把音乐归入游戏领域,这理所当然。音乐创作一开始就具有游戏固有的所有形式特征:该活动在严格的时空界限内开始、结束,可以重复,以秩序、韵律、变奏为主,能让听众和乐手一同脱离"平常"生活,升入欢欣祥和的境界,这种境界甚至能令悲音哀曲也成为无上享受——换句话说,音乐令人"痴迷"、"陶醉"。因此,把所有音乐归入游戏名下,也就完全合情合理了。可我们知道,游戏有所不同,它自成一体。此外要记住,"游戏"一词从不用于表示歌唱,表示音乐创作时也仅限于某些语言,看来游戏与乐器演奏技艺的联系,可能要在灵活而有节奏的手指运动中去探寻。

"游戏"一词还有另一用法,这种用法与把游戏等同于严肃争斗一样普遍、一样重要,这就是与性爱的关联。日耳曼语族中,该词用于表达性爱的例子比比皆是,不必细数。德语"Spielkind"(荷兰语"speelkind")意思是私生子;又如荷兰语"aanspelen"指狗交配,"minnespel"指交媾。在德语"Laich"和"lachen"(鱼"卵"和鱼"产卵")、瑞典语 *leka*(鸟类交尾)、英语"lechery"(淫荡)中,日耳曼语族的古老词根 *leik*、*leikan* 依然留存。梵语中也有同样用法,*krīdati*(游戏)常用于表示性爱:比如 *krīdaratnam*[游戏之宝(the jewel of games)]就指交媾。所以拜腾狄克教授把性爱游戏称为所有游戏最完美的样本,它以最清晰的形式展现了游戏的本质特征。(33)但我们必须详加论述。假如我们恪守先前总结的游戏的形式特点和功能特点,这些特点显然几乎不能真正用来解释性行为。语言实质上并不倾向于把这种行为本身视为游戏,而是把通往这种行为的过程视为游戏,把准备"爱"、开始"爱"视为游戏,各种游戏往往使这一过程变得诱惑迷人。而两性中的一方激起另一方性欲或赢得另一方欢心准备交合时,尤其能说明问题。拜腾狄克教授提及游戏的激励要素,比如故意制造的阻碍、装饰、惊奇、装扮、紧张等,都属于调情和求爱的手段。然而,所有这些功能都算不上严格意义的游戏。只有鸟类在舞步中梳理羽毛、高视阔步,真正的游戏要素才显露出来。尽管爱抚偶尔也会是游戏,但本身并不具备游戏特点。而把性行为本身当做性爱游戏归入游戏范畴,则是错误的。交配的生物学过程与我们所认定的游戏形式特征并不相符。一般来说,性爱游戏和交配在语言上也彼此有别。"游戏"一词特指甚至专指为社会规范所不容的性爱关系。正如我们在黑足语中所见，*koani* 一词既指普通儿童游戏，又指不正当的性行为。因此，总之，尽管游戏术语用于表达性爱已获公认也显而易见，但它明显有别于游戏和战斗之间根深蒂固的密切关系，所以我们只能把这种用法当做独特而自觉的比喻。

  词语在概念上的价值往往受到其反义词的制约。在我们看来，游戏的反义词是**认真**（*earnest*），还有含义更特定的反义词是**工作**（*work*）；而认真的反义词既可以是游戏，又可以是打趣、开玩笑。不过，**游戏—认真**这对互补的反义词更重要。这对反义词的反差，并非每种语言都像日耳曼语族那样表达得简洁彻底。日耳曼语族中，可以在德语和荷兰语中找到"earnest"（认真）的对应词，而斯堪的纳维亚语族用 *alvara* 表达完全相同的含义。希腊语 *σπονδή* 和 *παιδιά* 之间的反差同样明确。其他语言有游戏反义词的形容词形式，却没有名词形式——例如，拉丁语中，*serius*（认真的）就没有相应的名词形式。这似乎表明对游戏反义词的抽象在概念上是不彻底的。*gravitas*、*gravis* 有时可表示认真，但并不专指认真。罗曼语族也只好将就着使用这个形容词的派生词：如意大利语的 *serietà*、西班牙语的 *seriedad*。法语只是勉强把这一概念变成名词 *sériosité*，但该词缺乏说服力，英语"seriousness"亦然。(34)

  希腊语 *σπονδή* 语义源自"热情"（zeal）或"速度"（speed），而拉丁语 *serius* 则源自"沉重"（heaviness）或"重量"（weightness）。日耳曼语族中表达认真的词更棘手。*ernest*、*ernust*、*eornost* 的原意一般指"争斗"、"打斗"——其实在很多情形下都确指"打斗"。之所以棘手，是因为在英语 *earnest* 中，两种不同形式似乎重合了：一种对应于古英语（*e*）*ornest*，另一种则对应于古斯堪的纳维亚语 *orrusta*，意思是"战斗、单兵作战、许诺或挑战"。两词是否同源尚存争议，故而我们对此议题不加论断,而是直接得出总体结论。

也许我们可以说,语言中的游戏概念似乎比它的反义词重要得多。用一个词囊括"不是游戏"(not-play),这种需求必定微不足道,而表示 seriousness(认真)的各种词语不过是语言要发明出"游戏"概念对立面的副产品。这些词语围着"热情"、"努力"、"辛苦"等概念打转,其实从这些概念本身就能看出,所有这些特性也和游戏有关。"认真"一词的出现,意味着人们开始认识到游戏概念是独立的存在——我们前面说过,这一过程很晚才发生。因此,难怪连游戏概念非常分明且包罗万象的日耳曼语族,也如此卖力地强调游戏的对立面。

撇开语言学问题不谈,更细致研究"游戏—认真"这对对立概念,我们会发现两者并不等值:游戏是正面的,认真则是负面的。"认真"的含义由否定"游戏"来界定,其含义也就这些——认真无非就是"不在游戏",仅此而已;另一方面,"游戏"的含义却绝非称之为"不认真"或"不严肃"就能界定的,其含义也不仅于此。游戏就是游戏。比起严肃来,游戏概念本身层次更高。因为严肃企图排斥游戏,而游戏能出色地包容严肃。

注释:

(1) 唯名论(Nominalism),中世纪哲学派别,否认共相具有客观实在性,认为共相后于事物,只有个别的感性事物才是真实的存在。

(2) 当然,巴库斯之子或伙伴、卢西塔尼亚人的祖先卢索斯是很晚以后书面虚构的形象。　　　　　　　　　　　　　　　　　——原作者

巴库斯(Bacchus),古罗马神话中的酒神和植物神。

卢西塔尼亚(Lusitania),古罗马帝国行省,位于今天的葡萄牙和西班牙西部。

卢索斯(Lusus),古罗马神话人物。

(3) 我们充其量只能推测它与 ινδος 关系密切,从而推断出它源自印欧语系形成

第二章 用语言表达的游戏概念

前或爱琴海地区。词尾以动词后缀形式出现在 $\dot{\alpha}\lambda\iota\omega$ 和 $\kappa\nu\lambda\iota\omega$ 的变体词 $\dot{\alpha}\lambda\iota\nu\delta\omega$ 和 $\kappa\nu\lambda\iota\gamma\delta\omega$ 中（词义均为"旋转"），"游戏"的概念在这里只是依稀可闻。——原作者

(4) 在《第十七届荷兰语言学家大会汇编》(Proceedings of the 17th Congress of Dutch Philologists, 莱顿,1937)中，他提及我的校长就职演讲《文化中游戏与严肃的分野》(The Borderline between Play and Seriousness in Culture)。
——原作者

博克斯坦(Hendrik Bolkestein, 1877—1942),荷兰古典学者。

(5) 该观点并未在德文版赫伊津哈作品中出现,在他自己的英译本中表述也语焉不详,但愿在重现其观点时并未过分曲解原意。——英译者

(6) 该词可能与 dyu(晴天)一词有关,我们须搁下不议。——原作者

(7) 戴文达(Jan Julius Lodewijk Duyvendak, 1889—1954),荷兰汉学家。

(8) 乌伦贝克(Christianus Cornelius Uhlenbeck, 1866—1951),荷兰语言学家和人类学家。

(9) 阿尔贡金(Algonkin)语族,北美印第安人广泛使用的语言。

(10) 闪米特语(Semitic),属亚非语系,包括阿拉伯语、希伯来语、阿拉米语等。

(11) 拉德尔(Johannes Rahder, 1898—1988),荷兰佛教学者。

(12) 我不太清楚这里是否受到英语术语的影响。——原作者

(13) 文辛克(Arent Jan Wensinck, 1882—1839),荷兰闪米特语专家、伊斯兰教研究专家。

(14) 阿拉米语(Aramaic),又称亚兰语,属闪米特语族,古代近东通用语言。

(15) 加泰罗尼亚语,西班牙官方语言之一。
普罗旺斯语,属印欧语系罗曼语族,分布在意大利、法国、瑞士等地。
列托—罗曼斯语,属印欧语系罗曼语族,分布在瑞士东南部及意大利东北部。

(16) 哥特语(Gothic),属印欧语系日耳曼语族,已消亡。

(17) 高地德语(High German),分布在德国、奥地利、列支敦士登、瑞士和卢森堡等地,是现代德语的主体。

(18) 格林兄弟，指雅各布·格林(Jacob Grimm,1785—1863)和威廉·格林(Wilhelm Grimm,1786—1859)，德国语言学家、童话作家。

(19) 详见后文。　　　　　　　　　　　　　　　　　　——原作者

(20) 莫里茨·海恩(Moritz Heyne,1837—1906)，德国语言学家。

(21) 莫利斯舞(Morris Dance)，英国民间传统舞蹈。

(22) 康德(Immanuel Kant,1724—1804)，德国哲学家。

(23) 以撒(Isaac)，《圣经》人物，见《旧约·创世纪》第二十二章。上帝为试验亚伯拉罕(Abraham)是否真的敬畏自己，命他祭献独生子以撒。当亚伯拉罕要杀以撒时，上帝派使者加以制止，亚伯拉罕就用一头公羊代替以撒献祭。

(24) 古弗里西亚语(Frisian)，属日耳曼语族，分布在德国、荷兰等地，和古英语极为相近。

(25) 参见约·弗兰克(J. Franck)的《荷兰语词源学词典》(*Etymologisch Woordenboek der Nederlandsche taal*)，冯·维克(N. van Wijk)编(海牙,1912)；杰·雅·包肯诺根(G. J. Boekenoogen)和雅·赫·冯·莱森(J. H. van Lessen)编《荷兰语词典》(*Woordenboek der Nederlandsche taal*)第十二章第1节(海牙—莱顿,1931)。　　　　　　　　　　　　　　　　　　——原作者

(26) (十三世纪)布拉班特修女哈德薇西(Hadewych)的一首诗中有如下诗句：

　　　　Der minnen ghebruken, dat es een spel,

　　　　Dat niemand wel ghetoenen en mach,

　　　　endd al mocht dies pleget iet toenen wel,

　　　　Hine const verstaen, dies noijt en plach.

　　　　(一场游戏一场爱，

　　　　　个中滋味费疑猜。

　　　　　躬行或可知深浅，

　　　　　无为怎得识一二。)

《哈德薇西诗集》(*Liedeven van Hadewijch*)，乔安娜·司涅兰(Johanna Snellen)编(阿姆斯特丹,1907)。

第二章　用语言表达的游戏概念

此处 *Plegen* 可以毫不犹豫地理解为游戏。　　　　　——原作者

布拉班特(Brabant)，古代欧洲公国，位于现在的荷兰南部和比利时中北部。

(27)"plight"大概就是"pledge"的意思，因为"plight"指"困境"，据信是拼写错误。赫伊津哈本人在此处批注：参考 *pleoh*、古弗里西亚语 *plê*，意思是"危险"。　　　　　　　　　　　　　　　　　　　　　　——英译者

(28) *pledge* 的这些含义类似盎格鲁—撒克逊语的 *beadoweg*、*baedeweg*，意思是 *poculum certaminis*(战争杯)、*certamen*(竞赛)。　　　　——原作者

(29)路易三世(Ludwig III,法语为 Louis III,863—882)，西法兰克国王。

索库尔(Saucourt)，法国东北部小镇。881年8月3日，路易三世在索库尔之役战胜北欧海盗，遏制了北欧人对西法兰克国土的侵扰。

(30)顺便指出，托尔和洛基之间古怪的竞赛在《古鲁菲受骗记》中就叫做 *leika*（游戏）。　　　　　　　　　　　　　　　　　　　　　　——原作者

托尔(Thor)，北欧神话中的雷神；洛基(Loki)，北欧神话中的火神；《古鲁菲受骗记》(*Gylfaginning*)，冰岛史诗《散文埃达》(*Prose Edda*)的首篇。

(31)格林的《德国神话》(*Deutsche Mythologie*)，迈耶(E. H. Meyer)编，第一卷（哥廷根,1875）。　　　　　　　　　　　　　　　　　　　　——原作者

(32)现代弗里西亚语的 *boartsje*(儿童游戏)和 *spylje*(乐器演奏)两个词有所区别。后一个词大概来自荷兰语。　　　　　　　　　　　　　　——原作者

(33)前引著作,第95页。　　　　　　　　　　　　　　　　　　——原作者

(34) *sériosité* 和 *seriousness* 都是由形容词加后缀构成的名词，因此"缺乏说服力"。

第三章

游戏和竞赛的教化功能

　　说起文化的游戏要素,我们并不是指在文明生活的各种活动中,专为游戏留出一席要地;也不是指经由某种进化过程,文明从游戏中产生,这种进化过程使原本的游戏逐渐变得不再是游戏,从此就可以称为文化了。下文所持观点为:文化以游戏形式产生,即一开始就是在玩游戏。即便那些旨在直接满足生存需要的活动,比如狩猎,在古代社会也往往呈现出游戏形态。社会生活的形式超越生物学意义,具备游戏性质,其价值得以提升。正是通过游戏,社会表达出对生活的诠释和对世界的认识。我们这么说,意思并不是游戏变成了文化,而是说文化在其最初阶段具有游戏特征,文化是以游戏形态、在游戏氛围中演变的。游戏和文化这对联合体中,游戏是第一位的。游戏可以从客观上认知,能够具体描述,而文化不过是我们对特定事例下历史结论所贴的术语。这与弗洛贝尼乌斯的观点近似,弗洛贝尼乌斯在其《非洲文化史》中谈到,文化的生成"als eines aus dem natürlichen 'Sein' aufgestiegenen 'Spieles'"(如同"游戏"一样源于自然"存在")。不过我认为,弗洛贝尼乌斯把游戏与文化的关系想得太神秘、说得太含糊。文化来自游戏,他没说到这个点子上。

　　文化演变过程中——前进也好,倒退也好——我们所认定的游戏与非游戏的原始关系并非一成不变。游戏要素通常渐渐退居幕后,绝大部分融入宗教领域,余下的结晶为学识:民间传说、诗歌、哲学,或是形形色色的司法生活和社会生活。起初的游戏要素后来几乎彻底隐

第三章 游戏和竞赛的教化功能

藏到文化现象的背后。但无论何时,哪怕文明再发达,游戏"本能"也会全力重新强化自己,让个人和大众在声势浩大的游戏中如痴如醉。

不言而喻,在高等形态的群体游戏中,文化和游戏的联系尤为明显。这种形态的游戏主要是一帮群体或两帮对立群体的有序活动。独自游戏只能产生有限度的文化。前面说过,游戏——包括个体游戏和团体游戏——其所有基本因素,早在动物生活中就已出现了,这些因素即争夺、表演、炫耀、挑战、梳妆、昂首阔步、卖弄、佯装以及须遵守的规则。鸟类在物种进化上与人类相去甚远,居然与人类共同之处又是如此之多,这倍加惹人关注。山鹬炫舞,乌鸦赛飞,园丁鸟等装扮鸟巢,歌鸟鸣啭。可见,作为娱乐的竞争和表演并非源于文化,相反,它们先于文化。

"一起玩游戏"本质上具有对立特点。通常,游戏在双方或两队之间进行。不过,舞蹈、盛装游行、演出可以根本不出现对立双方,而且"对立"未必就意味着"争斗"或"对抗"。主调合唱曲、合唱曲、小步舞曲、合奏乐中的声部、翻线游戏(因为有些原始部落将该游戏发展为复杂的巫术系统,这让人类学家兴致盎然),这些都可以证明对立式游戏未必就是对抗的,尽管这些游戏中有时也会出现竞争。独立自足的活动,比如演戏或奏乐,在争夺奖品(或是奖励其编排,或是奖励其技艺)的场合下,常常会在不经意间就进入对抗局面,希腊戏剧即是一例。

紧张和不确定性算是游戏的普遍特征。人们总爱问:"会成功吗?"这种状态,哪怕我们玩单人纸牌、拼图、藏头诗、填字、抖空竹之类游戏时也会出现。在分组游戏中,当对立要素真正变成对抗时,期待结局而产生的紧张与不确定性就会陡增。求胜心切有时可能会抹杀游戏固有的轻巧。这就产生了一个重要差异。在纯粹靠运气取胜的游戏中,游戏者的紧张感,传到旁观者那里却微不足道。其中赌博游戏是特别奇特的文化研究课题,但就文化自身发展而言,我们只能称

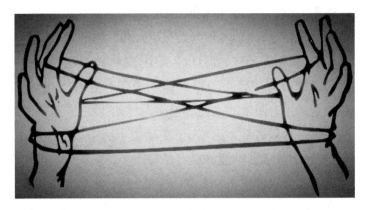

翻线游戏

之为徒劳的游戏。它们不会有什么成果,对生命、对思想无所助益。但如果是需要专注、知识、技能、勇气和力量的游戏,情况就不一样了。游戏越"难",观众越紧张。虽说下象棋于文化无补,也没什么视觉魅力,却能迷住观战者。而一旦游戏悦目可观,其文化价值也就显而易见了。尽管如此,游戏的美学价值对文化而言并非不可或缺。体格价值、智力价值、道德价值或精神价值同样能出色地把游戏提升到文化层面。游戏越善于提升个人或团体的格调和生活强度,就越易于成为文明自身的一部分。在宗教表演和节庆竞赛这两种反复出现的形式中,文明在游戏中成长,文明就是游戏。

　　第一章提出的那个问题又来了:我们有权把所有竞赛毫无保留地纳入游戏概念吗?我们已经看到,希腊人是如何区分 ἀγών(竞赛)和 παιδιά(游戏)的。这可以从词源上加以解释,因为 παιδιά(游戏)让人强烈地联想到"孩子气",所以很难用该词表示构成古希腊社会生活核心的严肃竞赛;另一方面,ἀγών(竞赛)一词则从完全不同的观点来定义竞赛。其本义似为"集会"(可对照 ἀγορά——"集市"一词,ἀγών 与之相关)。因此,作为术语,它与游戏本身无关。而我们已经知道,柏拉图用 παίγνιον 表示库里特戎装圣舞(τά τῶν Κουρήτων ἐνόπλια παίγνια)，用 παιδιά(游戏)表示一般宗教演出，从中我们仍可瞥见游戏和竞赛本质上的同一。绝大多数希腊竞赛比试起来非常认真，但不能据此就将竞赛与游戏分开，也不能以此否认竞赛具有游戏特征。竞赛具有游戏的全部形式特征和绝大部分功能特征。荷兰语和德语各有一词——*wedkamp* 和 *Wettkampf*——非常清晰地表明游戏和竞赛的一致。它们既有游戏场地(拉丁语 *campus*)之意，也有赌注(德语：*Wette*)之意。此外，荷兰语和德语常用这两个词表示"竞赛"。我们要再次引用《撒母耳记下》里那个值得注意的证据：两组人之间的殊死格斗也称"戏耍"(playing)，所用的词是从"笑"这类词衍生而来的。在众多古希腊瓶上描绘的竞技场面中，我们可以看到，人们全副武装争斗，在场有笛手相伴。奥林匹克运动会上就有殊死决斗。[1]雷神托尔一伙与武加达洛基[2]竞赛中所展示的强大**绝技**(*tours de force*)，也被称为 *leika*，即"游戏"。从以上种种理由可见，希腊语中游戏和竞赛用词有别，是因为没能抽象出涵盖两者的通用概念，这多少有些偶然——这么看似乎不见得有多冒失。简而言之，我们是否有权将竞赛纳入游戏范畴？对此问题，可以毫不犹豫地给出肯定回答。

希腊古瓶上描绘的竞技场面

和所有其他游戏形式一样,竞赛很大程度上不具实用性。也就是说,这种活动自生自灭,其结局对群体必不可少的生命过程并无贡献。有句荷兰名言,大意是"弹子游戏,游戏为重,弹子为轻",就非常清楚地表明了这一点。客观地说,游戏的结果不重要、微不足道。有一回波斯国王访英,据说他谢绝出席观赏赛马会,理由是:他很清楚总有一匹马跑得更快。就其观点而言,他完全正确:他宁愿置身局外,也不去涉足不熟悉的游戏领域。对游戏结果或竞赛结局感兴趣的,只有那些参与其中的游戏者,以及亲临现场或收听电台收看电视之类的旁观者,只有他们才认可规则(当然为赢钱的游戏除外)。他们成了游戏同伴,也是自愿如此。对他们来说,牛津队赢还是剑桥队赢,都不要紧。

"事危累卵"(there is something at stake)——这句成语包含了游戏的本质。但这个"事"并非游戏的实际结果,并非"球在洞中"之类单纯事实,而是一种理想事实,即游戏获胜,大功告成。成功令游戏者满足,这种满足感为时或长或短,视情形而定。虽说游戏不一定非要有观众,但有观众在场,满足感会带来更多喜悦。玩单人纸牌"过关"了,如有人观战会兴致倍增。所有游戏,至关重要的是游戏者能向别人夸赞其功绩。这方面,垂钓者是众所周知的典型。后面我们还会再谈这种自夸自赞。

与游戏密切相关的是"获胜"观念。而获胜的前提是要有伙伴或对手——单人游戏谈不上胜败,实现期望的目标不能称为"获胜"。

什么是"获胜"?什么是"赢"?获胜的意思是,游戏结局显示某个人更优秀,而这种优越感的证据,往往造成胜者各方面都优越的假象。就此而言,胜者所赢超出游戏本身。他赢得尊敬,获得荣誉,同时尊敬和荣誉又让胜者所属群体得利。这里可得出游戏另一个非常重要的特征:赢得的成功可以轻易地从个人传至集体。但以下特征更为重要:竞争"本能"首先并非权力欲或统治欲。首先是想胜过别人、拿第一并因此受到赞誉,而结果是否增加个人或群体的权势则在其次。主要是要赢。棋类游戏是最纯粹的例子,除了"获胜"这个简单事实之外,胜利本身没啥好看,也没啥趣味。

游戏、竞赛都是"为了"某样东西。游戏或竞赛的目标首先是胜利,而胜利与各种享受胜利乐趣的方式相关,如群众隆重集会、掌声雷动、热烈欢呼,以此庆贺凯旋。胜利的果实可以是荣誉、敬仰、威望。而一般来说,与获胜相关的不仅是荣誉。这一点我们甚至能从标明游戏限额的"下注"看出来。每种游戏都有赌注(stake),赌注可以是真材实价,也可以具有象征价值,而有象征价值是最完美的。赌注可以是金杯,也可以是宝石;可以是一位公主,也可以是一个先令;可以是游戏者的性命,也可以是整个部落的幸福;可以是奖品,也可以是"抵押"(gage)。"抵押"这个词很重要。从词源和语义上看,该词与拉丁语 *vadium*(德语 *Wette*)有关,意思是"信物"(pledge),指作为挑战标志扔进"圈"内或游戏场地内的纯粹象征物。它和"奖品"不完全一样,奖品表达的是某种有内在价值的东西,比如一笔钱,但也可以只是一顶桂冠。"prize"(奖品)、"price"(价格)、"praise"(赞赏)差不多都直接源自拉丁语 *pretium*,但这些词朝不同方向演化,这个过程很奇怪。*pretium* 最早出现在交换和估价领域,意味着对应价值。中世纪的 *pretium justum* 或"公平价格"(just price)的意思大致相当于现代的"市场价值"(market value)。如今 price 仍属经济领域,而 prize 进入游戏和竞争领域,praise 则有了拉丁语 *laus*(赞美)的全部含义。从语义上界定这三个词各自的语义场几乎不可能。同样奇怪的是,wage(工资)一词起初与 gage 同义,指表示挑战的象征物,后来与 pretium 词义演变背道而驰,即从游戏领域转入经济领域,成为"薪水"或"收入"的同义词。我们不是为了工资而*游戏*,是为了工资而*工作*。最后,"gains"(收益)或"winnings"(奖金)在词源上与以上这些词无关,虽说语义上与游戏和经济都有关:游戏者赢奖金,商人挣奖金。

可以说,经济活动和游戏活动中,拉丁语词根 vad 的全部派生词本来都有激情、机遇、勇敢之义。纯粹的贪婪既不是交易,也不是游戏;它不会去冒风险。敢挑战、爱冒险、承担风险、忍受紧张——这些都是游戏精神的本质。紧张令游戏更重要,紧张加剧,会使游戏者忘记他不过是在玩游戏。

希腊语表示"奖品"的词 ἆθλον 源自上述那个造词丰富的词根 vad 的派生词。ἆθλον 派生出 ἀθλητής,意思是运动员。这里,竞赛、争斗、训练、努力、忍耐、吃苦等含义交织在一起。野蛮社会绝大多数竞技(agonistic)活动简直就是"折磨"(agonizing),包括脑力和体力经受的艰辛;而 ἀγών(竞赛)与 ἀγωνία(该词最初意思不过是"比赛",但后来指"垂死挣扎"和"恐惧")之间关系密切。知道这些,就会明白,在**体育运动**(athletics)中,我们仍然周旋于构成本书主题的严肃竞争领域。

竞争不仅仅是"为"某样东西争,也是"在"某方面争,"靠"某样东西争。人们"在"力量或灵巧方面争第一,"在"知识或财富上争第一,"在"显赫、慷慨、门第高贵或子嗣兴旺上争第一。他们"靠"体力或武力争,"靠"头脑或拳头争,"靠"肆无忌惮的炫耀、吹嘘、吹牛、辱骂彼此争斗,最后"靠"奸诈和欺骗争斗。照理说,用欺骗赢得比赛,褫夺了活动的游戏特征,彻底败坏了比赛,因为我们认为,游戏的本质就在于恪守规则,即公平游戏。但古代文化和民间传说中的人物都证明,我们这方面的道德评价是错的。在"野兔和刺猬"的寓言中,正面角色留给了弄虚作假、靠欺骗获胜的游戏者。[3] 神话中很多英雄也是靠诡计或外界帮助才取胜的。珀罗普斯买通俄诺玛诺斯的车夫将蜡钉安进车轴;[4] 伊阿宋和忒修斯之所以能成功过关,多亏了美狄亚和阿里阿德涅;[5] 巩特尔得胜要归功于齐格飞;[6] 《摩诃婆罗多》中的俱卢族靠

第三章 游戏和竞赛的教化功能

掷骰子作弊取胜;[7]弗蕾娅出卖武丹确保伦巴第人得胜;[8]《埃达》神话中阿萨神族背弃了对巨人立下的誓言。[9]所有这些例子中,靠欺骗智胜别人的行为,本身就成为竞争的主题,也可以说是新的游戏主题。[10]

伊阿宋和美狄亚(John Waterhouse 作)

证券交易中用"玩"或"赌"之类词语表示计谋,这非常有力地证明了游戏和严肃之间界限模糊。在桌旁进行轮盘赌的赌徒会很爽快地承认他是在玩游戏,股票经纪人却不会。他会坚称,侥幸靠股价涨跌买进卖出是严肃生活的一部分,至少是商业生活的一部分,是社会的经济功能。这两种情形,起作用的因素都是想获利,而前一种情形,普遍认为纯属运气(尽管处处有"机关");后一种情形,游戏者以为他能算出股市的未来走势,并以此自欺。不管怎样,两者心态上的区别极小。

游戏的人

忒修斯和阿里阿德涅（Niccolo Bambini 作）

这里值得注意的是，寄望未来得益的两种商业契约形式都直接源于赌博，因此，究竟是先有游戏还是先有暴利，这个问题尚有待讨论。我们看到，中世纪行将结束之际，热那亚和安特卫普出现了寿险，就未来非经济性质的不测事件进行打赌。比如，赌"个人生死"，赌"生男生女"，赌"航行和朝圣的结局"，赌"各类土地、场所或城市的攻占"。[11]此类合同，尽管早已呈现出纯商业特征，但仍被查理五世[12]当做非法投机游戏而连同别的一起一再遭禁。[13]选举新教皇时，也有类似今天赛马的赌博。[14]甚至到了十七世纪，寿险交易仍被称为"赌"（betting）。

人类学越来越清楚地表明，古代社会生活通常是如何在群体自身的对抗和对立结构上建立起来的，群体的整个精神世界又是如何对应于这种深刻的二元结构的。其踪迹到处可见。部落分成对立两派，人类学家称之为"胞族"（phratria），通过最严格的族外通婚进行区别。这两类人群由其图腾进一步加以区分——图腾这个术语用得有些随意，超出了其所属的特殊领域，不过用于科研还是非常方便。一个人

第三章　游戏和竞赛的教化功能

可以把渡鸦当图腾,也可以拿乌龟当图腾,从而根据不同情形,形成一整套与渡鸦或乌龟相关的义务、禁忌、习俗和崇拜对象。部落两派的相互关系是竞争和对抗的关系,但同时又互相帮助、提供友情服务。可以说,他们严格制定、谨慎奉行一系列没完没了的仪式,以此共同演绎部落的公共生活。这种把部落一分为二的二元性延伸至他们整个观念世界和想象世界。众生众物各就各位,不在此处,即在彼处,于是整个宇宙便纳入这种分类。

除了部落上的区分,还有性别上的区分,这也体现了宇宙的二元性,比如中国的阴(yin)和阳(yang)(分别指女和男)。阴阳交替谐和,生命繁衍不息。有人认为,成为哲学体系的这种性别二元,应该源自把部落明确划分为少男与少女两类人群,他们在盛大的季节性庆典上相遇,以仪式化的对歌对舞互相求爱。

在这些节庆上,部落对立"胞族"或两性之间的竞争精神充分发挥作用(come into play)。这些五花八门的节庆竞赛,对中国古代文明进程产生的影响远比其他重要文化来得深远,马塞尔·葛兰言[15]对此有过清晰阐释。他用人类学方法诠释、重现了中国古代祭祀谣曲,在此基础上,简明扼要地描述了早期中国文化,科学准确,令人信服。

在葛兰言笔下,所有最早期文化都是同一幅场景:在时令节庆大典上,乡村宗族举行各类竞赛,以求子孙满堂、五谷丰登。众所周知,这种观念是绝大多数原始仪式的基础。古人深信,若每场仪式进展顺利,每项运动或竞赛如期决胜,每次祭供吉祥圆满,宗族会由此赢得天恩洪福。祭礼或圣舞成功举行——现在万事大吉,上苍保佑我们,天道安然无恙,我们的社会福祉确保无虞,属于我们。当然,这种态度不能当成是一系列合理推论的最终结果。确切地说,它是对生命的感受,是一种心灵构想的、几乎结晶为信念的满足感。

葛兰言　　　　　　　　葛兰言《中国文明》书影

照葛兰言的说法，冬季庆典时，屋子里全是男丁，他们庆祝节日，颇具戏剧性。人们兴奋狂喜、激动迷醉，戴上面具模仿动物起舞，狂饮作乐，饱餐无度，吆五喝六，嬉闹恶搞，各逞绝活。女人不得入内，但节庆的对立性仍然保留。仪式的效果取决于两组竞争和正常轮换。主客各为一组，如果其中一组代表阳（表示太阳、温暖和夏天），另一组就代表阴（即月亮、寒冷和冬天）。

葛兰言描绘了散居在纯粹自然背景下的宗族所过的乡村乃至田园诗般的生活图景，但他的结论远不止此。在广袤的中国大地上，随着族长和割据势力的兴起，除了包含原始单纯二元对立的单个家族或宗族之外，还形成了由众多互相对抗的群体构成的体系。这些群体涵盖区域由若干家族或宗族合并而成，但还是主要在节庆竞赛和宗教赛会上展现其文化生活。从宗族内部两派之间以及后来整个宗族与宗族之间古老的季节性竞赛中，社会等级制度应运而生。武士在神圣竞赛中赢得威望，从而开启了长期主宰中国的封建进程。葛兰言指出："竞争精神为男性团体或哥们义气注入了活力，让他们在冬季节庆的歌舞比拼中彼此对抗，最终走上通往国家形式和国家制度的发展

第三章 游戏和竞赛的教化功能

之路。"[16]

葛兰言认为,中国后来的整个等级制度都源自这些原始习俗,即便不愿全盘接受这一观点,我们也得承认,葛兰言非常精辟地说明,竞争要素在中国文明进程中所起的作用,甚至比竞技在古希腊世界中的作用更大,*游戏*(*ludic*)特征本质上也比古希腊表现得更明显。因为,在中国古代,几乎每项活动都表现为仪式化的竞赛——如渡河、登山、伐木或采花。中国有个关于创建王国的传说很有代表性,传说中的英雄王子以力大非凡、技惊四座征服对手,从而证明其出类拔萃。通常,比武以败方送命告终。

我们认为,关键在于,即便描绘成难以置信的死战恶战,所有这些竞赛,及其所有特性,仍属游戏范畴。只要把中国传统中以神话或史诗形式出现的竞赛,与世界各地目前仍在举行的季节性竞赛(也就是春秋节庆里的歌赛和年轻男女间的游戏)加以比较,上述结论就会更明显。葛兰言根据《诗经》(*Shih Ching*)里的情歌研究中国古代节庆时,还提到越南北部的东京(Tonking)、西藏和日本也有类似的节庆活动。安南学者阮文宣着手研究了安南地区盛行至今的节庆习俗,并在法文论文中加以精彩描述。[17]阅读此书,我们会发现自己置身游戏领域——对歌、球戏、求爱、对答、猜谜、*斗智*(*jeux d'esprit*),所有这些都是以欢快热烈的竞赛形式在男女间进行的。歌曲本身就是典型的游戏产物,规则固定,歌词乐句重复多变,一问一答。阮氏此书例证翔实,如果谁想真切了解游戏与文化之间的联系,最好去读一读。

所有这些竞赛形式,对于四季顺利流转、五谷丰登、年景丰裕不可或缺——这种忠实信念一再透露出此类竞赛与仪式之间的联系。

倘若认为,作为表演的这种竞赛,其结果会影响自然进程,那就会由此得出结论:通过何种竞赛导致这一结局无关紧要。重要的是获胜本身。也就是说,在胜者看来,每次胜利都代表善的力量战胜恶的力

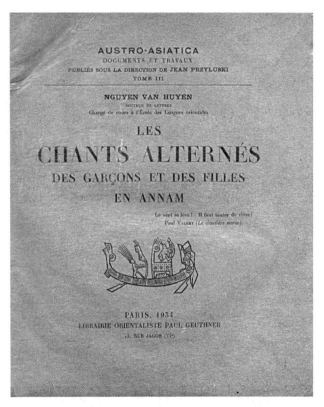

阮文宣《安南男女青年的对歌》书影

量,同时也拯救了实现这一结果的群体。胜利不仅表示拯救,而且以此使之发挥作用。这么一来,和那些拼体力、玩技巧、斗智力的游戏一样,单凭运气取胜的游戏同样会产生好结果。"运气"可能有神圣意义,骰子一掷,也许就表明神灵运作并左右神灵运作——和任何其他竞赛形式一样,掷骰子也能感动神灵。其实,我们可以进一步认为,对人类心灵而言,幸福、运气和命运的观念似乎极为接近宗教领域。为了认识这些精神上的联系,我们现代人只需回想一下童年时期人人常玩的算卦就明白了,那种算卦并不灵验,我们也没真的当回事,而毫不

第三章 游戏和竞赛的教化功能

迷信、心平气和的成年人也会偶尔为之。我们通常并不认为算卦有多重要,记载这种无聊之举的文学作品也很少见。不过有个例子,请注意托尔斯泰《复活》里的一段文字——一位法官出庭时心中默念:"如果我走到座位用的步数是偶数,今天就不会胃痛。"[18]

掷骰子成了众多民族宗教活动的一部分。[19]胞族社会的二元结构有时在其轮盘或骰子的两种颜色中得到反映。梵语 *dyūtam* 一词兼有"战斗"和"掷骰子"之义。骰子(dice)和箭(arrow)之间的密切联系非常明显。[20]《摩诃婆罗多》中,世界本身就被想象成湿婆夫妇玩的掷骰子游戏,[21]代表季节(*rtu*)的六个人玩游戏掷金银骰子。日耳曼神话也提到神灵在轮盘上玩游戏:创世之际,神灵聚在一起掷骰子;世界毁灭后重生,复活的阿萨神族会找到他们当初用过的金轮盘。[22]

《摩诃婆罗多》的主要情节围绕着坚战王[23]同俱卢族掷骰子游戏展开,在后面注释提到的著作中,杰·扬·赫尔德[24]由此得出民族学结论。而我们最关心的是在哪里玩游戏。一般来说就是在地上画个圈(*dyūtamaṇḍalam*),不过此类圆圈意义非凡。画圈要小心翼翼,考虑到各种措施防范作弊;游戏者不许离开圆圈,除非其义务全部履行。[25]但有时也会临时为游戏专设殿堂,这就是圣地。《摩诃婆罗多》用了整整一章描写建造掷骰子的殿堂(*sabhā*),般度族五兄弟[26]在此与对手过招。

因此,碰运气的游戏也有其严肃一面。此类游戏列入仪式之中;日耳曼人掷起骰子来郑重其事,当成正儿八经的职业,塔西陀[27]对此大惊小怪,这就有失公允了。但赫尔德从掷骰子的宗教意义中得出结论,认为古代文化中的游戏(game)不配称为"游戏"(play)[28],我要对此强烈批驳。恰恰相反,正是掷骰子的游戏特征,才使之在仪式中占有如此重要的地位。

对不列颠哥伦比亚省某些印第安部落奉行的奇风异俗——如今

通常称"斗富宴"(potlatch)[29]——的精确描述充实了民族学,从此,古代社会文化生活的竞赛原则才真相大白。夸丘特尔部落的斗富宴仪式极为隆重,最具代表性。斗富宴期间分成两队人,其中一队排场奢华,向另一队大肆赠礼,明摆着为了显示自己高出一等。赠方唯一期待的回报,就是对方责无旁贷须在特定期限内设宴酬谢,如果可能的话,其排场会更可观。这一奇特的馈赠节庆支配着部落整个公共生活,即仪式、法律和艺术。任何重要事件,诸如婚嫁生死、入会仪式、文身、建陵等等,都会成为举办斗富宴的机会。部落首领造房或安设图腾柱时也会办斗富宴。斗富宴上,家人和族人盛装出席,吟唱圣歌,戴上面具,巫医则一副部落先灵附体的样子。但最主要的还是分发财物。操办宴会一方将整个部落的财产挥霍一空,而参加宴会的另一部落也有义务举办更盛大的斗富宴。假如做不到,就会名声扫地,尊严丢尽,徽章和图腾遭褫夺,乃至丧失民事权利和宗教权利。总之,部落财物以某种刺激方式在"地位显赫"的家族间流转。有人认为,斗富宴最初一直是在两个胞族之间举办的。

　　斗富宴上,一方不仅靠出手大方、赠礼铺张来证明其高出一等,而且更令人吃惊的是,他们还将其全部财产悉数损毁,不过是想表明根本用不着这些财物。损毁也以戏剧化仪式进行,还带着一副傲慢挑衅的姿态。破坏行为总是竞赛式的:如果这位部落首领摔破一把铜壶,或烧掉一堆毯子,砸坏一条独木舟,对手就必须损毁起码同样多的东西,如果可能的话还要更多些。一方会把破壶碎片挑衅地送给对手,或当做荣耀的标志展示炫耀。据说,在与夸丘特尔部落同族的特林吉特部落(Tlinkit),如果酋长想当众侮辱对手,就会杀死手下一批奴隶;而对方为了雪耻,只好杀死自己更多的奴隶。[30]

　　此类挥霍无度的比赛,以及登峰造极的肆意损毁自家财物,在全世界都留下较为明显的遗迹。[31]马塞尔·莫斯指出,美拉尼西亚习俗与斗富宴非常类似。⁽³²⁾他在《论赠礼》一书中发现，希腊、罗马和古日耳曼文化中也有类似习俗的遗迹。葛兰言在中国古代传统中找到了比拼赠礼和比拼破坏的证据。⁽³³⁾伊斯兰教出现前的阿拉伯半岛异教徒中，有个专用词名下可发现此类习俗，这证明了此类习俗的存在是正规的。这种习俗叫 mu'āqara，是动词 'aqara 的第三式派生名词形式（nomen actionis）——对民族学背景一无所知的古代词典将该词解释为"以砍骆驼脚争荣耀"。⁽³⁴⁾莫斯简洁概括了赫尔德的主题，他是这么说的："《摩诃婆罗多》就是放大版的斗富宴故事。"

斗富宴及与之相关的一切，都是围绕着取胜争优、荣誉威望、最后特别是复仇展开的。即便操办宴会的只有一个人，宴会上也总有两组，他们处于对立状态，内心却交织着敌视和友好的情绪。为理解这种矛盾态度，我们必须明白，斗富宴的本质特征是求胜。对立两组并非为了争财夺权，而只是为了在炫耀优越高贵中争得满足感，总而言之，是为荣誉而争。按博厄斯⁽³⁵⁾所述，马马勒卡拉部落（Mamalekala）酋长的婚礼上，来宾一方宣称"准备好了开始打架（fray）"，意思是典礼结束时，未来的岳父要把女儿交给新郎。斗富宴中也有类似"打架"的程序，即考验和牺牲的内容。庄重的典礼照常规以仪式行为进行，伴有对歌，并戴上面具跳舞。仪式极为严格，稍有疏忽就会毁了整个活动。咳嗽、发笑会受严惩。

典礼中出现的精神世界是荣誉、浮华、夸口和挑战的世界。操办者处于骑士精神和英雄主义的国度，那里，显赫声名、家族纹章、高门显第尤为重要。这不是含辛茹苦、锱铢必较或追逐财货的普通世界。这里，个人抱负转向团体的声望、更高的地位、优越的标志。特林吉特部落两个胞族间的相互关系和义务可用一个词来表达，即"致敬"（showing respect）。这种关系不断变成互相服务、互换礼物的实际行动。

据我所知，人类学主要用巫术观念和神话观念求解斗富宴。戈·威·洛赫[36]的《夸丘特尔部落宗教中的巨蛇》(*The Serpent in Kwakiutl Religion*)一书就是杰出范例。

毫无疑问，斗富宴与部落奉行的宗教习俗之间关系密切。所有那些通灵、入会、人兽合一之类的独特观念，都不断展现在斗富宴上。但这并不妨碍我们把斗富宴理解为社会学现象，而与任何明确的宗教体系毫不相干。我们只需设想自己处在一个完全由那些原始冲动和原始刺激所支配的社会；在更文明的阶段，那些冲动和刺激只有儿童才有。这个社会会最大限度地受到诸如集体荣誉、追慕财富倾慕慷慨、信任和友谊的驱动；它特别重视挑战、打赌、各种"冒险"、竞争、刺激，以及借刻意漠视物质价值来无休止地自我美化。简而言之，斗富宴的实质类似青少年的思想感受；赠送或损毁自己财产的竞赛从心理学角度也完全可以理解，更何况它可能和严格按仪式表演进行的真正斗富宴有联系。所以说此类并不基于特定宗教体系的情形特别重要，例如，雷·莫尼耶根据埃及报纸数年前刊发的报道描述过一个例子。两个吉普赛人发生争吵，为解决争端，他们一本正经地召集来整个部落的人，两人就开始宰杀各自的绵羊，接着又烧毁他们的全部纸币。最后，眼看自己快输的那个人立刻卖掉他的六头驴，把卖驴的收入烧掉以求取胜。他回家牵驴，妻子却反对这桩买卖，他就把妻子刺死了。[37]显然，在这整出悲惨事件中，我们所见的绝非一时冲动爆发的激情——这明显就是一种程式化的习俗，它本身还有个专用词，莫尼耶译成 *vantardise*（吹牛）。我认为，该词与上述伊斯兰教兴起前的 *mu'āqara* 一词关系最为密切。没理由再去寻求什么特殊的宗教依据。

我认为，与斗富宴相关的所有这类奇风异俗，其根本来源纯粹就是竞赛"本能"。首先必须把所有这类习俗当成人类争斗欲的极端表现。一旦认可这一点，严格地说，我们就可以把这些习俗称为"游戏"——严肃的游戏,致命的游戏,血腥的游戏,神圣的游戏,不管叫什么,在古代社会,那种游戏都把个体或集体品质提升到更高地位。莫斯和戴威早就指出斗富宴的游戏特征,不过思考角度完全不同。莫斯说:"Le potlatch est en effet un jeu et une preuve."(斗富宴其实就是游戏,就是证明。)戴威从法律层面分析,只注重证明斗富宴是一种立法传统。他把操办宴会的团体比作大赌窟,在那里,赌博和挑战致使声名鹊起、全部财富易手。因此,赫尔德得出结论,他认为掷骰子和原始的棋类游戏并非真正的碰运气游戏,因为它们属于宗教领域,并体现了斗富宴的实质。我想把他的观点反过来说:它们之所以属于宗教领域,恰恰在于它们是真正的游戏。

安东尼与克莉奥佩特拉(Lawrence Alma-Tadema 作)

李维抱怨挥霍奢侈的**公众游戏**(*ludi publici*)已沦为疯狂的对抗;[38]克莉奥佩特拉把她的珍珠放进醋里溶解从而赢了马克·安东尼;[39]手下贵族纷纷设宴后,勃艮第的菲利普在里尔举办了饕餮盛宴收尾,当时,"雉之誓"的参与者[我们可以称之为"学者"(student)],仪式般地尽情砸碎玻璃器皿[40]。可以说,所有这些例子,都对应着各自时代各自文化、体现出**斗富宴**的真正实质。倘若尽量不把这个词当成专业术语,而把斗富宴本身当成人类基本需求极度成熟而明确的形式(我会称作"为名誉荣誉而游戏"),岂不更准确、更简单?斗富宴这类术语一旦获准用于科研,很容易就会变成物品归档的标签,最终还要加以说明。

马林诺夫斯基[41]在其力作《*西太平洋的航海者*》中,生动翔实地描述了他在美拉尼西亚的特罗布里恩岛民及周边岛民中观察到的所谓库拉(*kula*)做法[42],自此,全球各地发现的"赠仪"的游戏性质特别清晰地显露出来。库拉是一种航行仪式,按时从新几内亚东部某个群岛出发,朝相反两个方向航行;航行目的是相关各部落互换物品,这些物品并无经济价值,既非生活必需品,亦非用具,而是视若至宝、远近闻名的贵重饰品。这些饰品是贝壳做的红项链、白手镯;多数饰品有名有号,如同西方历史上那些出名的宝石。在库拉中,这些物品暂由一个部落转归另一部落所有,另一部落就有义务隔段时间把这些物品传给**库拉**体系的下一环节。这些物品具有神圣价值,附有魔力,每件物品都有故事,比如最早是怎么赢来的,等等。有些极其珍贵,进入赠礼圈就会引发轰动。[43]整个过程伴有各种礼节,穿插着宴会和巫术,在互惠互信的气氛中进行。人人殷勤好客,仪式末了,人人都觉得特有面子,特别自豪。航行本身往往惊险刺激,险象环生。相关部落的全部文化珍品都与**库拉**密切相关,包括其独木舟上的装饰雕刻、诗歌、社交礼仪和行为规范。一些实用物品交易也附带在**库拉**航行中进行,不过只是偶尔为之。古代社会呈现的高贵游戏特征,也许其他任何地方都不及美拉尼西亚的巴布亚[44]人那么纯粹。他们的竞争表现形式非常纯粹、毫不掺杂,似乎胜过文明程度更发达民族的所有类似习俗。从这种神圣仪式的根子里,我们分明看到,人类想在美之中生存的永恒需求。唯有游戏,才能满足这种需求。

第三章 游戏和竞赛的教化功能

从儿童生活直到文明的最高成就，个人也好，社会也好，追求完美的最强烈动机，就是渴望因自身优秀受赞赏、得敬仰。赞赏别人，也是在赞赏自己；我们希望因自身美德受人敬仰；我们追求事毕功成的满足感，做好一件事意味着做得比别人好。要胜过别人，必须证明自己优秀；要得到赏识，必须展示美德。竞争就是用来证明优越；古代社会尤其如此。

当然，在古代，配得上敬仰的美德，并非至尊圣诚裁定的道德上尽善尽美的抽象概念。通用意义上的美德(virtue)概念，正如日耳曼语族中该词所表明的，仍与事物特性难解难分。德语的 *Tugend*（即荷兰语的 *deugd*）恰好与动词 *taugen*（即荷兰语的 *deugen*）相一致，意为适合某事、名副其实；这也是希腊语 ἀρετή (美德)和中古高地德语 *tugende* 的意思。万物自有其 ἀρετή (美德)，恰如其类。(45) 马、狗、眼、斧、弓——每样东西都有自己的美德。力量与健康是身体的美德；才智与聪慧是心灵的美德。词源上，ἀρετή (美德)与 ἄριστος (意思是最佳、最优秀)相关。(46)

优秀男子的美德，在于他适应战斗、适于统率的诸项品质。其中慷慨、智慧和公正占重要地位。很多民族表达"美德"的词都源自男子汉气概或"阳刚之气"等概念，这完全合情合理；例如，拉丁语 *virtus*（美德）很长时间都用来表示"勇气"之义——其实基督教思想主宰前一直如此。阿拉伯语的 *muru'a* 亦然，和希腊语 ἀρετή 一样，*muru'a* 也包含了力量、骁勇、富有、正义、善治、操守、文雅、风度翩翩、宽宏大量、慷慨、品行无瑕等种种合成含义。每个健全的古代社会，基于由武士和贵族组成的部落生活，不论是在希腊、阿拉伯半岛、日本，还是在中世纪基督教世界，都会兴起骑士观念和骑士行为。而这种阳刚的美德观念，总是会和以下信念密切相关：正当的荣誉必须当众认可，必要时还须武力维系。就连亚里士多德也把荣誉称为"对美德的奖赏"。(47) 当然，亚里士多德的思想远远超越了古代文化的水平；他并不把荣誉称为美德的目的或基础，而是称为美德的自然尺度。他说："男人们渴求荣誉，为的是使自己相信自身价值、自身美德。他们渴望凭借自身真正价值受到敬重，受到明察善断者的敬重。"[48]

因此，美德、荣誉、高贵和荣耀，一开始就在竞争领域之内，也就是游戏领域之内。出身高贵的年轻武士，其生活就是不断修炼美德，就是为其阶层的荣誉不断奋斗。这种理念在荷马的著名诗行中得到完美表达：αἰὲν ἀριστεύειν καὶ ὑπείροχον ἔμμεναι ἄλλων（永远争头筹，永远胜强手）。[49]所以，荷马史诗感兴趣的并非战功本身，而是每个英雄的 ἀριστεία（卓越）。

ἀρετή（美德）先是指"为贵族生活方式而训练"，后来指"为在城邦生活并为了城邦而训练"。这里的 ἀρετή（美德）尚未完全成为道德概念。该词首先仍指公民胜任他在城邦中的任务，而"通过竞赛进行训练"的最初含义仍保持先前的分量。

高贵基于美德，这层关系从一开始就是这两个概念固有的，并贯穿其演进过程，但只有美德的内涵随着文明进展而变化。美德观念逐渐有了其他含义：它上升到伦理层面和宗教层面。以往，贵族阶层只是靠勇敢和捍卫荣誉来实现美德理想；如今，倘若他们仍要继续忠于职守、忠于自己，就必须吸收那些更高的道德标准和宗教规范充实骑士观念（这种努力在实践中的结局往往非常不幸！），不然就满足于靠浮华、堂皇和高雅的举止养成高尚生活和完美品德的表象。无所不在的游戏要素，本是塑造其文化的真正因子，现在则沦为纯粹的表演和炫耀了。

贵族凭借力量、技能、勇气、才智、学问、财富或慷慨来表现其"美德"。倘若缺乏这些品质，他还可以靠比拼言语取胜，也就是说，他可以自己赞美那些他想要超越对手的美德，也可以让诗人、使徒代为赞美。自吹自擂个人美德成了一种比赛形式，它自然而然地会轻慢对手，这本身反过来又会成为竞赛。吹牛比赛和讥嘲比赛在丰富多样的文明中占了偌大地盘，这值得关注。其游戏属性不容置疑：只需想想小男孩的举动，我们就会把骂战当成游戏形式。尽管如此，我们还是必须慎重区别两种情形，一种是正式的自夸或嘲弄比赛，另一种是更为自发的虚张声势，通常是在动刀动枪之初或边动刀动枪边虚张声势；但划清两者界线一点也不容易。据中国古代文献，对阵作战是一场夹杂着自吹自擂、辱骂嘲弄、江湖义气和赞美恭维的混战（mêlée）。与其说这是真刀真枪的战斗，不如说是用道德武器进行的竞赛，是冒犯荣誉惹来的冲突。[50] 各种行为，包括有些非常古怪的行为，都有专门意义，标志着叫骂者的荣耀，挨骂者的羞耻。因此，罗马建城之初，瑞摩斯跳过罗穆卢斯城墙的鄙夷之举，[51] 放在中国军事传统里，就相当于必须接招的挑战。这种挑战另一形式是，一员猛将策马冲至敌营辕门，不慌不忙地用马鞭数着敌营栅栏的木条。[52] 莫城[53] 居民也有这个传统，围城军队开炮后，他们却站在城墙上掸帽子上的炮灰。后面论述战争的竞争要素乃至游戏要素，我们还会回过头来谈这类事情。不过，此刻我们感兴趣的是正规的"吹牛游戏"（joute de jactance）。

毋庸赘言，这些习俗与斗富宴密切相关。从自夸比赛到财富竞赛[或可称"挥霍比赛"（squandering-matches）]之间的形式，可在以下马林诺夫斯基的记录中看到。他指出，特罗布里恩岛民看重食物，不仅因为实用，它们也是展示财富的手段。岛民建造山药仓（Yam-house），外面一看就算得出能装多少东西，从横梁间距就能精明地猜中果实品质。最好的果实最显眼，而上好的品种就装上木框，涂上颜料，挂在仓外。村里如果住着高层酋长，普通人家就只能用椰树叶遮住山药仓，以免有与酋长竞争之嫌。[54] 中国传说中也重复着此类习俗，如暴君商纣王帝辛（King Shou-sin）的故事：纣王下令堆食成山，供马车驱驰；以

酒为池,泛舟其上。⁽⁵⁵⁾

在中国,为荣誉而竞争也会变成有礼貌的竞赛,呈现出相反的形式,专门用"让"(iang)这个词来表示,字面意思是"向他人让步";以高雅举止,给对手让路或让对手优先,从而完胜对手。这种彬彬有礼的比赛全世界都找得到,但也许任何地方都不如中国那么正规。⁽⁵⁶⁾我们可以称之为倒过来的吹牛比赛,因为以礼示人正在于对自身荣誉极端重视。

在伊斯兰教兴起前的阿拉伯半岛,形式上的咒骂辱骂比赛普遍存在,它们与破坏财物比赛(这是斗富宴的显著特点)之间的关系特别明显。我们前面提到过所谓 *mu'āqara* 的习俗,按照这种习俗,参赛方要砍断自家骆驼的跟腱。*mu'āqara* 所属动词基本形式的第三式,意思是损伤或肢解。请注意,*mu'āqara* 含义中还有一层意思:"conviciis et dictis satyricis certavit cum aliquo"(用侮辱和鄙俗的语言吵架),这让我们想起名叫 *vantardise*(吹牛)的埃及吉普赛人破坏财物比赛。而除了 *mu'āqara* 一词,伊斯兰教兴起前的阿拉伯人还有另外两个表示骂战及同类形式的术语,即 *munāfara* 和 *mufākhara*。值得注意的是,这三个词都是以相同形式构成的,都是由所谓的动词第三式派生出来的动名词,或许这是全部情形中最有意思的特征。因为阿拉伯语有个特殊的动词形态,可让任何词根带上"**竞争某样东西**"或"**在某方面胜过别人**"的意思。我很想称之为词根本身所具有的一种**动词最高级形态**(*verbal superlative*)。此外,由第三式派生出来的所谓"第六式",表示"相互作用"之义。因此,词根 *hasaba*(计算、统计)可以演变成 *muhāsaba*(为好名声竞争),*kathara*(数量上超出,多)可以演变成 *mukāthara*(在数量上竞争)。现在回过来谈 *mufākhara* 和 *munāfara*:*mufākhara* 源自表示"吹牛"的词根,而 *munāfara* 源自"战胜"和"击溃"的意义领域。

阿拉伯语中，荣誉、美德、赞美、荣耀这些词在语义上类似，就像对应的希腊语概念围着 άρετή（美德）转一样。[57]对阿拉伯人来说，核心概念是'ird，假如我们从非常具体的意义去理解，该词可以贴切地译成"荣誉"（honour）。贵族生活的最高要求，就是有义务保全荣誉、清清白白；而另一方面，你的对手总是千方百计冒犯你，诋毁、破坏你的'ird（荣誉）。这里和希腊一样，体力充沛、地位优越、德高望重都构成了荣誉和荣耀的基础，所以也是美德的要素。阿拉伯人为胜利和勇气感到自豪，为家族兴旺子嗣满堂倍感荣耀，为慷慨、权威、力量、视力或秀发深感骄傲。所有这些构成了他的'izz 和'izza，即超越他人的优势，从而也构成了他的权威和威望。

颂扬自己的'izz 时，特别激动地辱骂嘲笑对手，确切地说就叫 hidja'。争夺荣誉的 mufākhara，通常固定在朝圣后，与每年的集市同步举行。整个部落、宗族都可参加，仅仅是个人也行。每当两队人偶尔相遇，就以荣誉比赛开场。每队各有一位诗人或演说家担当正式发言人 sha'ir，扮演重要角色。该习俗明显具有仪式特征，起到保持强大社会张力的作用，使伊斯兰教出现前的阿拉伯半岛文化得以凝聚。而伊斯兰教一出现，就反对这种古老习俗，使之带上新的宗教倾向，或将其简化为高雅的游戏。在异教时代，mufākhara 往往以杀戮和部落战争告终。

munāfara 这种竞争方式通常是双方在法官或仲裁面前争辩他们应得的荣誉——派生该词的动词有判断、判决之义。要确定奖品或辩论主题——比如，谁的血统最高贵——奖品是一百头骆驼。[58]和诉讼案一样，双方依次起立落座，为使诉讼程序更精彩，各方都有证人支持，宣誓作证。后来，在伊斯兰教时代，法官常常拒绝受理，嘲笑诉讼双方是"两个渴望堕落的傻瓜"。munāfara 的辩词有时会押韵。为了比赛，还专门组建了社团，先举行 mufākhara（争夺荣誉比赛），接下来是 munāfara（彼此污蔑），到头来往往刀剑相向。[59]

希腊传统有很多仪式性、节庆化骂战的痕迹。有人认为，iambos（抑扬格）一词最初的意思是"嘲笑"，尤其与得墨忒耳[60]节和酒神节[61]上公开表演的讽刺小品及粗口歌曲相关。阿基罗库斯[62]的辛辣讽刺作品应该就是从这种当众责骂中产生的。这样，从具有仪式特征的远古习俗中脱胎的抑扬格诗就成了用于公开批评的工具。此外，在得墨忒耳节和阿波罗[63]节上，男男女女唱着歌互相嘲笑，或许由此产生了毁谤女性的文学主题。

古日耳曼传统也提供了非常古老的骂战遗迹。由保罗·迪亚科努斯从古代史诗中抢救出来的"格皮德人宫廷里的奥博因"（Alboin at the Count of the Gepid）故事[64]中，伦巴第人的首领们应邀出席格皮德国王吐里辛（Turisind）的御宴。吐里辛之子吐里斯芒（Turismond）在抗击伦巴第人的战斗中被杀，吐里辛为此哀恸不已，此时他的另一个儿子站起来奚落激恼（iniuriis lacessere coepit）伦巴第人，称其为白蹄母马，还说他们臭气熏天。于是一位伦巴第首领答道："到阿斯费尔德[65]战场上去吧，到了那里你肯定就会明白，你说的那些'母马'是如何英勇地把你们打个落花流水的，你兄弟的尸骨就像驽劣老马，散落四野。"国王喝住两人，以免打起来；"这么一来，宴会愉快结束（laetis animis convivium peragunt）"。最后这句话清楚地揭示出争吵的游戏性质。这无疑是场典型的骂战。古斯堪的纳维亚文献中，这种骂战形式特殊，叫做 mannjafnaðr——"男人间的较量"（comparing of men）；和"发誓竞赛"一样，这种骂战也是七月庆（Jul-feast）的一部分。"奥瓦·奥德传奇"（the Saga of Orvar Odd）即为详证。奥瓦·奥德化名住进某外国国王宫廷，他拿自己的脑袋作赌注，和国王两个手下赌喝酒。每次向对手敬上角质酒杯，他就夸耀自己在战场上的丰功伟绩，而对方没上战场，正令人不齿地和女人们依偎在壁炉旁安享太平。[66]两位国王不时竭力用大话胜过对方。《埃达》里有首诗,叫《哈尔巴德之歌》(Harbardslojod),说的就是托尔和奥丁之间的这类比赛。[67]属于这类的,我们还必须加上洛基和阿萨神族纵饮中的辩论。[68]所有这些竞赛会特意提及举行酒宴和辩论的大厅是"安宁重地"(griðastaðr mikill),这令竞赛的仪式性质昭然若揭——在那里,什么都可以说,就是不许动粗。纵然这些例子对久远往昔主题进行了文学加工,但其仪式背景非常明显,因此不能只当成后世诗意捏造的标本而不加理会。盖尔语古老传说中,"麦克达妥的猪"和"布里库盛宴"都有类似的"男人间的较量"。[69]德·弗里斯确信 mannjafnaðr 源自宗教。[70]哈拉尔·高森[71]只因一句挖苦就打算征讨冰岛以示惩罚,这个例子清楚地表明了此类辱骂的分量。

英雄传奇《贝奥武甫》[72]中,贝奥武甫在丹麦王宫廷时,翁弗思用奚落之言向他挑衅,要他讲述昔日功绩。古日耳曼语族专门有个词表示这种仪式化的互相吹捧和互相咒骂,这有可能是与比武相关的真刀真枪厮杀的前奏,也可能只是庆宴的娱乐内容。他们称之为 gelp 或 gelpan。在古英语里,名词 gelpan 的意思是荣耀、豪华、自负,在中古高地德语里的意思是喧闹、取笑、蔑视。"yelp"一词如今仅指犬吠,而英语字典仍标出"赞许、颂扬"等废弃含义,并用"vainglory"(自负)解释名词 gelpan。[73]

gelp 和 gelpan 在古法语中大致对应的词是 gab 和 gaber,词源不详。gab 的意思是取笑、嘲弄,特别是指搏斗前奏或宴会内容。gaber 则被视为一门技艺。查理曼大帝和手下十二武士去君士坦丁堡拜会皇帝,他们发现餐毕已备好十二张卧榻,查理曼大帝提议,就寝前在卧榻上来一场 gaber,由他本人起头。接下来轮到罗兰,他欣然应道:"让胡格(Hugo)王把号角借给我,我站在城外,用力一吹,门栓就会被震飞;如果国王来进攻我,我就飞快地围着他转,他的貂皮斗篷会被转没

了,胡子也会烧起来。"(74)

杰弗里·盖马所著有关英格兰国王威廉·鲁弗斯的韵体编年史透露,国王同样酷爱和瓦特·特里尔吹牛夸口,而没过多久,他就在新森林被特里尔一箭夺命。(75)后来,到了中世纪,这种自夸和嘲讽的习俗似乎渐趋式微,成了擂台报信员(herald)之间的事了。他们颂扬主人的武艺,赞美主人的家世,有时还要嘲弄女士两句。总体而言,报信员这个群体被人瞧不起,是一帮吹牛夸口、游手好闲的贱民。(76)十六世纪,gaber 仍被当成社会娱乐,尽管 gaber 源自仪式,其实一直就是娱乐——据说,安茹公爵发现《高卢的阿马迪斯》里提到这个游戏,就决定和侍臣玩玩。但比西·当布瓦不愿跟公爵斗嘴,于是定了条规矩:各方一律平等,而且无论说什么话都不计较(就像洛基在埃吉尔的大厅里进行骂战一样)。不过,公爵一方趁机卑鄙地耍了诡计,奸诈的安茹由此击败比西。(77)

在我们看来,作为社会生活头号要素的竞赛,总是与希腊文明观念相关。早在社会学和人类学意识到竞赛因素总体上极端重要之前,雅各·布克哈特就创造了"agonal"(竞赛)一词,并将该词意义形容为希腊文化主要特征之一。但布克哈特尚未能意识到该现象广泛的社会学背景。他认为这种竞赛习俗为希腊独有,范围仅限于希腊某一特定历史时期。他声称,希腊历史上已知最早出现的类型是"英雄"人("heroic" man),后来出现了"殖民"人("colonial" man)或"竞赛"人("agonal" man),按照他的次序,接下来取而代之的是公元前五世纪和公元前四世纪的人(无专门称谓);最后,在亚历山大大帝之后,才是"希腊化"的人("Hellenistic" man)。(78)因此,"殖民"或"竞赛"时期是在公元前六世纪,那是希腊扩张时期和全国运动会时期。他所谓的"竞赛"(agonal)是"其他民族闻所未闻的冲动"。(79)

当然,布克哈特的观点受制于古典语言学。他身后出版的巨著

第三章 游戏和竞赛的教化功能

威廉·鲁弗斯之死（Alphonse de Neuville 作）

《希腊文化史》，取材于他十九世纪八十年代在巴塞尔大学作的系列讲座，当时还没有普通社会学，无法吸收人种学和人类学的所有资料，而实际上绝大多数此类资料那时刚为人知。可是，居然至今还有不少学者信奉布克哈特的观点，这令人颇为不解。[80] 维克多·爱伦堡仍把竞赛原则视为希腊人独有。他说，"东方人一直对它陌生、反感"，"我们在《圣经》里找竞技比赛的证据，结果白费劲"。[81] 前文多次援引远东、《摩诃婆罗多》里的印度以及蛮族世界的例子，这里就不必再浪费时间驳斥此类说法了。而恰恰是《旧约》提供了最具说服力的例子，证明了竞赛要素和游戏之间的关系。布克哈特承认原始民族、野蛮民族进行竞赛,但不认为那有多重要。[82]爱伦堡勉强承认竞赛原则人类共有,但同时又认为竞赛原则"从历史角度看乏味无趣、毫无意义"!他全然无视出于宗教目的或巫术目的举行的竞赛,并抨击他所谓的"用民俗学方法研究希腊资料"。[83]他认为,竞争冲动"在希腊以外很难成为超越个人的社会力量"。[84]其实,写完那本书,他就开始意识到,至少冰岛的传统类似希腊,并称准备赋予其某种意义。[85]

爱伦堡还接受布克哈特的观点,专门研究"英雄"时期之后的"竞赛"时期,同时承认"英雄"时期已具有某种竞技性质。他认为,总体而言,特洛伊战争缺乏竞赛特点——只有在"武士阶层不再被视为英雄"(Entheroisierung des Kriegertums)之后,才产生创造"竞赛"替代英雄主义的需要,因此这是较后期文化阶段的"产物"。[86]所有这些多少来自布克哈特的名言:"经历过战争的民族用不着竞赛。"[87]我们觉得,这个假说听起来可能很有道理,但考虑到整个古代文化时期就成问题了,社会学和人种学已经证明这个假说是完全错误的。毫无疑问,希腊历史上有几个世纪,作为社会生活原则的竞赛高高在上,主宰一切,并兴起了伟大的神圣运动会,使奥林匹亚、科林斯地峡、特尔斐、尼米亚[88]等地所有希腊人联为一体。不过,竞赛精神同样主宰着这些世纪前后的希腊文化,这个事实没有改变。

古希腊运动会存在的整个时期,始终与宗教密切相关,即便后来看上去也许有了纯粹全国运动会模样时亦然。品达创作了大量宗教诗歌,为庆祝盛大比赛而作的凯歌全属此类,其实只有这些凯歌才保存下来。[89]竞赛的宗教特征到处显而易见。斯巴达少年在祭坛前忍受痛苦时的竞争热情,不过是与成丁礼相关的残酷考验之一,在全球各地原始民族中都可见到。品达描写了奥林匹克运动会上的一位胜者,他朝年迈祖父的鼻孔吹气,注入了新生命。[90]

希腊传统一般把竞赛分为公众竞赛或全国竞赛、军事竞赛和法律竞赛,以及与力量、才智、财富相关的竞赛。这种分类似乎体现了较早的"竞赛"文化时期。在法官面前打官司被称为"agon"(竞争),布克哈特视之为后期那种单纯的比喻[91],这是不对的——相反,应该视之为与远古社会观念相关的证据。对此我们会详谈。其实,诉讼曾是严格意义上的竞赛。

古希腊人往往只要一有能提供争斗的机会,就要举行竞赛。男子健美比赛是泛雅典娜节和忒修斯节的内容。联欢中要举办歌咏、猜谜、熬夜、饮酒等竞赛。即便是最后提到的饮酒比赛,也不乏宗教要素:πολυποσία 和 ἀκρατοποσία(豪饮和喝烈酒)成为寇恩节(Choen festival)[又称罐宴(feast of pitchers)]的一部分。为庆祝卡拉诺斯之死,亚历山大大帝举办了体育比赛和音乐比赛,喝酒坚持到最后的有奖。结果三十五名参赛选手当场死亡,后来又死了六人,获奖者亦在其中。[92]顺便指出,比赛吞食大量食物和疯狂饮酒,或者说暴饮暴食比赛(gazzling-matches),也发生在与斗富宴有关的场合。

爱伦堡对竞赛原则的认识过于狭隘,致使他否认罗马文明也有竞赛成分,或者说,他实际上认为罗马文明具有反竞赛特点。[93]的确,自由人之间的竞赛在罗马文明中扮演着相对较弱的角色,但这并不是说,罗马文明结构中完全没有竞赛要素。确切地说,我们面临着一种奇特现象,这种现象表明,竞争冲动在早期是如何从主角转移到观众身上的,观众只是观看别人奉命进行的搏斗。无疑,这种转移与罗马比赛本身的深刻仪式特征密切相关,因为这种间接体验的姿态在仪式中恰如其分;参赛者被认为代表了观众,也就是为了观众而战。角斗士比赛、斗兽、赛车等等,即便是由奴隶完成,其竞赛性质也丝毫不减。*ludi*(游戏)不是和每年定期的节庆相关,就是为纪念某个誓约而举行的 *ludi votivi*(还愿的游戏),通常是向亡灵致敬,或更有甚者,是为了平息神灵怒火。仪式稍有冒犯,抑或最无意的干扰,都会使整个演出失效。这表明了该活动的宗教特点。

最重要的是，罗马角斗士的格斗，不论多么血腥、多么迷信、多么粗鲁，都始终坚守着"ludus"（游戏）这个简单的词，坚守着同这个词有关的所有自由和喜悦。对此我们该如何理解呢？

我们不得不再次回过来谈希腊文明中竞赛所处的地位。按照布克哈特提出并受爱伦堡追捧的观点，希腊文明经历了如下连续阶段：首先是古典时代，也叫"英雄"时代，那时候，希腊以严肃的格斗和战争起家，但缺乏充当社会因素的竞赛成分；后来，由于在英雄争斗中消耗了最佳实力，希腊社会渐渐失去了英雄气概，开始走向"竞赛"时代，于是，"竞赛"成为数个世纪社会生活的主导。爱伦堡认为，这是从"战争向游戏"的转变，因此是衰落之象。毫无疑问，竞赛原则主导确实终究会导致衰落。爱伦堡还说，正是竞赛的无意义和不重要最终导致"生活、思想、行动丧失全部严肃特征，对一切外界刺激麻木不仁，只是为了赢得比赛就耗尽国力"(94)。这段话最后一句颇有道理，但即便承认希腊社会生活的确有时沦为单纯的比赛热情，希腊历史总体还是走上了一条与爱伦堡的假设迥然不同的道路。我们不得不用完全不同的方式说明竞赛原则对文化的意义。在古希腊，并没有从"战争向游戏"的转变，也没有从游戏向战争的转变，有的只是在游戏般的竞赛中文化的发展。在古希腊，和任何地方一样，游戏要素一开始就存在，一开始就有意义。我们的概念出发点必须是差不多儿童心目中的游戏含义，这个含义体现在各种游戏形式中，有的严肃，有的轻松，但都源于仪式，让节奏、和谐、变化、交替、对比、高潮等人类内在需求充分展现，从而生成丰富的文化。和这种游戏含义相连的，是努力追求荣誉、尊严、卓越和美的精神。巫术和神迹，雄心壮志，音乐、雕塑和逻辑的先声，都在高贵的游戏中寻找形式和表达方式。后代会把经历过这些抱负的时代称为"英雄"时代。

第三章　游戏和竞赛的教化功能

因此，在游戏中，文明的对立和竞赛基础一开始就存在，因为游戏比文明更古老、更原始。现在回到我们的出发点，回到罗马的 *ludi*（游戏），我们可以断定，拉丁语用"游戏"这个简单词语称呼宗教比赛是正确的，因为它尽可能纯粹地表达了这种教化力量的本性。

文明发展进程中，竞赛功能在古典阶段臻于最美形态，也是最显著的形态。随着文明变得越来越复杂、越来越多样、越来越不堪重负，随着生产技术和社会生活本身变得越来越有条理，古老文化的土壤便渐渐覆盖上一层茂密的观念、思想体系、知识体系、教条、规章制度、道德习俗，这些都和游戏断绝了联系。我们于是宣称，文明变得越来越严肃了，游戏只分配到次要席位。英雄时代结束了，而竞赛阶段也似乎一去不复返了。

注释：

(1) 普鲁塔克认为这种竞赛形式有违竞技理念，哈里森小姐赞同其观点（《忒弥斯》，第 221、323 页）；我认为他们错了。————原作者

　　普鲁塔克（Plutarch，约 46—120），古罗马传记作家。

　　哈里森，见第一章注（11）。

(2) 武加达洛基（Utgardaloki），北欧神话中的巨人。

(3) 见《格林童话全集》（〔德〕格林兄弟著，魏以新译，人民文学出版社，北京，2003 年 3 月）第 477—480 页，说的是刺猬和野兔赛跑靠计谋取胜的故事。

(4) 出自希腊神话。珀罗普斯（Pelops）和伊利斯王俄诺玛诺斯（Oenomaus）赛车，他用计弄断俄诺玛诺斯的车轴获胜。

(5) 出自希腊神话。伊阿宋（Jason）在美狄亚（Medea）的帮助下夺取金羊毛；忒修斯（Theseus）靠阿里阿德涅（Ariadne）的帮助走出迷宫。

(6) 见中世纪德语叙事诗《尼伯龙根之歌》(*Nibelungenlied*)。英雄齐格飞（Siegfried）帮助勃艮第王巩特尔（Gunther）赢取竞赛，迎娶冰岛女王。

(7) 印度史诗《摩诃婆罗多》(*Mahābhārata*) 中，俱卢族（Kauravas）首领难敌在掷

骰子游戏中靠作弊赢了主人公般度族坚战五兄弟。

（8）弗蕾娅(Freya)，北欧神话中掌管爱与美的女神。

伍丹(Wodan)，北欧神话中主神奥丁(Odin)的别名。

伦巴第人(Langobard)，日耳曼民族的一支，六世纪兴起，统治意大利北部。

（9）阿萨神族(Ases)是北欧神话中最主要的神族，奥丁等都属于阿萨神族。巨人(Giant)是北欧神话中最早的生命，生出了诸神。

（10）传说中靠欺骗和狡诈实现目的的英雄，与既助人又骗人的神明之间有没有直接关系？我没能找出。参见威·布·克里斯滕森的《神明也行骗》(*De goddelijke bedrieger*,《皇家科学院通讯》第三期)和简·佩·本·若瑟兰·德·乔恩格的《神明行骗的起源》(*De oorsprong van den goddelijken bedrieger*,同上,第一期)。————原作者

威廉·布雷德·克里斯滕森(William Brede Kristensen,1867—1953)，挪威裔荷兰学者。

简·佩特鲁斯·本杰明·德·若瑟兰·德·乔恩格(Jan Petrus Benjamin de Josselin de Jong,1886—1964)，荷兰现代人类学之父。

《埃达》(*Edda*)，冰岛史诗。流传至今有两部：一是《旧埃达》，又称《诗体埃达》(*Poetic Edda*,成书约九至十三世纪)；二是《新埃达》，又称《散文埃达》(*Prose Edda* 或 *Snorra Edda*,成书十三世纪初)。

（11）安东尼奥·范·纽利海姆的《意大利式簿记揭秘》(*Openbaringe van't Italiaens boeckhouden*,1631)第25、26、77页,第86页脚注,第91页脚注。

————原作者

安东尼奥·范·纽利海姆(Anthonio van Neulighem)，十七世纪荷兰商人。

（12）查理五世(Charles V,1337—1381)，法国国王(1364—1381在位)。

（13）魏拉特(Verachter)的《安特卫普许可证目录》(*Inventaire des Chartes d'Anvers*)第742条,第215页；《安特卫普关税》(*Coutumes de la ville d'Anvers*)第二卷第400页,第四卷第8页；参见恩·本萨(E. Bensa)的《中世纪保险史》(*Histoire de contrat d'assurance au moyen âge*,1897)第84页脚注:"1435年在巴塞罗那,1467年在热那亚:decretum ne asseveratio fieri possit super vita principum et locorum mutationes. （拉丁语：法令禁用当地货币靠生命牟利）。"

——原作者

(14) 理·艾伦伯格的《富格家族时代》(*Das Zeitalter der Fugger*，耶拿，1896)第二章第19页。　　　　　　　　　　　　　　——原作者

理查·艾伦伯格(Richard Ehrenberg，1857—1921)，德国经济学家。

(15) 马塞尔·葛兰言，见第一章注(10)。

(16) 《文明》(*Civilization*)第204页。何塞·奥尔特加·伊·加塞特在《国家体育的起源》(*El origen deportivo del estado*)一文中也概括出同一主旨，见《观察家》(*El Espectador*，马德里，1930)第七卷，第103—143页。　——原作者

何塞·奥尔特加·伊·加塞特 (José Ortega y Gasset，1883—1955)，西班牙哲学家。

(17) 《安南男女青年的对歌》(*les chants alternés des garçons et des filles en annam*，巴黎，1933)。　　　　　　　　　　　　　　　　　——原作者

阮文宣(Nguyen van Huyen，1908—1975)，越南人类学家。

安南，越南的古称。

(18) 见《复活》(*Resurrection*)第七章，原文有出入，不是偶数，而是三的倍数。

列夫·托尔斯泰(Lev Tolstoy，1828—1910)，俄罗斯文学家。

(19) 史都华·库林的《象棋与扑克》(*Chess and Playing Cards*)，载《史密森学会年报》(*Annual Report of the Smithsonian Institute*, 1896)；杰·扬·赫尔德的《〈摩诃婆罗多〉：人种学研究》(*The Mahābhārata: an Ethnological Study*，莱顿大学论文，1935)，该书妙趣横生，有助于理解文化和游戏的关系。

——原作者

史都华·库林(Stewart Culin，1858—1929)，美国民族学家，传统棋牌游戏研究者。

史密森学会(Smithsonian Institution)，美国一家教育和科研基金会，1846年成立于华盛顿，根据英国化学家和矿物学家詹姆士·史密森(James Smithson，1765—1829)的遗产所设。

杰瑞特·扬·赫尔德(Gerrit Jan Held，1906—1955)，荷兰人类学家。

（20）前引赫尔德著作，第 273 页。　　　　　　　　　　——原作者

（21）《摩诃婆罗多》第十三卷，第 2368、2381 页。　　　　——原作者
湿婆(Siva)，印度教中的毁灭之神。

（22）扬·德·弗里斯的《古日耳曼宗教史》(Altgermanische Religionsgeschichte，柏林，1937)第二章，第 154 页。　　　　——原作者
扬·德·弗里斯(Jan de Vries，1890—1964)荷兰语言学者和神话学者。
阿萨神族，见本章注(9)。

（23）坚战王(King Yudhistrira)，《摩诃婆罗多》的主人公，般度族五兄弟(Pāndavas)的首领，参见本章注(7)。

（24）杰·扬·赫尔德，见本章注(19)。

（25）海·吕德斯的《古印度掷骰子游戏》(Das Würfelspiel im alten Indien)，载《社会科学论文集》(哥廷根，1907)第九卷第二章，第 9 页。　　——原作者
海因里希·吕德斯(Heinrich Lüders，1869—1943)，德国东方学家、梵文学家，国学大师陈寅恪的老师。

（26）般度族五兄弟，见本章注(7)、注(23)。

（27）塔西陀(Tacitus，约 55—120)，古罗马历史学家。

（28）前引赫尔德著作，第 255 页。　　　　　　　　　　——原作者

（29）这个称谓是从不同印第安方言诸多词汇中多少有些随意挑出来的。参见乔·戴威的《宣誓信仰》(La Foi jurée)，(论文，巴黎，1923)；《部落王国》(Des Clans aux Empire)［载《人类演化》(L'Evolution de l'Humanité)第六期，1923］；马·莫斯的《论赠礼——古代交易形式》(Essai sur le Don, Forme archaique de l'échange)［载《社会学年鉴》(L'année Sociologique)第一卷，1923—1924］。　　　　　　　　　　　　　　　　　　　　　——原作者
乔治·戴威(Georges Davy，1883—1976)，法国社会学家。
马塞尔·莫斯(Marcel Mauss，1872—1950)，法国人类学家、社会学家。

（30）戴威的《宣誓信仰》，第 177 页。　　　　　　　　　——原作者

（31）《圣经》中所罗门王与来访的示巴女王互赠礼物，也可以算是斗富宴的形式。见《列王记上》(1 Kings)第十章和《历代志下》(2 Chronicles)第九章。

(32) 马塞尔·莫斯,见本章注(29)。

美拉尼西亚(Melanesia),西南太平洋岛群。

(33) 《中国文明》第156页。　　　　　　　　　　　　　　——原作者

(34) 乔·威·弗赖塔格的《阿拉伯语—拉丁语词典》(*Lexicon Arabico-latinum*,哈雷,1830)第九条:*aqara*: de gloria certavit in incidendis camelorum pedibus.(*aqara*:以砍骆驼脚争荣耀。)　　　　　　　　　　——原作者

乔治·威廉·弗赖塔格(Georg Wilhelm Freytag,1788—1861),德国语言学家。

(35) 引自戴威上述著作第119页脚注。　　　　　　　　　——原作者

博厄斯,见第一章注(22)。

(36) 戈特弗里德·威廉·洛赫[Gottfried Wilhelm Locher(原书作 Locker),1908—1997],荷兰人类学家。

(37) 雷·莫尼耶的《北非交换仪式》[*Les échanges*(原文误作 *echaufes*) *rituels en Afrique de Nord*],(《社会学年鉴》第二卷,1924—1925),第81页。

——原作者

雷内·莫尼耶(René Maunier,1887—1951),法国社会学家。

(38) 《罗马史》,第七卷第二章第13节。　　　　　　　　——原作者

李维(Titus Livy,前59—17),古罗马历史学家。

(39) 据古罗马学者老普林尼(Gaius Plinius Secundus,23—79)记载,克莉奥佩特拉宴请安东尼时打赌,一餐能花掉上千万银币,她把自己一个价值连城的珍珠耳环丢进醋中溶解后喝掉。

克莉奥佩特拉(Cleopatra,前69—前30),古埃及托勒密王朝的最后一任女法老,人称"埃及艳后"。

马克·安东尼(Mark Anthony,前83—前30),古罗马政治家和军事家,与克莉奥佩特拉结婚,后兵败,两人先后自杀身亡。

(40) 勃艮第的菲利普(Philip of Burgundy,1396—1467),又称"好人菲利普"(Philip the Good),瓦卢瓦王朝的第三代勃艮第公爵(1419—1467在位)。1454年2月17日,为发起十字军东征,勃艮第公爵在今天的法国里尔

（Lille）举办了一场名为"雉之誓"（voeux du faisan）的宴会,盛况空前。

（41）马林诺夫斯基,见第一章注(24)。

（42）特罗布里恩群岛(Trobriand Islands),又称基里维纳群岛(Kiriwina Islands),位于太平洋西南部。

（43）库拉习俗的意图与人种学者所谓的 *Renommiergeld*(摆阔)或可相提并论。

——原作者

（44）巴布亚(Papua),南太平洋西部岛屿。

（45）也许有人认为,与德语 *Tugend* 一词最接近的英语对应词,除了"*virtue*"（美德）这个词本身外,就是"*property*"（特性）了。——英译者

（46）参见魏纳·耶格的《教化》(*Paideia*)第一卷(牛津,1939)第 3 页及后页;理·温·利文斯通的《希腊理想和现代生活》(*Greek Ideals and Modern Life*,牛津,1935)第 102 页脚注。——原作者

魏纳·耶格(Werner Jaeger,1888—1961),德裔美国古典学者。

理查·温·利文斯通(Richard Winn Livingstone,1880—1960),英国古典学者。

（47）《尼各马可伦理学》(*Eth. Nic.*),第四卷,1123d35。——原作者

（48）同上,第一卷,1095d26。——原作者

（49）见古希腊诗人荷马(Homer,约前九世纪—前八世纪)的史诗《伊利亚特》第六卷第 208 行。

（50）葛兰言的《中国文明》,第 270 页。——原作者

（51）典出罗马神话。瑞穆斯(Remus)和罗慕卢斯(Romulus)是双胞胎,罗慕卢斯准备建城,瑞摩斯鄙夷地跳过城墙,被罗穆卢斯杀死。公元前 753 年罗穆卢斯建成罗马城,成为首任国王。

（52）同注(50),第 267 页。——原作者

（53）莫城(Meaux),位于法国巴黎大都会地区。

（54）马林诺夫斯基的《西太平洋的航海者》,第 168 页。——原作者

（55）葛兰言的《中国文明》,第 202 页。——原作者

（56）参见拙著《中世纪的衰落》第二章。——原作者

第三章　游戏和竞赛的教化功能

(57) 参见布尔汗·法里斯（Bishr Farés）的《伊斯兰教兴起前阿拉伯人的荣誉观——社会学研究》（L' Honneur chez les Arabes avant l' Islam, Etude de Sociologie, 巴黎, 1933）；《伊斯兰百科全书》（Encyclopédie de l'Islam）"mufākhara"条。　　　　　　　　　　　　　　　　　　　　　　　　——原作者

(58) 乔·威·弗赖塔格的《穆罕默德时代前阿拉伯语研究导论》（Einleitung in das Studium der arabischen Sprache bis Mohammed, 波恩, 1861），第184页。
　　　　　　　　　　　　　　　　　　　　　　　　　　　　——原作者

(59) 《歌集》（Kitāb al Aghāni, 开罗, 1905—1906），第四卷第8首；第八卷第109首以后；第十五卷第52首、第57首。——原作者

(60) 得墨忒耳（Demeter），希腊神话中的丰收女神。

(61) 酒神节（feast of Dionysus），又名狄奥尼索斯节，是古希腊罗马为祭祀酒神狄奥尼索斯（Dionysus）而举行的节日。

(62) 阿基罗库斯（Archilochus），公元前七世纪中叶的希腊诗人。

(63) 阿波罗（Apollo），古希腊神话中太阳神，司掌文艺、医药、畜牧等。

(64) 《伦巴第历史》（Historia Langobardorum）[《日耳曼历史文献·著述编·伦巴第卷》（Mon. Germ. Hist. SS. Langobard）]第一章第24节。　　——原作者
奥博因（Alboin, 约530—572），意大利伦巴第王国创立者。
格皮德人（Gepidæ），东日耳曼哥特族部落。
保罗·迪亚科努斯（Paulus Diaconus, 约720—799），又称"执事保罗"（Paul the Deacon），伦巴第历史学家。

(65) 阿斯费尔德（Asfeld），位于法国北部。

(66) 《埃达》第一卷，见《图勒》（Thule）第一卷（1928），第29首，参见第10首，第298、313页。　　　　　　　　　　　　　　　　　　　　　——原作者

(67) 《埃达》第一卷，《图勒》第二卷，第9首。　　　　　　　——原作者

(68) 同上，第8首。　　　　　　　　　　　　　　　　　　　——原作者

(69) 盖尔语（Erse），属凯尔特语族，包括苏格兰盖尔语和爱尔兰盖尔语。
"麦克达妥的猪"（MacDatho' swine），"布里库盛宴"（the Feast of Bricreud），古爱尔兰传奇，均为骑士比斗故事。

(70)《古日耳曼宗教史》,第二章第153页。 ——原作者

德·弗里斯,见本章注(22)。

(71) 哈拉尔·高森(Harald Gormsson,? —986),丹麦国王。

(72)《贝奥武甫》(*Beowulf*),八世纪英国史诗。贝奥武甫是史诗主人公。翁弗思(Unferð),史诗中丹麦王的辩士。

(73) 十一世纪有个 *gilp-cwida*(自夸诗)的例子,见杜弗思·哈迪(Duffus Hardy)和查·崔·马丁(C. T. Martin)编《赫里沃德故事集》(*Gesta Herwardi*)[杰弗里·盖马的《英国历史》(*Lestorie des Engles*)附录],主簿丛书(Rolls Series)第一卷(1888),第345页。 ——原作者

(74)《查理曼大帝朝圣记》(*Le Pèlerinage de Charlemagne*,十一世纪),爱·科施维茨编(巴黎,1925),第471—481页。 ——原作者

查理曼大帝(Charlemagne,742—814),768年—814年为法兰克王,800年—814年为神圣罗马帝国皇帝。

罗兰(Roland),查理曼大帝十二武士中最著名的一位。

爱德华·科施维茨(Eduard Koschwitz,1851—?),波兰语言学家。

(75) 法·米歇尔的《盎格鲁诺曼时期编年史》(*Chroniques anglo-normandes*)第一卷(鲁昂,1836)第52页;参见华斯的《罗氏传奇》(*Le Roman de Rou*),胡·安德森(H. Andresen)编(海尔布隆,1877),15038行以后;和"马姆斯伯里的威廉"的《盎格鲁国王史》(*De Gestis Regum Anglorum*),斯达布斯(Stubbs)编(伦敦,1888),第四章,第320页。 ——原作者

杰弗里·盖马(Geffrei Gaimar),十二世纪盎格鲁诺曼语编年史家。

威廉·鲁弗斯(King William Rufus,约1056—1100),英格兰国王(1087—1100在位)。

瓦特·特里尔(Walter Tyrel,1065—1100以后),盎格鲁诺曼贵族。

新森林(New Forest),位于英格兰南部。

法兰西斯科·米歇尔(Francisque Michel,1809—1887),法国语言学家。

华斯(Wace,约1110—1174),英国诺曼语(古法语)诗人。

马姆斯伯里的威廉(William of Malmesbury,约1090—约1143),英国历史

第三章　游戏和竞赛的教化功能

学家。

(76) 雅各·布雷特的《肖文西竞赛》(*Le Tournoi de Chauvency*),毛·德波伊(M. Delbouille)编,540 行、1093—1158 行,等等(列日,1932);《乐朗故事》(*Le Dit des Lérants*),(罗马尼亚,1914),第 218 页及后页。　　——原作者

雅各·布雷特(Jaques Bretel,生卒年不详),法国吟游诗人。

(77) 安·德·瓦利亚的《亨利三世史》(*Histoire de Henry III*,巴黎,1694)第一章第 574 页,部分内容重新收录在高德华的《古法语词典》(*Dictionnaire de l'ancienne langue française*,巴黎,1885),见 gaber 词条(第 197 页)。
　　　　　　　　　　　　　　　　　　　　　　　　——原作者

安茹公爵(Duke of Anjou),即法国国王亨利三世(Henri III,1551—1589),1566 年受封为安茹公爵。

安茹(Anjou),法国西部旧州名。

《高卢的阿马迪斯》(*Amadis de Gaule*),中世纪西班牙骑士传奇。

比西·当布瓦(Bussy d'Amboise,1549—1579)亨利三世的廷臣。

埃吉尔(Aegir),北欧神话中的海神。

安东尼·德·瓦利亚(Antoine Varillas,1624—1696),法国历史学家。

费德利·高德华(Frédéric Godefroy,1826—1897),法国语言学家。

(78)《希腊文化史》(*Griechische Kulturgeschichte*),第 111 页。　　——原作者

雅各·布克哈特(Jacob Burckhardt,1818—1897),瑞士文化史家。

亚历山大大帝(Alexander,前 356—前 323),古代马其顿国王。

(79) 同上,第三章第 68 页。　　　　　　　　　　　　　　　——原作者

(80) 汉·舍费尔的《政府与政治》(*Staatsform und Politik*,莱比锡,1932);维·爱伦堡的《东方和西方:古代历史问题研究》(*Ost und West:Studien zur geschichtlichen Problematik der Antike*),《布拉格大学德语系哲学学报》(*Schriften der Philos. Fak. der deutschen Univ. Prag.*)第十五期(1935)。　　——原作者

汉斯·舍费尔(Hans Schäfer,1906—1961),德国历史学家。

维克多·爱伦堡(Victor Ehrenberg,1891—1976),德国历史学家。

(81)《东方和西方》,第 93、94、90 页。　　　　　　　　　　——原作者

(82)《希腊文化史》,第三章第 68 页。　　　　　　　　　——原作者

(83)《东方和西方》,第 65、219 页。　　　　　　　　　——原作者

(84) 同上,第 217 页。　　　　　　　　　　　　　　　——原作者

(85) 同上,第 69、218 页。　　　　　　　　　　　　　——原作者

(86) 同上,第 71、67、70、66、72 页;参见布克哈特前引书,第 26、43 页。
　　　　　　　　　　　　　　　　　　　　　　　　　——原作者

(87)《希腊文化史》,第三章第 69 页;参见爱伦堡前引书,第 88 页。 ——原作者

(88) 奥林匹亚(Olympia),科林斯地峡(Isthmus),特尔斐(Delphi),尼米亚(Nemea),均为希腊地名。

(89) 耶格的《教化》第一卷,第 208 页。　　　　　　　——原作者
　　　品达(Pinda)(约前 522 或 518—前 442 或 438),古希腊诗人。

(90)《奥林匹亚颂》(Olympica)第八首,92 行。　　　　——原作者

(91) 前引相关著作,第三卷,第 85 页。　　　　　　　　——原作者

(92) 据卡瑞斯(Chares)的说法;参见《保利·维索瓦百科全书》(Pauly Wissowa)"卡拉诺斯"条。　　　　　　　　　　　　　　　　——原作者
　　　卡拉诺斯(Kalanos),公元前四世纪侨居印度、皈依佛教的希腊人,亚历山大大帝远征印度时,曾伺机谋害亚历山大。
　　　卡瑞斯(Chares),公元前四世纪雅典将军。

(93) 前引相关著作,第 91 页。　　　　　　　　　　　　——原作者

(94) 前引相关著作,第 96 页。　　　　　　　　　　　　——原作者

第四章

游戏和法律

乍一看,几乎没什么比法律、司法、法学领域离游戏更远了。极度严肃、非常认真、攸关个人和社会核心利益——这些在很大程度上支配着涉及法律的一切。绝大多数表达法律和司法概念的词语,其词源基础均来自确定、固定、制定、规定、约定、裁定、指定、决定、表决、立约等领域。所有这些概念,看起来与产生表示游戏词汇的语义范围少有关联或没啥关联,甚至两相抵牾;但我们一直注意到,神圣和严肃绝不会消解诉讼(action)的游戏属性。

无论法律的理想基础是什么,法律的实际应用即诉讼,与竞赛是何等酷似——一旦认识到这一点,法律和游戏之间可能存在的密切关系就昭然若揭了。我们描述斗富宴时,早已触及竞赛与法律制度形成之间可能存在的联系;而戴威单从法律观点分析,认为斗富宴是有关契约和义务的原始做法。[1] 在希腊,打官司被当成比赛(agon),当成受既定规则约束、具有宗教形式的竞赛,争斗双方恳请仲裁判决。不能把这种诉讼观念视为后来形成的,不能视为单纯的概念转变,更不能视为退化(爱伦堡似乎就是这么认为的[2])。相反,整个发展过程逆向而行,因为法律程序起初就是竞赛,而其竞技性质即便今天仍继续存在。

竞赛意味着游戏。我们已经看到,没有充足理由否认任何竞赛的游戏特征。游戏和竞争上升到每个社会对其司法所要求的神圣严肃层面,至今仍可见于形形色色的司法生活。首先,司法宣判在"court"

(法庭)进行。court 也就是 *ἱερὸςκύκλοι*,该词的完整意义就是判官围坐成的圣圈,这是阿喀琉斯盾上的图案。⁽³⁾进行司法宣判的任何地方,都是真正的 *temenos*,即从"平常"世界剥离出来并围起来的神圣地点。古佛兰芒语和古荷兰语用 *vierschaar* 表示,字面意思是用四根绳子(也有说是四条长凳)隔出来的地方。但无论是方是圆,都仍是魔环,仍是暂时取消平常三六九等的游戏场所。不管谁进入这里,都暂时神圣不可侵犯。洛基开始骂战前,先要弄清楚自己这么做时所在之处是"安宁重地"。⁽⁴⁾英国上议院其实也是法庭,所以大法官(Lord Chancellor)所处的上议院议长职位(Woolsack)⁽⁵⁾实际上没事可做,被认为"严格按法律来说,在议院管辖范围之外"。

准备执法的法官一戴上假发穿上法袍,就走出了"平常"生活。我不清楚英国法官和出庭大律师的服饰是否已成为人类文化学的研究课题。我认为,这种服饰与十七、十八世纪戴假发的时尚关系不大。确切地说,法官的假发是中世纪英国律师头饰的遗风,这种头饰叫做"缏服"(coif),当初是一种紧套在头上的白帽,现在仍可见到其残迹—— 假发外缘的白边。但是,法官的假发不仅仅是古老职业装束的遗俗。从功能上看,它与野蛮人的舞蹈面具关系密切——戴上假发就变成了别"人"。而独具强烈传统意识的英国,在法律中保存的古代特征绝不止此。英国法律事务中如此醒目的娱乐性与幽默感,也是古代社会法律的基本特征之一。当然,在其他国家的民间传统中,这一要素也并非一无所见。就连比英国更为严肃刻板的欧陆法律程序,游戏要素也有迹可循。现代诉讼司法辩论所用的风格和语言,往往流露出运动员般的激情,沉湎于争辩和抗辩,有时简直就是强词夺理,这让我的一位法官朋友想起了爪哇的*法律习俗*(*adat*)。他说,在那里,辩手每次辩论获胜就在地里插上一根小棒,小棒累计最多的就成为当天的赢家。歌德描写过公爵宫(Doge's Palace)里威尼斯法庭的开庭,忠

第四章 游戏和法律

实记录了法律程序的游戏特征。[6]

十世纪初英国出庭大律师的形象

画作品中人物戴的"缟服"
（Hans Holbein 作）

以上寥寥闲话，或有助于我们理解司法和游戏之间的真实联系。让我们再回过头来看看古代法律程序形式。无论怎样，在法官面前，当事各方打赢官司的强烈意愿都自始至终主宰着一切诉讼。如此求胜心切，故而竞赛因素须臾不可低估。就算这本身尚不足以揭示法律审判和游戏之间的关系，执法中的形式特征也会给我们的论点增添砝码。法庭上的竞赛总要受到一系列限制性规则的制约，更别提要受到时空限制了——这些规则将诉讼毫不含糊地牢牢锁定在井然有序、由对立双方参与的游戏领域。诉讼可以当成碰运气游戏，可以当成竞赛，或者当成论战——从这三个角度能看出法律和游戏的密切联系，古代文化中尤其如此。

无论我们现代人的正义观念多么薄弱，都不可能撇开抽象的正义去理解司法。在我们看来，诉讼首先是辩论是非，胜负尚在其次。请注意，若要理解古代司法，必须抛弃的先入之见正是对道德价值的关

97

注。把目光从高度发达文明的司法活动转到文化欠发达阶段通行的司法活动,我们就会看到,胜负观念——也就是纯粹竞赛观念——令是非观念、道德裁判观念黯然失色。古人满脑子想的,与其说是抽象的是非问题,还不如说是非常具体的胜负问题。一旦考虑到这种脆弱的道德标准,那么,我们追溯得越远,法律活动中的竞赛因素就增加得越多;而随着竞赛因素增加,运气要素也增多,结果我们很快就会发现自己处于游戏领域。在我们所面对的这个精神世界里,神谕裁决、上帝审判裁决、神判(ordeal)裁决、抽签(即*游戏*)裁决等观念,与法庭审判裁决的观念在思想中融为一体。司法屈从于游戏规则,而且是完全开诚布公地屈从于游戏规则。即便拿不定主意、求助于掷签或"掷币"时,我们仍然认为此类裁决无可辩驳。

在我们看来,天意(Divine Will)、天命(destiny)和机缘(chance)有一定区别,至少我们试图从概念上加以区分。而在古人看来,它们大致相当。诱使"命运"表态,"命运"即见分晓。试探未知的成功机会,就会获悉此类神谕裁决。掷签也好,掷石也罢,或是从《圣经》里任挑一页,都会有神谕回应。在《出埃及记》第二十八章第30节,上帝吩咐摩西(Moses)"将乌陵(Urim)和土明(Thummim)(别管它们是什么)放在决断的胸牌里",以便亚伦(Aaron)"要在耶和华面前常将以色列人的决断牌戴在胸前"。胸牌是大祭司戴的。在《民数记》第二十七章第21节,正是戴着这块胸牌,祭司以利亚撒(Eleazer)才"凭乌陵的判断"为约书亚(Joshua)求问。另外,在《撒母耳记上》第十四章第42节,扫罗(Saul)吩咐在他和儿子约拿单(Jonathan)之间掷签。上述例子十分清晰地表明了神谕、运气和审判之间的关系。伊斯兰教出现以前的阿拉伯半岛也流行此类抽签占卜。(7) 最后举《伊利亚特》为例,宙斯在开战前称量凡人死亡命运的神圣天平,不也差不多一回事吗?"宙斯挂起两个黄金秤盘,放入两份悲惨的死亡,一份代表驯马的特洛

伊人,一份代表身披铜甲的阿开亚人。"⁽⁸⁾

宙斯这种称量或估量(pondering)同时也是他的审判(δικάζειν)。天意、命运和机缘三个观念在此完美融合。"审判的天平"(scales of justice)这个比喻无疑脱胎自荷马笔下意象,象征着机缘未定、"悬而未决"(in the balance)。那时,道德真理获胜是不可能的,正确远重于错误的观念也不可能存在,这种观念很晚才出现。

《伊利亚特》第十八卷描绘的阿喀琉斯盾牌上有个图案,再现的就是一场法律诉讼,圣圈里围坐着判官,中央摆放着"两塔兰同黄金"(δύο χρυσοῖο τλαντα),用来奖给判决最公正的人。⁽⁹⁾这些黄金通常解释为当事双方争讼的一笔钱,但通盘考虑,它们似乎更应该是赌注或奖金,而非争讼对象;因此,比起法庭审案来,它们与掷签游戏更相匹配。此外还请注意,talanta(塔兰同)原指"天平"(scales)。因此,我倾向于认为,诗人脑海里有幅瓶饰画,画里两名诉讼当事人坐在真实天平(名副其实"审判的天平")两端,按原始习俗进行称量(换句话说就是通过掷签神谕)做出判决。而到创作那些诗行之际,这种习俗已不为人知,结果,talanta(塔兰同)因意义转换而被当成了金钱。

希腊语 δίκη(正义、司法)含义丰富,既包括纯粹抽象意义,也包括很具体的事物。它可以表示抽象概念的公正,表示公平分配,表示赔偿,以及更多意义:诉讼双方互换 δίκη,法官分派 δίκη。它还指法律程序本身、裁决和处罚。虽说我们可能会认为,词语的含义越具体,就越接近其本义,而就 diké(即希腊语 δίκη,正义)一词而言,魏纳·耶格持相反观点。他认为,diké 的原义是抽象含义,具体含义则是由此派生出来的。⁽¹⁰⁾在我看来,这不符合事实:正是后来才由 diké 形成了 δίκαιος(正当的)、δικαιοσύνη(正当)等抽象概念。前面谈到执法和掷签的关系,谅必该使我们更愿接受耶格明确反对的词源方向,即 δίκη 源自 δικεῖν(掷、抛),虽说 δίκη 和 δείκνυμι(展示)之间明显关系密切。

阿喀琉斯之盾（John Flaxman 作）

希伯来语也有类似"正义"和"投掷"的联系，因为 thorah（正义、司法、法律）与表示掷签、打猎、宣告神谕的词根之间显然密切相关。[11]

同样有意思的是，硬币上，正义女神狄刻（Diké）的形象有时会变成命运女神堤喀（Tyche），她也拿着天平。哈里森小姐[12]在其著作《忒弥斯》中说："并不是说这些神灵形象后来进行了'拼合'，而是他们始于同一概念，后来分道扬镳了。"

公正、命运、机缘的原始联系在日耳曼口头传说中也可见到。荷兰语 lot 一词至今仍保留"人的命运"之义，而命运是"分配"给人或"发送"给人的［即德语"Schicksal"（命运）］，还指抽奖中代表机缘的有形证物，即最长或最短的火柴杆，或票证。很难说这两个含义哪个更早，因为在古人思想中，这两种观念是融为一体的。宙斯在同一架天平上作出命运和正义的神圣裁决，《埃达》神话中的阿萨神族用掷骰子来安排世界命运。无论是在实力较量结果中显现天意，还是在武装格斗的下场中抑或在掷签投石中显现天意,在古人看来都是一回事。用纸牌推断命运的做法深深根植于我们的过去,根植于远比纸牌本身古老的传统。

有时,武装格斗也伴有掷骰子游戏。赫卢利人与伦巴第人作战时,赫卢利人的国王正坐在棋盘前,而国王狄奥多里克正在基耶兹帐篷里掷骰子。(13)

审判(judgement,德语为 Urteil)这个概念自然而然促使我们去思考 ordeal(德语 Gottesurteil:神灵审判)。如果在两种语言中如此比较这两个词,其词源关系就一目了然。"ordeal"一词意思刚好就是神灵审判,不过,这个词在古人心目中的确切含义,并不那么容易探知。乍一看,似乎原始人认为神灵根据考验结果或掷签结果来表明谁正确或朝哪里安排命运(两者都一样)。当然,证明何方正确的奇迹(*miracle*)观念只是基督教的二手诠释,而上述神判观点本身很可能来自更早文化阶段的诠释。神判的原始起点必定是竞赛,是有关谁能获胜的比试。在古人心目中,胜利本身才是真理和正义的证据。每次竞赛,无论是赛体力还是碰运气,其结果都是神灵惠赐的神圣判决。认可"无异议定结局"(unanimity decides the issue)的规则,或认可"少数服从多数"(majority vote),还是掉进了这种思维习惯。竞赛(或神判)能透露真理和正义,是因为有些神灵在操纵骰子降落或左右战斗结局——这种说法只有到了宗教体验的更高阶段才行得通。因此,爱伦堡所言"世俗正义来自神判"(14),似乎颠倒了至少是扭曲了观念的先后顺序。宣判(以及司法审判本身)和根据神判断案,其根源都是竞赛裁决。竞赛裁决中,比赛结果说了算,不管这个结果是掷签来的还是机缘所致,抑或来自某种(体力、耐力等)考验——还有比这种说法更符合实情的吗?奋力求胜本身就是神圣的,可一旦受到明确的是非观念驱动,就升入法律领域,而若从有关神权(Divine Power)的积极思想看,便升入信仰领域。然而，所有这些，游戏是最根本的，是那个观念生长的萌芽。

在古代社会，法律纠纷有时表现为打赌乃至赛跑。我们在描述斗富宴时看到，互相挑战生成了一套原始的契约和责任，就此而言，我们总是不得不接受赌博观念。但除了严格意义上的斗富宴和神判，在原始法律习俗中我们还反复碰见为了审判的竞赛，就是说，为了对特定案例中某种固定关系的判决和认可。奥托·吉尔克[15]收集了大量游戏与审判相混的奇特事例，冠以书名"法律中的幽默"（Humour in Law）。他认为这些例子不过表明"大众精神"（popular spirit）有戏谑的一面，而这些例子其实只有在法律功能的竞赛起源中才能找到正确解释。的确，大众精神有戏谑的一面，但其意义比吉尔克想的深刻得多，而且这种戏谑内涵丰富。例如，有个古老的日耳曼法律习俗，就是以赛跑或扔斧子来确定村庄或地块的"标记"（marke）或边界，还有就是蒙住眼摸某人某物或滚鸡蛋，以此检验其要求是否正当。我们看到的所有这些例子，都是靠试力气或赌运气进行判决的。

在选新娘新郎时，竞赛扮演的作用特别重要，这绝非偶然。和荷兰语的"bruiloft"（婚礼）一样，英语单词"wedding"（婚礼）也可以追溯到法律史和社会史的萌芽阶段。"wedding"来自盎格鲁—撒克逊语*wed*，最初源自拉丁语*vadium*，表示"信物"（pledge）或"担保"（gage），用以约束人们信守业已缔结的"约定"（engagement）。*bruiloft*（婚礼）完全相当于古英语的*brydhleap*、古斯堪的纳维亚语的*brudhlaup*、古高地德语的*brutlouft*，意思是追求新娘的赛跑，这是契约所定的一种考验。根据传说，赢娶达那伊得丝姐妹靠的是赛跑，佩涅洛佩亦然。[16]关键并不在于这些行为是否只是神话或传说，也不在于能否用来证明曾有过这种习俗，而是在于赛跑赢娶新娘的观念确曾存在这一事实。人种学者告诉我们，对古人来说，婚姻是"契约考验（contrat à épreuves)、斗富习俗"。《摩诃婆罗多》描写了朵帕蒂的追求者们不得不接受实力考验,《罗摩衍那》中悉多择偶同样如此,《尼伯龙根之歌》里布伦西尔特招亲亦然。[17]

奥德修斯和佩涅洛佩(Francesco Primaticcio 作)

但是,经受考验赢娶新娘,求婚者光有力气和勇气还不够。有时求婚者还要回答难题,经受学问考验和机敏考验。阮文宣[18]认为,这类竞赛在安南青年男女节庆活动中扮演重要角色——姑娘对情郎进行的盘问往往都是程式化的。《埃达》所载民间传说中,形式自然有所不同,但也有一个为了新娘而接受学问考验的类似例子。雷神托尔答应聪明绝顶的侏儒阿尔维斯(Alvis),只要他能答出雷神所问有关万物秘称的所有问题,就把女儿许配给他。在《费厄尔斯维恩之歌》(*Fjölsvinnsmal*)中,主题发生进一步变化,诗中,冒着求爱危险的年轻人勇敢地向看守童女的巨人发问。

现在让我们从竞赛转而谈与发誓密切相关的打赌(wager)。法律程序中的赌博要素有两种形式。首先是诉讼主要当事人"拿自己的权利打赌",即通过下"担保"(gage)(*vadium*)挑战对方进行辩论。直到十九世纪,英国法律民事诉讼还有两种形式,都用了"wager"一词:一种叫"wager of battle"(决斗断讼法),即诉讼发起方提出要求决斗断案;另一种叫"wager of law"(宣誓断讼法),诉讼发起方须在指定日期发"洗罪誓"(oath of purgation),即证明自己无罪。虽说这两种形式早就不用了,但正式废止则在1819年和1833年。[19] 其次,除了诉讼本身的赌博要素外,我们还看到,公众在法庭内外就官司结果按规矩下注非常流行,尤其是在英国。安妮·博林[20]和同案被告受审时,其兄弟洛克福德(Rochford)辩词有力,塔丘[21]以十比一的赔率赌其无罪开释。在阿比西尼亚[22],开庭期间,辩护后到听证前这段时间对审判下注是常见的做法——即便受意大利管辖,打官司仍然令人兴奋,依旧是让土著引以为乐的消遣。据英国报纸报道,一位男子刚输了官司,第二天就去拜访法官,心满意足地说:"我的律师太差劲了,你也清楚,不过我还是很开心,我的钱用对了地方!"

通过对今天所熟悉的诉讼与古代社会法律程序的比较,我们努力区分了诉讼中的三种游戏形式:碰运气游戏、竞赛和论战。诉讼理所当然一直就是论战,哪怕随着文明发展,其游戏性质全部失去或部分失去也好,表面失去或实质失去也好,诉讼都还是论战。不过,就本文主题宗旨而言,我们只关注古代的论战,古代论战的竞争因素最强,而公正的观念基础最弱。那时,起决定作用的并非谨小慎微、深思熟虑的法理论辩,而是咄咄逼人、声色俱厉的抨击怒骂。这样,竞赛几乎完全就是各方竭力用粗鲁无礼的辱骂压倒对手,从而牢牢占据上风。我们讨论过为了荣誉和声望以 *iambos*(嘲笑)、*mufākhara*(吹牛)、*mannjafnaðr*(较量)之类名义进行的骂战这种社会现象,但严格意义上

第四章 游戏和法律

关进伦敦塔的安妮·博林（Édouard Cibot 作）

的 joute de jactance（吹牛比赛）如何转变为法律程序的骂赛尚不太明朗。倘若我们现在转而关注最能证明文化和游戏密切关系的一个证据，即格陵兰岛爱斯基摩人的击鼓比赛或歌唱比赛，上述转变也许就会变得更清楚。我们将进行更详尽的探讨，因为这是一种仍在活生生沿用（起码直到最近还在沿用）的习俗——在这种习俗中，我们称为司法权（jurisdiction）的那种文化功能尚未从游戏领域分离出去。[23]

如果爱斯基摩人要控告别人，就向他发出挑战，要求进行击鼓比赛（丹麦语为 Trommesang）。于是家族或部落在节庆聚会上集合，人人盛装打扮，个个兴高采烈。然后，参赛双方在鼓声中轮流唱着辱骂的歌曲互相攻击，互相责骂对方有罪。言之凿凿的控告、蓄意冷嘲热讽以取悦观众,同纯粹诽谤之间没啥区别。例如,一方用歌曲把对手妻子、岳母饥荒时吃掉的人一个不落地唱出来,满堂为之落泪。这种攻击性的喊唱始终伴有对对手身体上的侮辱,如朝对手脸上喷气哼气,用额头撞对手,撬开对手嘴巴,把对手绑在帐篷支柱上——对此,"被告"都须安之若素并报以嘲笑。绝大多数观众都加入伴唱、喝彩并怂恿赛下去。其余的就坐在那儿打盹。比赛间隙,双方则友好交谈。这种竞赛为期可能长达数年,这段时间里,双方都要想出新的歌曲和新的罪行责骂对方,最后由观众裁定胜负。绝大多数情况下,赛完即言归于好,但有时也会发生失败后蒙羞举家外迁的情形。一个人可以同时进行多场击鼓比赛,女人也能参加。

　　此处至关重要的是,在遵循这些习俗的部落中,此类竞赛取代了司法判决。除了击鼓比赛,再没有任何形式的司法权。竞赛是解决争端的唯一方法,没有别的途径影响舆论。(24)甚至控告杀人犯也用这种奇怪方式。击鼓比赛获胜后,不再举行任何形式的审判。绝大多数情况下,这些竞赛是由女人闲话惹出的。我们可以区分两类部落,一类把该习俗当成司法手段,另一类只当成节庆娱乐。另一不同之处在于怎样的暴力才是正当的:某些部落允许打人,而另一些部落原告只许捆绑对手,等等。最后,除了击鼓比赛,拳击或摔跤偶尔也用来止纷息争。

　　因此,我们这里所论述的文化习俗,以竞赛形式出色履行了司法功能,而从最严格意义上说,这种习俗仍是游戏。一切都在笑声中进行,在极乐开怀中进行,因为其全部目的就是娱乐观众。泰比泽的书(25)中人物伊哥侠威(Igsiavik)说:"下回,我要作首新歌,会非常滑稽,我还要把那个家伙绑在帐篷柱上。"确实,击鼓比赛是整个群体最重要的娱乐来源。如果没有争端,他们就纯粹为了找乐子开始比赛。有时,他们还把谜语编成歌词,专门表现聪明才智。

第四章　游戏和法律

　　与爱斯基摩人击鼓比赛差不多的，是通常在农家院子尤其是德国乡下举行的滑稽可笑的庭审，各种轻微罪行（多半是性罪）在此受审受罚。其中最出名的是"赶山羊"[26]。庭审半是游戏半是当真，拉珀斯维尔[27]审理年轻人的"公猪法庭"（Saugericht）即可为证——通过这一法庭，还可向镇里的简易法庭（Petty Sessions）上诉。

赶山羊（Oskar Gräf 作）

　　很明显，爱斯基摩人的击鼓比赛与斗富宴、伊斯兰教兴起前的吹牛和骂战、古斯堪的纳维亚的 *mannjafnaðr*（较量）、冰岛的 *nidsang*［怨歌（hymn of hate）］以及中国古代的竞赛，同属一类。同样明显的是，这些习俗和神判（指靠奇迹达成的神灵审判）起初没啥共同之处。当然，就抽象的是非观念而言，神灵审判的观念与那些习俗相伴，但这只是后来的事，也是次要的——首要的是由竞赛本身裁决，即在游戏中裁决、靠游戏裁决。与爱斯基摩人的习俗最接近的是阿拉伯人的 *munāfara* 或 *nifar*，即在仲裁面前竞争名声和荣誉。拉丁语 *iurgum* 同样显示出诉讼和咒骂之间的原始关联。它是 iusigium (ius + agere) 的缩略形式，字面意思相当于"法律程序"。这种联系在英语"objurgation"（斥责）中仍可听见微弱的回音。再比较一下"litigation"（诉讼）(litigium：争吵过程）。根据击鼓比赛的观点，纯文学作品，如阿基罗库斯针对李甘伯所写的下流诗歌，现在就能做出正确诠释。就连赫西俄德对弟弟佩耳塞斯的忠告也可作如是观。[28] 魏纳·耶格指出，希腊人的政治讽刺作品并非只是道德说教或个人泄愤，起初也满足某种社会目的。[29] 我们可以有把握地补充一句：爱斯基摩人的击鼓比赛也是如此。

的确，古典时代的希腊文明和罗马文明尚未彻底走出法律演说与骂赛难分彼此的阶段。在伯里克利和菲狄亚斯时期[30]的雅典，法律辩论仍主要是修辞技巧竞赛，只要想得到，任何劝诱计谋都能用。法庭和公共讲坛被视为能学到辩论术的两个地方——这种辩论术，连同战争暴行、抢劫和僭主统治，构成了柏拉图《智者篇》中所描绘的"对人的猎取"(man-hunting)。[31] 从诡辩派[32]那里，你能学会把坏事变好事，甚至能让坏事成功。年轻人通常都是靠指控大人物以引起公愤从而开始从政生涯的。

伯里克利在菲狄亚斯画室里欣赏其雕塑（Hector Leroux 作）

同样，在罗马，只要能在诉讼中击败对方，就可以不择手段，这在很长时间都算合法行为。双方身披丧服，叹息哽咽，高声祈求共和国保佑，纠集证人和当事人挤满法庭，以使诉讼给人留下更深印象。[33]总之，我们现在做的一切，他们都做过了。人们会想起审理霍普特曼案[34]时，律师猛捶《圣经》并挥舞美国国旗；或想起他的荷兰同行在一次轰动的刑事诉讼中，把精神病专家的判定报告撕个粉碎。黎蒂曼[35]曾对阿比西尼亚一次法庭开庭描述如下："原告以周密推敲和才华洋溢的华丽辞藻提出指控。幽默的俏皮话、讥讽、巧妙的影射、格言警句、冷嘲热讽，无所不用，同时还伴以最激烈的手势和最恐怖的咆哮，旨在加重控告，以彻底击败被告。"

只有在斯多葛派哲学[36]开始流行后，法律辩论才努力摆脱游戏特征，并依照斯多葛派宣称的严格的真理标准和尊严标准加以净化。最先试图将这一新方法付诸实践的，是位名叫卢提留斯·鲁弗斯[37]的人，他此举注定失败，被迫退位，遭到放逐。

注释：

（1）戴威的《宣誓信仰》（*La Foi jurée*）。　　　　　　——原作者
　　　戴威，见第三章注（29）。

（2）《东方和西方》第 76 页，参见第 71 页。　　　　——原作者
　　　爱伦堡，见第三章注（80）。

（3）《伊利亚特》第十八卷，第 504 行。　　　　　　——原作者
　　　阿喀琉斯（Achilles），《伊利亚特》主人公。

（4）参见耶格的《教化》（*Paideia*）第一卷第 104 页："……理想的 *diké*（公正）被当成公共生活的标准，以此衡量，高官显宦和贫寒之家一律'平等'。"
　　　　　　　　　　　　　　　　　　　　　　　　　　——原作者
　　　耶格，见第三章注（46）。

（5）英国议会上议院在 2005 年以前不设议长，由大法官任"当然主席"。

游戏的人

(6)《意大利游记》(*Italienische Reise*),"十月三日"。　　　　——原作者

歌德(Johann Wolfgang von Goethe,1749—1832),德国文学家。

(7) 威尔豪森的《阿拉伯异教余绪》(*Reste arabischen Heidentums*,柏林,1927),第132页。　　　　——原作者

威尔豪森(Julius Wellhausen,1844—1918),德国东方学者、伊斯兰教专家。

(8)《伊利亚特》第八卷第69行;参见第二十卷第209行、第十六卷第658行、第十九卷第223行。　　　　——原作者

宙斯(Zeus),希腊神话中的主神,众神之神。

阿开亚人(Achaean),即希腊人。

《圣经》里还有一例:"掣签能止息争竞"(The lot causeth contentions to cease),见《箴言》(*Proverbs*)第十八章18节。

(9)《伊利亚特》第十八卷第497—509行。　　　　——原作者

塔兰同,古希腊重量单位,荷马史诗中重量不定,后来1塔兰同约合26.2千克。

(10)《教化》第一卷第103页。　　　　——原作者

(11) urim(乌陵)一词大概就源自该词根。　　　　——原作者

(12) 哈里森,见第一章注(11)。

(13) 保罗·迪亚科努斯的《伦巴第历史》(《日耳曼历史文献·著述编·墨洛温王朝卷》)第一章第20条和弗雷德加留斯的《编年史》(*Chronicarum liber*)第二章第131页;参见《伦巴第历史》第四章第27条。同时参见布鲁奈的《德国法律史》(*Deutsche Rechtsgeschichte*,莱比锡,1912),第75页。　——原作者

赫卢利人(Heruli),东日耳曼人的一支。508年被伦巴第人击败。

狄奥多里克(Theodorich,454—526),东哥特国王。

基耶兹(Quierzy),位于意大利北部。

保罗·迪亚科努斯,见第三章注(64)。

弗雷德加留斯(Fredegarius)(约七世纪),法兰克史学家。

海因里希·布鲁奈(Heinrich Brunner,1840—1915),德国史学家。

(14)《早期希腊人的观念》(*Die Reichtsidee im frühen Griechentum*,莱比锡,

1912),第 75 页。 ——原作者
(15) 奥托·吉尔克(Otto Friedrich von Gierke,1841—1921),德国法学家。
(16) 简·哈里森的《忒弥斯》第 232 页。参见弗洛贝尼乌斯的《非洲文化史》(*Kulturgeschichte Afrikas*)第 429 页,有则努比亚的故事也是这个意思。 ——原作者

达那伊得丝姐妹(Danaids),希腊神话人物。

佩涅洛佩(Penelope),荷马史诗《奥德赛》的主人公奥德修斯的妻子。

弗洛贝尼乌斯,见第一章注(15)。
(17) 朵帕蒂(Draupadi),印度史诗《摩诃婆罗多》中的人物。朵帕蒂的父亲在天花板上放了条鱼,并规定,要想娶朵帕蒂,就必须看着地上水盆中鱼的倒影,用箭射中鱼眼。

悉多(Sita),印度史诗《罗摩衍那》(*Ramayana*)主人公罗摩的妻子。国王为女儿悉多举行选婿大会,要求参赛者拉开一把神弓。

布伦西尔特(Brunhild),《尼伯龙根之歌》中的冰岛女王。布伦西尔特招亲的条件是求婚人要在标枪、掷石、跳远比赛中胜过自己。
(18) 阮文宣,见第三章注(17)。
(19) 威·布莱克斯通的《大英律法注疏》(*Commentaries on the Laws of England*),柯尔(Kerr)编,第三卷(伦敦,1857),第 337 页。 ——原作者

布莱克斯通(William Blackstone,1723—1780),英国法学家。
(20) 安妮·博林(Anne Boleyn,1501—1536),英格兰王后。1536 年 5 月 19 日以通奸罪问斩。
(21) 塔丘(Tower Hill),位于伦敦塔(Tower of London)外,以往用于处决犯人。
(22) 阿比西尼亚(Abyssinia),非洲国家埃塞俄比亚旧称。
(23) 泰比泽的《安马沙利克爱斯基摩人》(*The Ammassalik Eskimo*),载《格陵兰评论》(Meddelelser om Grønland),第三十九卷(1914);伯克特·斯密斯的《卡里布的爱斯基摩人》(*The Caribou Esquimaux*,哥本哈根,1929);克努德·拉斯穆森的《从格陵兰到太平洋》(*Fra Gronland till Stille Havet*)第一、二卷(1925—1926);《奈茨利克爱斯基摩人》(*The Netsilik Eskimo*),载《第五次图

勒探险记》(Report of the Fifth Thule Expedition, 1921—1924)第八卷,第一、二章;赫伯特·科尼格(Herbert König)的《爱斯基摩人的违法和补偿》(Der Rechtsbruch und sein Ausgleich bei den Eskimos),载《人类学》(Anthropos)第十九、二十卷,1924—1925。——原作者

泰比泽(William Thalbitzer,1873—1958),丹麦语言学家、人类学家。

伯克特·斯密斯(Birket Smith,1893—1977),丹麦语言学家、人类学家。

克努德·拉斯穆森(Knud Rasmussen,1879—1933),丹麦人类学家、极地探险家。

(24) 在前引书第264页,伯克特·斯密斯对"司法程序"的定义似乎太严。他说,在卡里布的爱斯基摩人中,击鼓比赛缺乏"司法程序",是因为它们只是"单纯的复仇行为"或只为了"确保平静和秩序"。——原作者

(25) 前引书第16页。——原作者

(26) "赶山羊"(Haberfeldtreiben),德国民间私刑,将罪犯披上羊皮驱赶殴打。

(27) 拉珀斯维尔(Rapperswil),瑞士小镇。

(28) 阿基罗库斯,见第三章注(62)。阿基罗库斯与李甘伯(Lycambes)之女有婚约,后李甘伯反悔,阿基罗库斯作诗责骂。

赫西俄德(Hesiod),约公元前八世纪古希腊诗人。据他本人的说法,其作品《工作与时日》(Works and Days)是对弟弟佩耳塞斯(Perses)的忠告。

(29) 《教化》第一卷第119页。——原作者

(30) 伯里克利(Pericles,约前495—前429),古希腊政治家。

菲狄亚斯(Phidias,约前480—前430),古希腊雕刻家。

(31) 《智者篇》(*Sophistes*) 222d。——原作者

(32) 诡辩派(Sophist),古希腊哲学流派,又译为智者派。

(33) 西塞罗的《论演说家》(*De oratione*)第一卷,第229页。——原作者

西塞罗(Marcus Tullius Cicero,前106—前43),古罗马政治家、演说家、法学家和哲学家。

(34) 霍普特曼(Bruno Hauptmann,1899—1936),美裔德国木匠,被控绑架谋杀美国飞行员林德伯格(Lindbergh)20个月大的儿子,1936年被判死刑。

(35) 黎蒂曼(Enno Littmann,1875—1958),德国东方学家。
(36) 斯多葛派哲学(Stoicism),古希腊哲学学派。芝诺(Zeno,约前334—约前262)于公元前300年左右在雅典创立;主张人的美德就是"顺应自然"或"顺应理性",德行是唯一的善。
(37) 卢提留斯·鲁弗斯(Rutilius Rufus,前158—前78以后),罗马政治家、演说家。因严惩包税人贪污行为而遭陷害,公元前92年被放逐。

第五章

游戏和战争

自从有了表示战斗和游戏的词语以来,人们就一直习惯称战争为游戏。我们早就提出疑问:把战争称为游戏是否只能算是比喻?对这个问题的回答是否定的。从表示战斗和游戏的词语诞生之际,各地语言就必定那么表达了。

在古人看来,这两个观念往往完全融为一体。的确,一切受规则约束的战斗,都会因同样的限制而具有游戏的形式特征。我们可以称之为最紧张最剧烈、同时也是最明显最原始的游戏形式。小狗咬架、男孩打架是"闹着玩",但要遵守规则,不能超过限定的暴力程度。不过,对正当暴力设限未必就能避免流血乃至杀戮。中世纪的比武一直被当成佯斗(sham-fight),也就是被当成游戏,但相当确定的是,最早的比武形式,如骑马刺矛比武就极度认真,还要拼到你死我活,就像押尼珥和约押面前少年人的"戏耍"一样。[1] 我们不妨从不太久远的历史时期中选取一个引人注目的例子来证明战争的游戏要素,那就是1351年发生在布列塔尼的著名的"三十人之战"[2]。我尚未发现文献资料对这场战争明确冠以"游戏"之名,但整个过程具有游戏特征。1503年发生的同样著名的"巴列塔约战"也是如此——战斗中,十三名意大利骑士与十三名法国骑士交锋。[3] 作为文化功能,战斗总是以约束性规则为前提,并至少在某种程度上有赖于对其游戏性质的认可。只有当双方认为棋逢对手或彼此权利相当,这样发起的战争才算具有文化功能——换句话说,战争的文化功能取决于其游戏性质。一旦战争不

第五章 游戏和战争

在公平领域内进行,一旦不把对手当人看,从而剥夺了对手做人的权利,使之成了野蛮人、魔鬼、异教徒、异端和"无法无天的低等物种",情况就变了。在这种情形下,战争就完全丧失了游戏性质——只有交战双方为了自身荣誉接受某些限制,战争才会维持在文明范围内。直到最近,"国际法"(law of nations)才被公认为这套限制体系的组成部分,它承认为了全民权利和正当要求的人类社会理想——"国际法"一方面明确区分了战争状态(通过宣战)与和平状态,另一方面明确区分了战争状态与暴力犯罪。等到"总体战"(total war)理论出现,才放逐了战争的文化功能,并扑灭了游戏要素最后一星余焰。

三十人之战(Octave Penguilly L'Haridon 作)

"游戏功能为竞赛所固有"——倘若我们这个观点正确的话,现在问题就来了:战争(我们认为战争是由竞赛发展而来的)在多大程度上算得上是社会的竞赛功能呢？立刻就有好几种战争形式表明它们并非竞赛式的:偷袭、伏击、突袭、报复性讨伐、全盘灭绝都算不上竞赛形式的战争,即便它们可能是某种竞赛式战争的一部分。此外,战争的政治目的——对其他民族的征服、奴役或统治,也跟竞赛领域并不搭界。只有开战双方把自己和对方视为对手、争夺自以为拥有的某种权利,竞赛要素才会起作用。这种感觉差不多始终存在,尽管它往往只被用作托辞。即便是纯粹欲望导致的战争(这种现象比较罕见),侵略者也会把它解释为甚至可能真诚地认为是圣战,是正义的战争,是上帝的惩罚,诸如此类。古往今来,历史学和社会学往往夸大了直接的物质利益和权力欲对发动战争所起的作用。尽管策划战争的政客本人可能把战争当成权力政治问题,但在绝大多数情形中,真正的动机更多见于傲慢和虚荣、追名逐誉和耀武扬威,经济扩张之类的"需求"并不多见。用众所周知的荣誉感解释从古至今所有的大规模侵略战争,要比任何有关经济实力和政治活力的理性观点更接近实质。最近突然冒出对战争的美化—— 不幸得很,我们对此并不陌生 ——令人回想起巴比伦人(Babylonian)和亚述人(Assyrian)的战争观念,他们认为,战争就是为了神的更高荣耀而灭绝外族的神谕。

　　在某些古代形式的战争中,游戏要素的表现直截了当,相对来说也更友善。我们再度面对同一古代思想领域,在这里,机缘、命运、审判、竞赛、游戏和诸多神圣事物在一起——战争自然也该归在这里。发动战争为的是达成具有神圣效力的裁决。神意的验证就是胜败。因此,为检验自身实力,除了竞赛、掷骰子、请示神谕、激烈言辞争斗(所有这些也许同样有助于得出神圣裁决)之外,还可以诉诸战争。如前所述,"裁决"和"神灵"之间的联系,在表示"神判"的德语"Gottesurteil"一词中一目了然,虽然神判归根到底都是裁决,不论是哪种裁决。只要仪式形式上正确,所得出的任何裁决就都是"神的判决"——神判这个专门概念与超自然力量确凿证据之间的联系尚在其次。为理解这些联系,我们必须超越司法、宗教和政治之间的常规分类加以审视。我们所谓的"正当"(right),对古人来说也就相当于"强权"(might),意思是"神的意志"或"明显的优势"。所以,武装冲突也是一种审判模式,与占卜、法律程序差不多。最后,由于每个裁决都带有某种神圣意义,战争本身被当成占卜形式也就可想而知了。[4]

第五章　游戏和战争

　　从碰运气游戏到司法诉讼,这些无所不包的复杂观念彼此难解难分,在古代文化里,表现最醒目的当属"单挑"(single combat)了。"单挑"目的不一:可以是个人 aristeia(希腊语:美德)的展示,可以是全面战争的前奏,也可以是交战期间发生的插曲。历朝历代的诗人史家在文学和历史中颂扬鼓吹,世界各地家喻户晓。这方面有个非常典型的例子,就是瓦基迪描述的白德尔之战,这场战役,穆罕默德击败了古莱什部落。[5] 穆罕默德的三员猛将向敌营同样数目的勇士挑战,双方棋逢对手,循规蹈矩自报家门,互相致敬。[6] 第一次世界大战中,飞行员空投战书亦表明 aristeia(美德)的复苏。

白德尔之战中的穆罕默德(Siyeri Nebi 作)

单挑还可充当战争的征兆,这种形式在中国文学和日耳曼文学中都耳熟能详。战争打响前,各方出同样数量的勇士向敌方挑战。"战斗测出命运。首场交锋是重要预兆。"[7] 不过,单挑也可以取代战争本身。汪达尔人与阿勒曼人在西班牙交战时,敌对双方决定以一场单挑摆平争端。[8] 我们切莫以为这是发出的预兆,切莫以为这是旨在避免流血的人道措施,我们只能把它当成战争的合适替代品,当成以竞赛形式证明某方优越的简便验证,获胜证实了胜方的事业受到神灵青睐,所以是"正义"事业。当然,这个古老的战争观不久就变了味,特别是基督教观点主张单挑是避免不必要杀戮的手段。这种观点很早以前就有了,驻扎在瓦兹河畔基耶兹的墨洛温国王狄奥多里克即为一例——战士们表示:"一个人倒下,总比整个队伍倒下强。"[9] 中世纪后期,参战国王或贵族之间单挑以了结"争执"(querelle)的做法简直司空见惯。单挑的准备工作非常郑重其事,巨细靡遗,表面上的动机总是"避免基督徒流血和毁灭"(pour éviter effusion de sang chréstien et la destruction du peuple)。[10] 然而,无论怎么虚张声势,都不会出现混战场面。长期以来,单挑就是一出国与国之间的喜剧,就是一场皇室间的无聊仪式。不过,君主们恪守这种古老习俗的执著,及其始终坚守的亦庄亦谐,表明它源自仪式领域。这样作出合法裁决乃至神圣裁决的古代法律程序观念仍在起作用。皇帝查理五世两度向弗朗索瓦一世提出按预定仪式进行单挑,这种做法绝非后继无人。[11]

替代战斗的单挑,当然完全不同于严格意义上的"决斗断讼"(trail by battle)这种解决争端的法律手段。中世纪法律中,"司法决斗"(judicial duel)所占的重要地位众所周知——这种决斗是否算"神判"尚存争议。海·布鲁奈[12]等人认为是,而理·施罗德[13]认为这只是一种审判方式,跟其他审判方式一样。其实,决斗断讼并不见于盎格鲁—撒克逊法律,而是由诺曼人[14]传入的,这多少表明,司法决

第五章　游戏和战争

斗与英国十分常见的神判不可等量齐观。如果我们把司法决斗完全当成神圣比赛,比赛本身会表明何方正确、神灵青睐何方,整个争论就不那么重要了。所以,后来的神判形式中,特意向上苍求乞的举动并非原初之意。

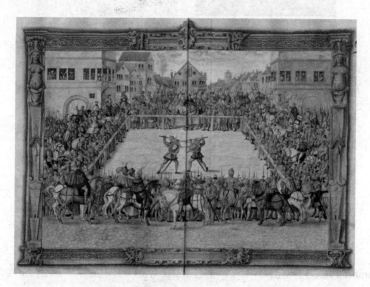

1409年发生在奥格斯堡的一场"司法决斗"

虽说司法决斗有时要拼个你死我活,但还是往往呈现出游戏特征。特定礼仪必不可少。司法决斗可以雇斗士来做,这个事实本身就是仪式特征的迹象,因为仪式活动允许替身完成。举个例子,在古弗里西亚诉讼中,这种职业斗士叫"砍霸"(*kempa*)。另外,有关选用武器的规定和专为实力悬殊对手制造均等机会的特别附加条件(如男女决斗时,男的必须站在齐腰深的坑里),也适用于动刀动枪的游戏。似乎到了中世纪晚期,司法决斗普遍绝迹,并未造成多大危害。这种游戏属性该不该当成衰败之象,或者该不该把衰败归结为习俗自身使然(但习俗自身不妨碍极度认真的态度),对此问题仍然众说纷纭。

民事诉讼最后一场"决斗断讼"由民事诉讼法院(the Court of

中世纪男女决斗图（Hans Talhoffer 作）

Common Pleas）审理，于 1571 年在西敏寺童山田监狱[15]进行，为此还特意划出六十英尺见方的决斗场地。决斗获许从日出开始，持续到"星星出现"，或直到其中一位斗士说出"差劲的话"求饶（craven）、从而自认失败。每位斗士按加洛林牧师会法规[16]携带盾和棍。整个"仪式"（布莱克斯通就是这么称呼的[17]）与乡村运动会的某些体育活动酷似。

如果说强大的游戏要素为司法决斗和完全假模假样的王室决斗所固有，那么至今众多欧洲民族常见的决斗具有同样的游戏特征也就不足为奇了。私下决斗是为遭践踏的荣誉雪耻。荣誉会遭践踏以及必须为之雪耻，这两个观念都属古代范围，尽管其心理学意义和社会学意义在现代社会中并未削弱。个人的高尚品德须向全体展现，若难获认可，就须当众以竞赛活动形式加以捍卫和证明。至于认可个人荣

第五章 游戏和战争

誉,关键并不在于荣誉是否建立在正直、诚实或任何其他道德原则之上,而在于社会评判本身。同样,证明私下决斗源自司法决斗也不那么重要。两者本质相同:都是为了声誉(声誉是包括正义和权势在内的基本价值观)而奋战不止。复仇是为了满足荣誉感,不论有多反常、多可耻、多可怕,荣誉都要得到满足。希腊肖像中,"狄刻"(正义女神)常和堤喀(命运女神)的形象相混,同样也常和涅墨西斯(Nemesis,复仇女神)的形象相混。[18]和司法决斗本身一样,世仇也不会传给私下决斗中死者的亲属(当然进行决斗得按规矩来才行),这也显示出决斗和司法裁决根深蒂固的一致性。

在带有强权军事贵族烙印的时代,私下决斗可能呈现出极端血腥的形式。决斗者及其助手会热衷于骑在马上用手枪群斗(group-fight),这是正当的骑兵交战。两个贵族一言不合,很可能就会让六个人乃至八个人卷入殊死之战。这就是十六世纪法国形成的决斗规模。荣誉感不容助手拒绝决斗。蒙田讲过的亨利三个宠臣和吉斯公爵宫廷三个贵族之间的决斗即属此类。黎塞留试图废除这种凶残习俗,但一直有人沦为这一习俗的牺牲品,直到路易十四时代。[19]

另一方面,荣誉得到满足后,打斗就该见血即止,而不是以置人于死地为目的,这与私下决斗的潜在仪式特征完全一致。现代决斗效仿法国做法,通常一方受伤就不再继续,这种做法就不该认为是苛刻习俗染上了颇为可笑的娘儿们气。决斗本质上是游戏形式,所以具有象征意义——重要的是流血,而不是杀人。我们不妨称之为晚期形式的仪式化流血游戏(blood-play),它可以按规矩对暴怒之下的致命打击加以管控。进行决斗的场地具有游戏场地的所有特点;武器必须完全一样,如同某些比赛;开始和结束要发出信号,射击次数也有规定。一旦流血,荣誉就得到证明、得以恢复。

战争本身的竞赛要素难以估量。文化萌芽之初,战斗缺乏我们所谓的公平比赛规则(fair play)——也就是说,战斗很大程度上不是竞赛。蛮族在劫掠征伐、暗杀行刺、追杀夺命、猎取头颅等行为中都体现出残暴,不论这种残暴是出于饥饿、恐惧、信仰,还是仅仅出于残忍。此类杀戮很难以战争之名抬高身价。只有郑重宣称出现全面敌对的特殊状态,而这种状态公认有别于私人恩怨和家族世仇,战争观念才会登场。这种区别一举将战争置于竞赛领域,也置于仪式领域。它被提升到神圣事业层面,成为各种力量的全面较量,成为命运的揭示;换句话说,战争此刻成为包含正义、命运和荣誉在内的观念集合体的一部分。从此,作为一种神圣制度,战争笼罩着部落所有共同的理想意象和现实意象。这并不是说,战争现在将严格遵照荣誉标准和仪式形式进行,因为野蛮的暴力仍会表现出来;这仅仅意味着,战争现在将被视为神圣义务,蒙上荣誉之光,将在一定程度上遵照那种理想打下去(play out)。战争受这些观念的真正影响究竟有多大,始终难以确定。我们所听过的文采斐然的高尚战争故事,绝大多数与其说是基于编年史家的冷静叙事,还不如说出于同代人或后继者在史诗和歌谣中的文学想象。关于战争,夸张、浪漫的虚构不计其数。然而,倘若认为,通过从道德和美学角度看待战争来拔高战争,不过是"华而不实的表象"(fair seeming)或伪装了的残酷,那这个结论也是错误的。把战争设想成荣誉和美德的高尚游戏——这些设想哪怕只是虚构,仍然在文明进程中起到了重要作用,因为正是从这些想象中,才迸发出骑士精神观念,后来最终产生了国际法观念。这两个因素中,骑士精神是中世纪文明的一大推动力,而不论这个理想如何在现实中时常落空,都仍是国际法(人类社会不可或缺的保障之一)的基础。

战争的竞赛要素或游戏要素,可从不同文明不同时期随意举例说明。我们先从希腊历史中选取两例。相传,公元前七世纪发生在卡尔西斯和爱勒特里亚这两个优卑亚[20]城邦之间的战争,就是完全以竞赛形式进行的。定下规则的严肃协议事先交阿耳忒弥斯[21]神庙保管，其中明确了交战的时间、地点，禁用投枪、箭矢、石弹等各种投射武器，只许用剑用矛。另一个例子虽说没那么单纯，却更为知名。萨拉米海战[22]结束后，获胜的希腊人航行至地峡，为的是把奖品[此处称aristeia（美德）]分给战争中表现最堪称道者。舰队将帅们把两张选票放在波塞冬[23]祭坛上，一张选冠军，另一张选亚军。每位将帅都选自己为冠军，而他们当中绝大多数选地米斯托克利[24]为亚军，结果地米斯托克利获得多数票。但是，将帅间妒意大作，致使票选结果未获批准。[25]

述及米卡里之役，希罗多德把诸岛以及赫勒斯滂海峡[26]称作希腊人和波斯人之间的"奖品"（prizes）($ἄεθλα$)，但这也许只是流行的比喻。希罗多德本人显然对把战争视为"比赛"的重要性有些拿不准。在他想象中的薛西斯一世宫廷议战会上，希罗多德借与会的马东纽之口，[27]对希腊人的愚行不以为然，说他们起先庄严宣战，接下来选择辽阔平坦的战场，最后再去修整场地，让双方互相残杀，这对胜者和被征服者都有害。他表示，让使节或使者解决其争端要好得多，如若未能奏效、战争势在必行，当然可以让他们大战一番，但那样的话，各方都应选择易守难攻的最有利地形。[28]

每当文学颂扬高尚之战、豪侠之役，就会惹来批评之声，劝告人们在美好的荣誉观之外，还要考虑战略战术——此类情形似乎一再出现。而至于荣誉本身，中国和西方中世纪时期的战争传统简直如出一辙，令人惊讶。按葛兰言的简要描述，他所谓"封建时代"那个阶段的中国战争，除非君王的荣誉能在战场上增光添彩，否则就谈不上胜利。而增进荣誉靠的不是赢得优势，更不是充分发挥优势，而是展现中庸之道（moderation）。只有中庸才能证明胜者的英勇品德。晋（Chin）、秦（Ch'in）两国君主，面对面安营扎寨。两军列阵，并未开战。晚上，秦营遣使者告诫晋军做好准备:"两军不乏勇士！请明日交锋！"但晋军有人发现这位使者目光游移、言语露怯,秦军未战已败:"秦军害怕我们！他们要逃啦！把他们逼到河边,必定能打败他们！"而晋军并未出兵,敌军安全离营。某人的话足以说明问题:"伤亡士兵未收,不人道！没到预定时间就把敌人逼入险境,不勇敢！"结果,晋军按兵不动,敌人得以安然撤退。⁽²⁹⁾

地米斯托克利

希罗多德

有位得胜将领也以得体的谦恭姿态谢绝为自己在战场上设立"京观":"此事宜于古时,古者明王替天讨逆,以惩邪害。今无罪忽,而民皆尽忠以死君命,立此京观,其理何在?"⁽³⁰⁾

安营扎寨要按黄道的四个方向谨慎定位。在文化阶段(cultural epochs),比如中国古代,凡与军营布局相关的,均须严格规定,且充满神秘意义,因为军营仿照皇城建造,而皇城又仿效上苍。罗马营房无疑也有其仪式起源的痕迹——弗·穆勒⁽³¹⁾等人似乎持此观点。尽管这些遗迹在中世纪基督教世界已完全消失,但1475年大胆的查理围攻诺伊斯时⁽³²⁾,他豪华打造、华丽装饰的营帐还是透露出战争与比武

第五章 游戏和战争

围攻诺伊斯（Konrad Pfettisheim 作）

之间——也就是说战争与游戏之间——的密切联系。

同敌手互相客套的习俗，源自把战争当做高尚的荣誉游戏这个观念，这一习俗甚至在灭绝人性的当代战争中仍然留存。这种客套不乏某种讥讽成分，这也使其游戏特征更为明显。中国古代军事贵族常常互换一壶酒，追忆往昔更加和平的岁月，互致敬意，郑重其事地一饮而尽。[33]他们用各种吉言和礼仪互致问候，像格劳科斯和狄奥墨得斯那样交换武器。[34]甚至在围攻布列达时（不是因委拉斯凯支的《枪林》而名垂千古的 1625 年那场著名战事，而是 1637 年在奥兰治的腓特烈·亨利指挥下、荷兰军队收复布列达之战）[35]，西班牙要塞司令还下令把被困居民俘获的一乘驷马战车谦恭地送还其主人拿骚伯爵，并附送给他的军队九百荷兰盾。有时，敌手之间还会语带讥嘲地互相指点。再以中国为例。晋楚之间战事纷纭，在其中一场战斗中，有位武士令人恼火地耐心说明如何把陷入泥潭的战车解救出来,敌方士兵却报以恶毒的感谢:"我们的逃跑技术可不如你们大国那么有经验!"⁽³⁶⁾

枪林(Diego Velazquez 作)

腓特烈·亨利

1400年,有位菲尔内堡伯爵向亚琛城约战,规定日期和地点,并建议该城民众带上尤利西镇的肇事法警。⁽³⁷⁾这种约定战斗时间地点的做法,对于把战争看成荣誉比赛、同时也就是看成司法裁决来说至关重要。"标出"(staking out)用于战斗的场地就等于受到法庭的"庇护"(hedging in)(德语为 hegen)——古斯堪的纳维亚文献提及该做法也非常明确具体,据记载,战场是用木桩或榛树枝划出边界的。这层意思尚存于英语词组"pitched battle"(阵地战)中,表示是按军事规则进行的战斗。在真正的战争中,战场划界到底执行得如何很难说——划界本质上具有仪式性质,因此可用立起代表真实栅栏或围桩(paling)的标志象征性地来完成。⁽³⁸⁾而至于礼仪性地提议战争的时间地点,中世纪历史上这类例子比比皆是。的确,规则会遭到拒绝,提议会没人理睬,这也同时表明习俗具有纯粹的形式特征。安茹的查理捎信给荷兰的威廉伯爵,称"他和他的军队将在阿舍(Assche)荒野恭候伯爵三天"。⁽³⁹⁾同样,1332年,布拉班特的约翰公爵遣使将一柄出鞘之剑带给波希米亚的约翰王⁽⁴⁰⁾,提议星期三在指定地点交战,特意要求回复,如有必要,也可修改提议;虽说约翰王是骑士中的楷模,可他还是让公爵在雨中等了三天。克雷西会战前,法王与爱德华国王互致书信,法王提出两个地点和四个不同日期供选择进行战斗,想要更多选择也行;[41]英王回话称不会越过塞纳河,已经盼了敌军三天了。1367年,在西班牙纳赫拉,特拉斯塔马拉的亨利[42]为了迎战敌人,不惜一切代价放弃极为有利的阵地,来到旷野,结果战败。据同盟社[43]报道,广州(Canton)沦陷后,1938年12月,日军指挥官向蒋介石(Chiang Kai-shek)提议,为挽回军人面子,在华南的平原上来场交战,一决胜负,然后承认结果,终止"冲突"(incident)。

克雷西会战(Jean Froissart 作)

与约定时间地点相当,中世纪另有其他战争习俗,比如军队队形中的"至尊席位"(place of honour),还有胜方要在战场逗留三天。"至尊席位"之争十分激烈。有时先头部队军事行动的权利是由契约规定的,或公推为某些家族和望族的世袭特权——就此权利所起的纷争往往会造成流血后果。1396 年,一支精挑细选的骑士部队(法国前不久的战争印证了其致命弱点),耀武扬威加入十字军征讨土耳其,却为谁先攻打尼科堡[44]争执不休,白白贻误胜机,结果骑士团被歼灭。至于在战场逗留三天的习俗,我们能从司法"候审三日"(sessio triduana)这个屡见不鲜的规定中发现踪影。至少可以肯定,世界各地传说里记载的所有仪式化习俗中,我们都能看到,战争明显源自那个持续、激烈竞赛的原始领域,在那个领域,游戏和战争、正义、命运、机缘紧密交织在一起。[45]

荣誉和高尚[源自诸罪之首"傲慢"(Superbia)]的原始观念,在更发达的文明阶段,被正义观念取代,确切地说,是正义观念与之相伴,从此成为人类社会公认、急需的准则(无论付诸实施是何等艰难)——如今,人类社会已由氏族和部落的集合成长为众多民族和国家的联合。"国际法"源于竞赛领域,成为良心的观念或良心的呼声:"违背荣誉,即违背规则。"基于道德的一套完备的国际义务体制一旦形成,国与国之间就几乎容不下多少竞赛要素了,因为这种体制会竭力以真正意义上的正义和公平净化政治斗争的本性。理论上说,在受普遍认同的国际法约束下的国家共同体中,其成员国之间没理由进行对抗性战争。尽管如此,这个共同体也不会完全丧失游戏共同体的特征。其权利对等原则、外交礼节、执行条约方面互担义务以及一旦发生战争就正式中止和平,都在形式上类似游戏规则——因为只有游戏本身(即人类事务中对秩序的需求)得到公认,游戏规则才有约束力。我们可以从纯粹形式的意义上把整个社会都称为游戏,只要记住,这种游戏是全部文明的生存准则。

如今事已至此,国际法体制不再被公认为或奉为文化和文明生活的真正基础。一旦国家共同体某个成员国或更多成员国从实质上对

第五章 游戏和战争

国际法的约束性加以否认(无论是实际否认还是理论否认),声称自身群体(可以是民族、政党、阶级、教派或不拘其他)的利益和权力才是其政治行为的唯一准则,那么,不仅上古游戏精神的最后残余会杳无踪影,而且任何文明的主张也会随之绝迹。那时,社会将降至野蛮水平,而原始暴力的古老权利就会东山再起。

由此推断,没有游戏精神,也就不可能有文明。然而,即便在所有法律纽带瓦解、导致完全分崩离析的社会,竞赛冲动也不会丧失,因为这种冲动是天生就有的。想当第一的先天欲望,仍会使权力集团陷入冲突,或许还会使之进入冲昏头脑和狂妄自大等不可思议的极端状态。无论是信奉往日教条、把历史解释为"不可避免的、永远不变的"经济力量的产物,还是树立全新的世界观(Weltanschauungen)、仅仅给求胜争优的永恒欲望贴上伪科学标签,都没有多大差别。实际上这一直都是关于取胜的问题——但我们非常明白,这种形式的"取胜"是无利可图的。

文明萌芽阶段,争当一流无疑是对文明形成有着深远影响、起到提升文明作用的因素。这一因素与真正纯真的心灵和活力四射的荣誉感一起,造就了那种令人自豪的个人气概,这对于初期文化而言绝对必不可少。不仅如此,在这些一再发生的神圣竞赛中,文化形式自身得到发展,社会结构在其中展现出来。高尚生活被视为振奋人心的游戏,关乎勇气和荣誉。遗憾的是,即便在古代环境下,残酷痛苦的战争也很少提供机会让这种高尚游戏成为现实。血腥暴力怎么都不可能表现出真正高尚的形式,因此,游戏只有被当成社会虚构和审美虚构,才能充分得以体验和欣赏。这就是为什么社会精神时不时要试图逃避到英雄生活的美好想象中,这种生活是在荣誉、道德和美好的理想领域里上演(play out)的。

这种高尚争斗的理想,在神话和传说中得以实现,成为文明的一大诱因。这种理想屡次造就了军事化的竞技制度和仪式化的社会游戏制度,两者共同以诗意装点现实生活,中世纪骑士制度和日本武士道即是如此。这里,想象力本身就能影响贵族阶层的个人举止,鼓舞其勇气,增强其责任感。拥有适量地产的军事贵族听命于视同神圣或奉若神明的君主,而生活的核心责任就是效忠主上——在这样的社会里,高尚竞赛的观念尤为明显。只有在这种按封建制度建立的社会里,不会要求自由人劳作,骑士精神才会兴起,比武活动也才会随之盛行。只有在封建贵族制度下,才会极度严肃地起誓去完成空前壮举。只有在这种制度下,旗帜、盔冠和盾牌才会成为尊崇之物,骑士团才会激增,地位和排名才会成为生活中的头号大事。只有封建贵族才有时间做此类事情。这一整套理想、行为和制度的基本特征,日出之国大概要比中世纪基督教世界或伊斯兰世界更明显。日本武士认为,普通人觉得非同小可的事物,在勇士眼中不过是游戏。面对危险和死亡,保持高贵的自我克制,对他们来说是至高戒律。就此而言,我们可以大胆认为:前面提到的那种粗话骂人比赛,在这里可能表现为考验耐力的形式,在这种场合,举止克制、骑士风度就是勇士生活方式的证明。这种英雄气概有个特征,即高贵心灵对身外之物全然不屑一顾。日本贵族以不知道钱币价值或声称不知道钱币价值,来显示其修养和良好教养。据记载,有位名叫谦信的日本领主,与驻扎山区的另一位名叫信玄的领主交战,尚未与信玄领主公开为敌的第三方通知谦信,称已切断向信玄供盐。谦信领主对这种经济战深表不齿,于是令手下送盐给敌方,他说:"我打仗,不是靠盐,而是靠剑!"[46]

骑士精神、忠心耿耿、英勇无畏和自我克制的理想,无疑对保持这种理想的文明贡献良多。即使多是虚构和幻想,这种理想在公众生活与教育方面,也必定提升了格调。但在史诗想象和浪漫想象的影响下,信奉该理想的民族,其历史形象往往经历了迷人的转变;透过骑士

第五章　游戏和战争

上杉谦信

武田信玄

传统的幻象就能看到,有时这种转变甚至会诱使最平和之士去颂扬战争,颂扬的调门比战争实际应得的还要高。"战争是人类美德和造诣的源泉"——这是罗斯金对伍尔维奇军校生发表演说时的主题[47],阐发这个主题肯定颇费气力。他认为战争是和平时期所有纯粹、高尚艺术的绝对前提。"除了士兵的国度,世上从未产生过伟大的艺术……一个国家可能有的伟大艺术,无不基于战争","我发现,简而言之,"他接着说——他罗列历史证据时,不无某种幼稚的肤浅——"所有伟大国度都是在战争中学会了说真话,学会了有力度的思想;它们在战争中滋养,在和平中抛荒;受战争教导,遭和平蒙蔽;战争磨炼了它们,和平背弃了它们——一句话,它们生于战争,死于和平"。

　　上述言论饱含真理,而且这真理说得很尖锐。不过罗斯金马上收起辩锋,他宣称,并非*每场*战争都是如此。他说,他心目中真正所指的是"创意型战争或开创型战争——在这类战争中,人类天生的不安分和对竞赛的爱好,获准训练成美好的游戏模式——但这种游戏模式也可能是致命的"。他看出人类一开始就分为"两类,一类是劳动者,另一类是游戏者:一类人种地、做工、建房,还有就是供应生活必需品;另一类养尊处优、无所事事,因此不断需要消遣,在消遣中,他们把生产

游戏的人

罗斯金

劳作阶层半是当牛做马,半是当成死亡游戏里的玩偶或棋子"。罗斯金此说有超人哲学的味道,还有点廉价的幻觉派(illusionism)色彩。而对本书论题来说,这段话的重要性在于,罗斯金正确领会了古代战争的游戏要素。在他看来,"创意型或开创型"战争的观念,在斯巴达和中世纪骑士制度中变成了现实。不过,刚说过上面引用的一席话,他就难以掩饰自己的诚实、严肃、仗义,他收住奔逸的思想,为的是公开谴责"现代"战争——1865年的那场战争!——他显然想起了大西洋彼岸那场凶残的内战。[48]

人类品德(或许说"品质"更贴切?)中,有一种似乎直接源自古代贵族竞技式战斗生活:忠诚。忠诚就是听任自己由某人、某项事业或某种思想摆布,不必为此给出理由,不必怀疑能撑多久。注意,这种态度在很多方面与游戏相同。直接从游戏领域推导出这一"品德"(单

第五章 游戏和战争

纯的忠诚大有裨益,而反常后的狂热又如此恐怖),应该不算太牵强。不管怎样,可以断定,让骑士制度得以繁茂的土壤已经结出硕果,这是文明名副其实的首度收成。表现高贵气质的叙事诗和抒情诗、辉煌的装饰艺术、庄严的仪式——所有这些都来自"战争是高尚游戏"的古老观念。从骑士到十七世纪的"正派人"(honnête homme),再到近代的绅士,其间一脉相承。西方拉丁国家为这种受膜拜的品德加进了献殷勤的观念,结果骑士风度与谦恭求爱紧密交织,泾渭难辨。

还要说明一点。把所有这些称为"文明的首度收成",会有忽视其宗教起源的危险。在历史、艺术和文学中,我们视为美好高尚游戏的一切,都曾是宗教游戏。比武和打斗、骑士团、立誓、封爵,都是原始入会仪式的遗迹。这一长串演化过程的各个环节,我们已无从知晓。在对遗忘已久的往昔流传下来的某些文化要素进行人为保养乃至特意翻新中,我们所知的中世纪基督教世界的骑士制度消耗殆尽了。但繁琐的行为规范、文雅举止、纹章、骑士团和比武,甚至直到中世纪末期也并未完全失去意义。我在自己的早期著作[49]中试图描述所有这些的用意时,才第一次明白了文化和游戏之间的密切关系。

注释:

(1) 见本书第二章第57页。

(2) 英法百年战争期间发生过许多仪式化的战斗,其中最著名的当属1351年3月26日发生在法国西北布列塔尼(Brittany)的"三十人之战"(Combat des Trente)。为了荣誉和消遣,当地英法驻军约战:各出三十名战士相互厮杀。最终十多人阵亡。

(3) 见拙著《中世纪的衰落》第四版(斯图加特,1938),第141页。——原作者 "巴列塔约战"(Disfida di Barletta)是1503年2月13日在意大利东南巴列塔(Barletta)附近发生的一次比武。一名法国骑士酒后毁谤意大利人引发决斗,十三名意大利骑士和十三名法国骑士骑马比武,最后意大利骑士获胜,法国骑士赔付赎金。

(4) 荷兰语用 *oorlog* 一词表示战争,这个怪词来源不太清楚,但起码属于宗教领域或仪式领域。与该词对应的那些古日耳曼语族词汇的含义在"冲突"、"命运"和"不再受誓约束缚的状态"范围内。但表达以上三种情形是否都用同一词语尚不确定。赫伊津哈自己的英译手稿用"正常社会状态的中断"代替第三种情形。 ——英译者

(5) 瓦基迪(al-Waqidi)(约 748—约 822),伊斯兰史学家。著有《历史与战役》(*Kitab al-Tarikh wa al-Maghazi*)。

白德尔之战(Battle of Badr),穆斯林迁徙麦地那后与麦加古莱什部落的第一次重大战斗。624 年 3 月,穆罕默德率领三百余人截击一支麦加商队,在麦地那西南的白德尔与近千名麦加援军遭遇,按当时战场规则,敌方叫阵,一将对一将单挑。两军各出三将,古莱什三将被杀。随后两军混战,展开肉搏。结果穆斯林大获全胜。这次胜利巩固了穆罕默德的权威。

穆罕默德(Muhammad,约 570—632),伊斯兰教的复兴者、先知。

古莱什部落(Koraishites),伊斯兰教兴起时统治麦加城的阿拉伯部落。

(6) 瓦基迪著作,威尔豪森编,第 53 页。 ——原作者

威尔豪森(Julius Wellhausen,1844—1918),德国宗教学家。

(7) 图尔的格里高利著作,第二章第 2 节。 ——原作者

图尔的格里高利(Gregory of Tours,538—594),法国史学家、主教。著有《法兰克人史》(*Historia Francorum*)。

(8) 汪达尔人(Vandal),阿勒曼人(Aleman),均为古日耳曼部落。

(9) 见前引弗雷德加留斯著作第四章第 27 行。 ——原作者

瓦兹河(Oise),法国北部河流。

墨洛温王朝(Merovingian),481 年—751 年统治法兰克王国的第一个王朝。

弗雷德加留斯,狄奥多里克,基耶兹,见第四章注(13)。

(10) 参见拙著《中世纪的衰落》第 134 页。 ——原作者

(11) 伊拉斯谟的《书简》(*Opus epistolarum*),第七卷,第 2024 封第 38 行以后,第 2059 封第 9 行。 ——原作者

第五章　游戏和战争

　　查理五世(Charles V,1500—1558),神圣罗马帝国皇帝。
　　弗朗索瓦一世(François I,1494—1547),法国国王(1515—1547 在位),在意大利战争中败给查理五世。

(12) 前引书第 555 页。　　　　　　　　　　　　　　　——原作者
　　布鲁奈,见第四章注(13)。

(13)《德国司法史教程》[*Lehrbuch der deutschen Rechts-geschichte*(原文误为 *Religionsg*)](莱比锡,1907)第 89 页。　　　　　　　　　——原作者
　　理查·施罗德(Richard Schröder,1838—1917),德国法学家。

(14) 诺曼人(Norman),又称"维京人",八世纪开始从北欧向外扩张。

(15) 西敏寺(Westminster),又译威斯敏斯特,位于伦敦西部,英国行政中心。
　　童山田监狱(Tothill Fields),建于 1618 年,1884 年被征用,现址为威斯敏斯特主教座堂。

(16) 牧师会法规(capitulars),是加洛林王朝(Carolingian)(八世纪中叶至十世纪统治法兰克王国的王朝)所颁法规、法令的泛称。

(17) 前引书第 337 页。　　　　　　　　　　　　　　——原作者
　　布莱克斯通,见第四章注(19)。

(18) 哈里森的《忒弥斯》第 258 页。　　　　　　　　——原作者

(19) 蒙田(Montaigne,1533—1592),法国思想家。
　　亨利,指亨利三世(Henri III,1551—1589),法国国王(1574—1589 在位)。
　　吉斯公爵(Duc de Guise),法国贵族封号,1528 年创立。
　　黎塞留(Richelieu,1585—1642),法国政治家。
　　路易十四(Louis XIV,1638—1715),法国国王(1643—1715 在位)。

(20) 优卑亚(Euboea),又译埃维亚,希腊第二大岛,位于爱琴海西部。
　　卡尔西斯(Chalcis)、爱勒特里亚(Eretria),位于优卑亚岛的古希腊城邦。

(21) 阿耳忒弥斯(Artemis),古希腊神话中的狩猎女神、月神。

(22) 萨拉米海战,公元前 480 年希波战争中双方舰队在希腊萨拉米湾(Salamis)进行的决定性战役。希腊舰队以损失四十艘战船的代价,取得了击沉两百余艘波斯战船的战绩,是世界海战史上以少胜多、以弱胜强的典型战例。

(23) 波塞冬(Poseidon),古希腊神话中的海神。

(24) 地米斯托克利(Themistocles,约524—459),古雅典政治家和统帅。

(25) 见古希腊史学家希罗多德(Herodotus,约前484—前425)的《历史》(Histories)第八卷第123—125节。

(26) 米卡里之役,公元前479年,希腊舰队在米卡里湾(Mycale)击溃波斯舰队。希罗多德,见前注。

赫勒斯滂海峡(Hellespont),现称达达尼尔海峡(Dardanelles Strait),位于小亚细亚半岛与巴尔干半岛之间,亚洲与欧洲分界处。

(27) 薛西斯一世(Xerxes,约前519—前465),波斯国王(前485—前465在位)。马东纽(Mardonius,? —前479),希波战争期间波斯指挥官。

(28) 《历史》第八卷第123—125节。　　　　　　　　　　——原作者

此处原注释有误,应为第七卷第9节。

(29) 《中国文明》第272—273页。　　　　　　　　　　——原作者

(30) 京观,古代为炫耀武功,聚集敌尸,封土而成的高冢。

(31) 弗里德里希·穆勒(Friedrich Müller,1863—1930),德国东方学者。

(32) 大胆查理(Charles the Bold,1433—1477),法国最后一个独立的勃艮第公爵。诺伊斯(Neuss),德国古城。

(33) 同注(29),第268页。　　　　　　　　　　——原作者

(34) 格劳科斯(Glaucos)和狄俄墨得斯(Diomedes),分别为史诗《伊利亚特》中特洛伊和希腊的将领。他们在战场相遇,忆起祖辈交情,两人握手言和,互换铠甲。见《伊利亚特》第六卷第119—236行。

(35) 委拉斯凯支(Diego Velasquez,1599—1660),西班牙画家。

《枪林》(Lances),又名《布列达的降服》(La rendición de Breda),是委拉斯凯支以西班牙殖民军1625年7月25日攻克荷兰军队要塞布列达(Breda)为素材创作的历史画。

腓特烈·亨利(Frederick Henry,1584—1647),荷兰政治家、军事统帅。他的封号包括奥兰治亲王(Prince of Orange)和拿骚伯爵(Count of Nassau)。

(36) 同注(29),第269页。　　　　　　　　　　——原作者

(37) 威·厄本的《中世纪军事史》(*Kriegsgeschichte des Mittelalters*)(慕尼黑，1929)第95页。　　　　　　　　　　　　　　　　——原作者

威海姆·厄本(Wilhelm Erben,1864—1933)，奥地利史学家。

(38) 比较一下我们的说法"beyond the pale"(在……范围以外)。　　——英译者

(39) 梅里斯·斯托克的《韵史》(*Rijmkroniek*)，威·杰·布里尔(W. G. Brill)编，第三卷，第1387行。　　　　　　　　　　　　　　　　——原作者

安茹的查理(Charles of Anjou)，即查理一世(Charles I,1227—1285)，西西里国王。

威廉伯爵(Count William,1228—1256)，指威廉伯爵二世，荷兰伯爵。

梅里斯·斯托克(Melis Stoke,约1235—约1305)，荷兰作家。

(40) 约翰公爵(Duke John)，指约翰公爵三世(1300—1355)，布拉班特(Brabant)公爵。布拉班特是位于今比利时境内的一个公国。

约翰王(King John,1296—1346)，波希米亚(Bohemia)国王。波希米亚是中欧古地名，位于现捷克中西部。

(41) 参见厄本前引书，第93页；并参见拙著《中世纪的衰落》第142页。

　　　　　　　　　　　　　　　　——原作者

克雷西会战(Battle of Crécy)，英法百年战争中的经典战役，发生于1346年8月26日。英王爱德华三世(Edward III,1312—1377)率军侵入法国，与法王腓力六世(Philippe VI,1293—1350)的部队战于克雷西，法军伤亡惨重，腓力六世受伤，被迫退兵。

(42) 纳赫拉(Najera)，西班牙北部小镇。

特拉斯塔马拉的亨利(Henry of Trastamara,1334—1379)，西班牙卡斯蒂利亚国王。

(43) 同盟社(Dōmei Agency)，日本国家通讯社。1936年成立，1945年10月日本战败后解散。

(44) 尼科堡(Nicopolis)，保加利亚北部重镇。1396年，尼科堡会战在此打响，结果十字军被土耳其军队击败。

(45) 厄本前引书，第100页；拙著《中世纪的衰落》第149页。　　——原作者

(46) 新渡户的《日本人的精神》(The Soul of Japan,东京,1905),第35、98页。

——原作者

谦信,指上杉谦信(Uesugi Kenshin,1530—1578),日本战国时期名将。

信玄,指武田信玄(Takeda Shingen,1521—1573),日本战国时期名将。

新渡户稻造(Nitobe Inazō,1862—1933),日本政治家、农学家、教育家。

(47) 罗斯金(John Ruskin,1819—1900),英国作家、批评家、社会活动家。

伍尔维奇(Woolwich),位于伦敦东南,英国第一所皇家军校所在地。

(48)《野橄榄花冠:工业与战争四讲》(The Crown of Wild Olive:Four Lectures on Industry and War)第三讲:战争。 ——原作者

1865年的战争,指的是美国南北战争。

(49)《中世纪的衰落》,第二章至第十章。 ——原作者

第六章

游戏和知识

　　力争一流的表现形式多种多样,社会为之提供的机会有多少,表现形式就有多少。人们争优夺胜的方法,也和赌博中的奖项同样丰富。裁决可以交付机缘、体力、机敏或血战,也可以来场比赛,较量勇气、耐力、技艺、知识、吹嘘和诡诈。可能要考验体力,或比试技能;可能须浇铸利剑,或妙笔生韵;也许要回答提问。竞争可采取神谕、赌博、诉讼、起誓或猜谜等形式,但无论采取何种形式,它始终是游戏,而我们正是从这个观点阐释其文化功能的。

　　所有文化对比赛习俗的描绘都惊人地相似,这种相似,也许哪里都不及在人类思想领域自身即知识和智慧领域那么显著。对古人来说,行动和勇敢是力量,而知识是神奇的力量。在古人看来,所有特殊知识都是神圣的知识——玄奥而神奇的智慧,因为任何知识都同宇宙秩序本身直接相关。事物进程都是安排好了的,这是神灵的旨意,仪式维系其存在,为的是存续生命、拯救人类——这种宇宙秩序或梵语中所谓的 ṛtam(真谛),受到了有关神圣事物及其神秘称谓的知识以及世界起源知识最强力的捍卫。

　　因此,神圣节庆上必有此类知识竞赛,因为口头言语会直接影响世界秩序。玄奥知识领域的竞赛深深扎根于仪式,并构成仪式不可或缺的一部分。圣者(hierophant)轮流或以挑战方式互相发问,这些问题都是最完整意义上的谜语,除了宗教含义外,酷似文字游戏里的谜语。仪式上这些猜谜比赛的功能,吠陀传说中表现得最清楚。在盛大祭日上,猜谜和祭祀本身一样,是仪式必不可少的一部分。婆罗门[1]就 *jātavidyā*(关于起源的知识)或 *brahmodya*(最好可以译为"对神圣事物的看法")进行比赛。从这些称谓可以明白,所提问题主要是有关宇宙演化性质的。《梨俱吠陀》中不少颂诗,就用诗体直接保存了此类竞赛。比如第一卷颂诗中所提问题,有的与宇宙现象有关、有的与祭祀过程细节有关:

"我问你可知大地的尽头?我问你何处是大地的脐心?我问你可知种马的后裔?我问你何处是言辞的尊席?"[2]

第八卷颂诗用十个代表性谜语描绘主神特征,而每位主神的名字都要作为谜底跟在后面:

"其中有位小青年,肤色棕红形善变,秉性慷慨又大方,黄金饰品戴身上(苏摩)。另一位光芒四射返母体,诸神中数他最聪明(阿耆尼)[3]。"

这些颂诗中,主导要素是其谜语形式,解谜靠的是有关仪式及其象征的知识。而在谜语形式中潜伏着关于万物起源的最深奥学问。保罗·道森的看法不无公允,他认为,第十卷颂诗"大概是远古时代传给我们最出色的哲学篇章"。[4]

"彼时无有,亦无非有。并无空界,空外无天。中藏何物?藏于何处?谁使围之?深渊壁立,中皆水乎?

"彼时无死,亦无非死;黑夜白昼,混沌不分。吐纳无风,外皆无存。"[5]

这里,疑问式的谜语,部分换成肯定式,但颂诗的诗体结构仍反映了原先的谜语特征。第五节之后又回到疑问式:

"宇宙万物,生于何处?来自何方?谁人知晓?谁来宣扬?"

一旦承认这首颂诗源于仪式上的谜语歌谣(而谜语歌谣又是对现实中猜谜比赛的文学加工),猜谜游戏与深奥哲学之间的渊源关系就非常令人信服地建立起来了。

《阿闼婆吠陀》[6]中一些颂诗,如第十卷第七首和第八首,似乎就在同一标题下把一连串神秘问题串了起来,这些问题有的有答案,有的没解答:

"一个个满月哪儿去了?一个个弦月哪儿去了?满月弦月相会的那一年哪儿去了?季节哪儿去了?——告诉我它们的根基(*skambha*)[7]在哪里!白昼和黑夜,这两位少女外表各异,她们匆匆要去哪里?江河匆匆要去哪里?告诉我它们的根基在哪里!"

"为何风不静?为何思不息?渴望真理的流水啊,为何一刻不停歇?"

沉浸于存在之谜的古代思想,此刻又在宗教诗歌、深奥智慧、神秘主义和纯粹玄言妙语之间的边界上徘徊。这些激动言辞中的每个独立要素,用不着我们一一解释。身兼诗人的祭司不停地敲击着未知之门,这扇门对他紧闭,也对我们紧闭。面对这些神圣经文,我们只能说,我们在其中目睹了哲学的诞生,不过不是诞生于无用的游戏,而是诞生于神圣的游戏。无上智慧被当成秘传绝技(*tour de force*)来信奉。我们可以顺便指出,诸如"世界如何产生"此类宇宙演化问题,是人类思想最为关注的事情之一。实验儿童心理学表明,六岁儿童提的大部分问题,其实都是宇宙演化之类的问题,如:什么让水流?风从哪里来?什么是死亡?等等。[8]

吠陀颂诗的那些谜题,是《奥义书》深奥言论的前身。然而,这里我们关心的不是宗教谜语的哲学深度,而是其游戏特征及其对文明本身的重要意义。

猜谜比赛远不只是消遣——它是献祭仪式的组成部分。解谜和献祭本身一样不可或缺。[9]它强化了神灵的干预。在西里伯斯岛中部的托拉查人中,可以见到类似古代吠陀的有趣习俗。[10]他们宴庆期间

107

出谜语受到严格的时间限制:始于稻谷"拔节"之际,直到收割时节。"猜中"(coming out)谜语自然有助于稻穗"开花"(coming out)。每当谜语破解,歌咏队就齐唱:"开花喽,稻子!开花喽!饱满的稻穗哟,漫山遍野!"而临近"拔节"前,不许有任何文学活动,因为这可能会危及水稻生长。wailo 一词既指"谜"又指"黍"(即田里所有产物),黍的重要地位后来被稻取代。⁽¹¹⁾再举瑞士格劳宾登地区一个非常类似的例子,据说⁽¹²⁾,那里"居民表演愚蠢的把戏,谷物生长会更茁壮"(thorechten abenteur treiben, dass ihnen das korn des tobas geraten sölle)。

研究吠陀文献尤其是**梵书**⁽¹³⁾的学者都知道,那些文献对万物起源的解释形形色色,前后矛盾,往往牵强附会,难以捉摸。这些解释不成体系,条理不清。不过,倘若还记得这些关于宇宙演化的思考具有基本游戏特征,还记得它们全来自仪式上的猜谜,我们就会领悟到,这种混杂与其说来自祭司吹毛求疵的习惯(每人都一心想拔高各自的祭品压倒他人),与其说来自随心所欲的幻想⁽¹⁴⁾,还不如说来自这种情形——无数自相矛盾的解释都曾是对仪式上所出谜语的种种不同解答。

谜语是神圣之物,充满了隐秘力量,所以也是危险之物。在神话或仪式语境中,谜语差不多都是德国语言学家熟知的**断头谜语**(*Halsrätsel*)或"致命谜语"(capital riddle),猜不中就掉脑袋。玩猜谜游戏的人命悬一线。由此推断,出个没人猜得中的谜语,会被当成无上智慧。这两个主题在古印度遮那迦王传说中合二为一——他在出席祭献庆典的婆罗门中举行了一场有关神学的猜谜比赛,奖品是一千头牛。⁽¹⁵⁾聪明的雅若洼基夜预感肯定能赢,就事先把牛群赶到自己那里,果然击败了所有对手。有位对手名叫卫多格陀·沙恪勒(Vidaghdha Sakalya),没猜出谜底,真的输掉了自家脑袋,身首异处,脑袋滚落

第六章 游戏和知识

女神向雅若洼基夜显灵

脚下。该事件显然是"答不出者处死"这一主题的诲谕版。最后没人再敢提问,雅若洼基夜得意洋洋地嚷道:"尊敬的婆罗门,还有谁想问我,尽管问,诸位一起来问也成。要不我随便问哪位,或者问诸位!"整个过程的游戏特征一清二楚。神圣知识也在和自己玩游戏。是否真有人因为没猜出谜底而丢了脑袋,这难以确定,说穿了也不重要。此类故事收入神圣经文究竟有多当真,同样难以确定,说穿了同样不重要。最稀奇之处不在于此。最重要的、真正值得注意的,是游戏主题本身。

希腊传统也有猜谜和处死的主题,见于先知卡尔卡斯和摩普索斯的故事。预言称如果卡尔卡斯遇见比他聪明的先知,卡尔卡斯就会死去。后来他邂逅摩普索斯,两人开始猜谜比赛,摩普索斯赢了。卡尔卡斯郁郁而终,还有说法是恼羞自尽,随从也归顺摩普索斯。[16] 我认为,在这个例子中,"致命谜语"的主题显然不言而喻,但模式有变。

这种拿生命当赌注的猜谜比赛,是《埃达》神话重要主题之一。在《巨人瓦弗鲁尼尔之歌》(*Vafthrúdnismal*)中,奥丁[17]与无所不知的巨人瓦弗鲁尼尔(Vafthrúdnir)斗智,彼此轮流发问。问题不外乎神话和宇宙演化之类,与前引吠陀经文相似:昼夜从哪儿来?冬夏呢?还有风?在《阿尔维斯之歌》(*Alvissmál*)中,托尔问侏儒阿尔维斯,阿萨神族、华纳神族(Vanes)(《埃达》众神中的分支)是如何称呼万物的?人类、巨人、侏儒又是如何称呼万物的?最后,冥界(Hel)那里又是如何称呼万物的?而比赛还没结束,天就亮了,侏儒被带上了镣铐。《费厄尔斯维恩之歌》(*Song of Fjölsvinn*)模式相仿,《海依德雷克王的谜语》(*Riddles of King Heidrek*)也是如此,海依德雷克王郑重宣告,谁能出一个他猜不着的谜语,就能暂缓一死。这些诗歌绝大多数见于《新埃达》,专家认为,这些诗歌不过是刻意为诗的例证,这种说法也许是对的。不过,它们与远古猜谜比赛的联系非常明显,这一事实不容否认。

回答谜语靠的不是沉思或逻辑推理。答案完全就是突然解开(*solution*)——发问者捆住你的那个结松了。由此可以推断,给出了正确答案,就会使发问者无力抵挡。原则上,每个问题只有一个答案。如果熟悉游戏规则,就能找到答案。这些规则有的是语法规则,有的是诗歌规则,有的是仪式规则,视具体情况而定。你要懂得内行的秘语,熟悉代表各种现象的每个符号(比如轮、鸟、牛等等)的意义。假如证明可能另有答案,这个答案合乎规则,而发问者又没想到,他的处境就不妙了:他掉进自己设下的陷阱。另一方面,一件事物可以用很多方式象征地表达,这就容许它有多个谜面。在大多数情况下,解谜全靠对事物的隐秘名称或神圣名称的了解,正如前引《阿尔维斯之歌》里提到的一样。

这里,我们关注的不是谜语的文学形式,而只是谜语的游戏性质

第六章 游戏和知识

及其文化功能。因此,我们无须深究"riddle"(谜语)(德语为 *Rätsel*)和 *Rat*(劝告)或 *erraten*(猜)之间的词源联系和语义联系。荷兰语中,动词 raden 甚至今天也还有"劝告"和"解(谜)"之义。同样,αἶνος(句子或谚语)和 αἴνιγμα(谜)也关系密切。从文化上说,劝告、谜语、神话、传说、谚语等等都密切相关。记住这些就够了,接下来再讨论谜语演化的各种方向。

我们可以得出结论:谜语本来是神圣游戏;作为神圣游戏,谜语完全打消了游戏和严肃之间可能存在的区别。它同时是这两者:既是最重要的仪式要素,但本质上又是游戏。随着文明演进,谜语也朝两个方向分岔:一是神秘哲学,一是消遣。但是我们不能把这种演进认为是从严肃退化为游戏,也不能认为是从游戏升华到严肃层面。确切地说,在区分为游戏和严肃这两类精神生活中,文明逐渐产生了某种分化,而游戏和严肃原本构成了统一的精神培养基,文明即源于其中。

俄狄浦斯与斯芬克斯　　　　俄狄浦斯与斯芬克斯
(Gustave Moreau 作)　　　　(Jean-Auguste Ingres 作)

145

谜语,或者说得不那么具体——所提问题,除了其魔法效果外,还是社会交往的重要部分。作为社会消遣方式,谜语适用于各类文学形式以及有节奏的形式,比如连环问(the chain-questions),一个问题引来又一个问题;又如升级问游戏(the game of superlatives),一个问题超过一个问题,有个众所周知的类型:"有什么比蜜还甜呢?"[18],等等。希腊人非常爱玩一种名叫 *aporia* 的文字游戏,游戏中提的问题不可能彻底解答,这种游戏可以视为弱化形式的"致命谜语"。在后来的猜谜游戏形式中,"斯芬克斯之谜"[19]仍在微弱地回响——死刑主题一直处于幕后。亚历山大大帝召见印度"天衣派"的故事,就是这一传统主题修正模式的典型事例。征服者占领了一座胆敢抵抗的城镇,于是召来主张守城的十位哲人。征服者本人提出许多无法解答的问题,要他们回答。答错的惩罚是处死,答得最差的先死。十位哲人中的一位当判官。如果他的判决被认为是对的,他就可以活命。绝大多数问题是有关宇宙性质的两难问题,是神圣吠陀谜语的变体,如:活的死的哪个多?陆地海洋哪个大?白天黑夜谁先来?答案与其说是典型的神秘智慧,还不如说是逻辑把戏。最后提问:"谁答得最差?"机智的判官答道:"一个比一个差!"这就打乱了整个计划,因为没人会被处死了。[20]

这种蓄意"套住"对手的问题,确切地说叫"两难"(dilemma)。回答这种问题,迫使对手承认原来问题不包含的其他内容,常会使对手陷于不利局面。[21]两解的谜语也是如此,其中较明显的那个谜底是淫秽的。此类谜语见于《阿闼婆吠陀》。[22]

谜语衍生出的一种文学形态值得特别关注,因为它以非常醒目的方式展现了宗教和游戏之间的联系。这就是哲学或神学诘辩(interrogative discourse)。主题总是相同的:一位哲人被另一位哲人或一帮哲人盘问。查拉图斯特拉须回答维斯塔巴国王手下六十位哲人的提问,所罗门要答复示巴女王的问题。[23] 梵书文献有个热门主题:年轻

第六章　游戏和知识

信徒(梵志[24])来到王宫,在那里受到年长信徒的提问,后来,由于他的回答明智聪慧,角色起了变化,他开始向他们发问,以此表明他是大师而非学徒。不用说,这个主题与古代仪式中的猜谜比赛关系极为密切。就此而论,《摩诃婆罗多》里有个故事颇具代表性。般度族五兄弟流浪到森林里一处美丽的水潭,护潭水神禁止他们饮用潭水,除非能答出他提的问题。凡不顾警告者都倒地而死。于是,坚战自告奋勇准备回答水神的问题,接着就进行问答游戏。几乎整个印度道德体系都在游戏中得到阐释——这是从神圣的宇宙演化谜语转向"智力游戏"(jeu d'esprit)的明显事例。确切地说,宗教改革运动中的神学争论,比

《真十字架传说》中描绘的所罗门王和示巴女王(Piero della Francesca 作)

如 1529 年路德与慈运理在马尔堡的争论、1561 年泰奥多尔·贝扎及加尔文派教友与一帮天主教教士在普瓦西的争论[25]，都不过是直接延续了古老的仪式习俗。

马丁·路德

慈运理

马尔堡之辩

拿巴利语论辩集《弥兰陀王问经》(弥兰陀王的问题)来说，诘辩这

第六章 游戏和知识

种文学产物特别有趣。弥兰陀王是公元前二世纪统治大夏的希腊—印度诸邦的一位君主。[26]《弥兰陀王问经》虽未正式收入南传佛教经典著作《三藏》,却受到南传佛教信徒及其北传佛教教友的顶礼膜拜。[27] 该经文应作于纪元初前后。我们在经文中看到弥兰陀与大阿罗汉[28]那先的辩论。该文主旨纯粹是哲学和神学内容,但在形式和语气上类似猜谜比赛。其序言就很典型:

王问:"那先尊者,你愿和我交谈吗?"

那先答:"若陛下以智者身份和我交谈,我就愿意;若陛下以国王身份和我交谈,我就不愿意。"

"请问那先尊者,智者如何交谈?"

"智者被逼走投无路不会恼羞成怒,国王却会。"

弥兰陀王问经

于是国王同意和他平等交谈,就像安茹公爵玩的 *gaber*(自夸)一样。[29] 王宫里的贤士也参加,听众另有五百位奥那世界人(即爱奥尼亚人和希腊人),[30] 不用说还有八万佛教僧侣。那先满不在乎地提问,该问题"可以从两方面看,非常深奥难解,比打的结还紧"。国王的那些贤士埋怨那先用旁门左道的刁钻问题刁难他们,而很多问题确实是典型的两难问题。那先问起来总是得意洋洋:"陛下,请答题!"这样,佛教教义基础问题便以纯粹的苏格拉底式对话[31]展示在我们面前。

《新埃达》的开篇名叫《古鲁菲受骗记》,也属神学诘辩体。甘里瑞先靠耍弄七柄宝剑,吸引古鲁菲王关注其才技,随后开始和哈尔辩论[32]——辩论用的是打赌形式。

《古鲁菲受骗记》手稿中的插图

有关万物起源的神圣猜谜比赛逐渐演变为以荣誉、财富或宝贵生命打赌的刁钻问题比赛,最后再演变为哲学论战和神学论战。与神

第六章　游戏和知识

查拉图斯特拉

学论战密切相关的是其他对话形式,例如连祷⁽³³⁾和宗教教义问答。所有这些形式,在《火教经释义》的教规那里混杂在一起,难分难解,这在其他任何地方都找不到——其教义主要是通过查拉图斯特拉与阿胡拉·马兹达之间一系列问答呈现出来的。⁽³⁴⁾尤其是祭献仪式所用的礼拜经文《祷词》⁽³⁵⁾,仍留有原始游戏形式的诸多痕迹。关于教义、伦理和仪式的典型神学问题,与远古(也许是以前的印度波斯)宇宙起源之谜相近,《祷词》第44节可见一斑。每首诗都以查拉图斯特拉提问开场:"我问你这个问题,告诉我正确答案,阿胡拉!"而问题本身则以"是谁……?"开头。例如:"是谁下撑地、上顶天,不让它们塌陷?""是谁御风疾行、与天共转?""是谁造出神圣的光明和黑暗……造出苏醒和睡眠?"临近结尾处有个段落值得注意,这段文字清晰地表明,我们所涉及的是古代猜谜比赛的遗迹:"我问你这个问题,告诉我正确答案,阿胡拉!我会得到十匹公马、一匹种马和一头骆驼的奖品吗?你答应过我的。"除了宇宙起源问题,还有别的诸如有关虔诚的由来和定义、善恶之分、纯杂之别以及战胜恶魔的最佳方法等更具教理问答性质的问题。

其实,有位与裴斯泰洛齐(36)同一国度同一时代的牧师,就曾为儿童写过一本教义问答,取名"猜谜小册子"(*Rätselbüchlein*),他不会想到,这个书名使他如此接近一切教义问答和宗教信条的真正源泉!

弥兰陀王那种哲学争论与神学争论,在后世君主同其朝臣或外来哲人之间带有科学或学术特点的宫廷对话中依然存在。我们知道出自腓特烈二世皇帝(霍亨斯陶芬王朝的西西里国王)的两次问询,一次是同其宫廷占星家米迦勒·司各脱的谈话(37),另一次是同摩洛哥的伊斯兰学者伊本·萨宾(38)的谈话。前一次谈话与我们的主题尤为相关,因为这场谈话向我们展示的宇宙演化古老谜题,混杂了神学以及腓特烈特别热心扶植的新科学精神。什么支撑着大地?苍天有几重?上帝如何坐在御座上?打入地狱的灵魂和堕落天使的灵魂有啥不一样?大地全是实心的呢,还是有些地方中空?海水怎么会这么咸?为啥会八面来风?火山喷发原因何在?死者魂灵为何显然不愿返回大地?如此等等。旧语新声掺在一起了。

向伊本·萨宾提出的第二组"西西里之问"更有哲理,具有怀疑派、亚里士多德式的风格,但同样显示出古代精神的痕迹。年轻的伊斯兰哲学家对国王直言不讳:"你提的问题又愚蠢又别扭又矛盾!"皇帝却欣然接受,不以为忤——对此,其德国传记作者汉佩(39)表扬他

第六章　游戏和知识

腓特烈二世皇帝

"仁慈"。很可能腓特烈就像弥兰陀一样,懂得玩问答游戏必须地位平等——所以,借用古代那先的话,游戏者交谈"不是以国王身份而是以智者身份"。

　　后期希腊人全然明白猜谜和哲学起源之间的关系。亚里士多德有位学生叫克勒库斯,他在论谚语的文中提出有关猜谜的理论,这说明谜语曾是哲学话题。他说,"古人以此证明他们有教养($παιδεία$)"[40],这句话明显指前面论及的哲学式猜谜。希腊哲学早期成果源自那些远古谜语问题,得出这个结论的确不会太费劲,也不会太牵强。

　　"问题"($πρόβλημα$)一词的字面意思是"扔到你面前的东西",该词本身在多大程度上表明挑战是哲学观点的起源,我们撇开不谈。我

153

们可以肯定,从最早的哲学家直到后来的诡辩派和演说家,总是以典型的斗士形象出现的。他挑战对手,严词批评攻击他们,以古人那种孩子般的自信把自己的观点吹捧为唯一真理。最早的哲学样本,在风格和形式上都是辩论式和论战式的——它们总是以第一人称单数行文。埃利亚的芝诺[41]攻击对手用的是 *aporias* ——即表面上从对方的前提出发,不过目的是要得出两个彼此矛盾、互相排斥的结论。这种形式无疑接近谜语。芝诺问:"空间若是物,所处何物中?"[42] 在"神秘哲学家"赫拉克利特看来,自然和生命是 *griphos*(谜),他本人就是解谜人。[43] 恩培多克勒的那些言论,听上去更像是谜题的玄奥谜底,而不像冷静的哲学——那些言论还披上了诗歌的外衣。他关于动物生命起源的怪诞想象,即便放到荒诞迷乱的古印度梵书论著中,也不会显得格格不入:"从她(大自然)那里生成了众多没脖子的脑袋,缺肩膀的手臂独自游荡,少了面庞的眼睛浮在半空。"[44]

最早期的哲学家以预言和狂热的口吻说话。他们极端自信,就像祭司或秘法师一样。他们的问题涉及万物之源(*fons et origo*)、涉及 *άρχή*(开端)和 *Φύσις*(本质);他们的答案不是靠深思和论证,而是靠顿悟。那些古老的宇宙演化难题总是一个样,远古时代就以谜语形式提出来,并用神话解答。对宇宙形态的思考,要想成为哲学和科学,就

赫拉克利特

恩培多克勒

第六章 游戏和知识

必须摆脱神话宇宙学的那些奇思妙想,比如毕达哥拉斯学派关于一百八十三个世界一起排成等边三角形形状的构想。[45]

所有这些早期哲学思考的尝试,都浸透着对抗式宇宙结构的强烈意识。生命进程和宇宙进程,被视为对立面的永恒冲突,这是存在的基本原则,就像中国人所说的阴和阳。赫拉克利特认为,斗争是"万物之父",恩培多克勒则假设 $\varphi\iota\lambda\acute{\iota}\alpha$(吸引)和 $\nu\varepsilon\tilde{\iota}\kappa o\varsigma$(排斥)是支配宇宙永恒进程的两大原则。古代哲学里的对立倾向在古代社会对立、对抗结构中得到了充分反映,这绝非偶然。人类已经长期习惯于认为所有事物都分裂成对立面并由冲突主宰。赫西俄德承认存在有害的争吵女神厄里斯,也承认存在有益的厄里斯(斗争也能带来好处)。

毕达哥拉斯

因此,和这一观点相一致,万物的永恒斗争[即 Physis(大自然)的斗争],有时也被视为法律上的斗争。这种观点非常清楚地显示出古代文化的游戏特征。魏纳·耶格认为,Kosmos、Diké、Tisis(秩序、正义、惩罚)等观念都来自它们所属的法律领域,并转用于宇宙进程,这就可以从法律诉讼的角度加以认识。[46] 与此类似,他指出,$\alpha\iota\tau\acute{\iota}\alpha$ 一词本指法定罪行,只是后来才变成普遍接受的自然界因果观念。遗憾的是,阿那克西曼德对宇宙进程是司法程序这种看法的表述，仅留下断章残卷：[47]"万物必定消亡，消亡的原理也就是万物产生的原理（即无限），因为万物须按时间法则，互相补偿并弥补所犯过失。"很难说这段话明白易懂。但不管怎样，它含有宇宙寻求补救原初过错之义。无论这段话是什么意思，它都让我们瞥见一种深刻思想，使人猛然想起基督教教义。[48] 不过，我们须自问：这段格言反映的究竟是以公元前五世纪为代表、已臻成熟的有关治国理政和司法审判的希腊思想阶段呢，还是前面论及的更古老层面的司法见解呢？那时，司法和惩罚的观念仍与占卜抽签和徒手格斗的观念相混杂，简而言之，那时，法律程序还是神圣游戏。恩培多克勒有一残篇，说的是元素之间的强大比赛，提及要在"由一个伟大誓言"约定的时间内进行。[49] 这是个神话神秘交织的命题，估算出其全部意义是不可能的。唯一可以确定的是，这位身兼先知的哲学家，其思想仍在以神判作答的仪式化争斗领域内运作——而这个仪式化争斗领域，正如我们所见，是古代法律和司法的真正根源。

注释：

（1）婆罗门（Brahmin），古印度祭司贵族。掌握神权，在古印度种姓制度中社会地位最高。

（2）参见《梨俱吠陀颂歌》（*Hymns of the Rig-Veda*）["东方圣典"丛书（*Sacred Books of the East*）]。　　　　　　　　　　　　　　　　——原作者

（3）苏摩（Soma），印度神话中的树神、月神、酒神。
　　阿耆尼（Agni），印度神话中的火神。

（4）《哲学通史》（*Allgemeine Geschichte der Philosophie*）第一卷（莱比锡，1894），第12页。　　　　　　　　　　　　　　　　　　　　　　——原作者
　　保罗·道森（Paul Deussen，1845—1919），德国哲学家、东方学者。

（5）前引书，第十卷，第129首。　　　　　　　　　　　　　　——原作者

（6）《阿闼婆吠陀》（*Atharvaveda*），印度婆罗门教经典，巫术、咒语集。

第六章 游戏和知识

（7）字面意思是"支柱"（pillar），但此处用来表示"存在之基"（ground of Being）或诸如此类的神秘含义。————原作者

对这个宇宙起源神话以及类似神话有趣而难忘的解释，见汉·辛·贝拉米的著作《月亮、神话和人》（Moons, Myths and Man）、《洪荒前的建造》（Built Before the Flood）等（费伯出版社）。————英译者

汉斯·辛德勒·贝拉米（Hans Schindler Bellamy, 1901—1982），奥地利学者。

（8）皮亚杰的《儿童的语言和思想》（The Language and Thought of the Child）第五章（劳特里奇）。————原作者

皮亚杰（Jean Piaget, 1896—1980），瑞士心理学家。

（9）莫·温特尼兹的《印度文学史》（Geschichte der indischen Literatur）第一卷（莱比锡，1908），第160页。————原作者

莫里茨·温特尼兹（Moriz Winternitz, 1863—1937），奥地利东方学者。

（10）尼·亚德里亚尼和阿·克·克鲁伊特的《西里伯斯岛中部托拉查人的粗话》（De barre-sprekende Toradja's van Midden-Celebes）第三卷（巴达维亚，1914），第371页。————原作者

尼古拉·亚德里亚尼（Nicolaus Adriani, 1865—1926），荷兰语言学家。

阿尔伯特·克里斯蒂安·克鲁伊特（Albertus Christiaan Kruyt, 1869—1949），荷兰传教士。

西里伯斯岛（Celebes），印度尼西亚东部岛屿苏拉威西岛的旧称；托拉查人（Toradja）为岛上居民。

（11）尼·亚德里亚尼的《西里伯斯岛中部对稻的称呼》（De naam der gierst in Midden-Celebes），载《巴达维亚协会杂志》（Tijdschrift van het Bataviaasch Genootschap）第41期（1909），第370页。————原作者

（12）司徒布尔的《日耳曼祭礼游戏》（Kultspiele der Germanen，"Kultspiele"原文误作"Kultspide"，第31页。————原作者

罗伯特·司徒布尔（Robert Stumpfl, 1904—1937），奥地利学者。

格劳宾登（Grisons），位于瑞士东南部。

（13）梵书（Brāhmana），解释古印度婆罗门教吠陀圣典的文献。

（14）赫·奥登堡在《梵书经文的哲学》（Die Weltanschauung der Brahmantexte），哥

廷根,1919)第 166 页和 182 页就是这么认为的。 ——原作者

赫尔曼·奥登堡(Hermann Oldenberg,1854—1920)。德国佛学家。

(15)《百道梵书》(*Satapatha-Brahmana*)第十一卷,第六章第 3 节第 3 则;《大林间奥义书》(*Brhadāranyaka-Upanishad*),第三卷,第 1—9 节。 ——原作者

遮那迦王(King Yanaka,亦作 King Janaka),古印度毗提诃(Videha)国王。

雅若洼基夜(Yājňavalkya),古印度教圣人。

(16)斯特拉博著作,第十四卷,第 642 行;赫西俄德《残篇》(*Fragm.*)第 160 行。
——原作者

斯特拉博(Strabo,约前 64—21),古希腊历史学家、地理学家,唯一现存著作为十七卷的《地理学》(*Geographica*)。

卡尔卡斯(Calchas,原文作 Chalcas)、摩普索斯(Mopsos),古希腊神话人物。

(17)奥丁(Odin),北欧神话中的众神之王。

(18)见圣经《士师记》(*Judges*)第十四章第 18 节。犹太人士师参孙杀了一头狮子,后来看到死狮里有蜂和蜜,就给对手非利士人出了个谜:"吃的从吃者出来,甜的从强者出来。"非利士人从参孙的女人那里套出谜底,回答参孙:"有什么比蜜还甜呢? 有什么比狮子还强呢?"

(19)斯芬克斯之谜(riddle of the Sphinx),出自古希腊悲剧《俄狄浦斯王》(*Oedipus the King*),谜面是:一种动物早晨四条腿,中午两条腿,晚上三条腿走路,腿最多时最无能。谜底为人。后来俄狄浦斯猜中了谜底,斯芬克斯跳崖自杀(一说被俄狄浦斯所杀)。

(20)乌·威尔肯的《亚历山大大帝和印度天衣派》(*Alexander der Grosse und die indischen Gymnosophisten*),载《普鲁士科学学会会刊》(*Sitzungsberichen der preuss. Akad. d. Wissensch*)第 33 期(1923),第 164 页。手稿里的空白有时让这个故事难以读懂,我认为编者填进去的内容并不总是那么有说服力。
——原作者

亚历山大大帝(Alexander the Great,前 356—前 323),古代马其顿国王、军事家、政治家。

天衣派(gymnosophist),印度教教派,衣着少,重苦行、冥想。

乌利希·威尔肯(Ulrich Wilcken,1862—1944),德国历史学家。

第六章 游戏和知识

(21) 例如奥卢斯·格利乌斯说过：女人非美即丑；和美女结婚不好，因为她会卖俏；和丑女结婚不好，因为她没魅力；因此，最好根本就不结婚。——英译者
奥卢斯·格利乌斯(Aulus Gellius, 125—180 以后)，古罗马作家。

(22) 第二十卷，第 133 首、234 首。 ——原作者

(23) 查拉图斯特拉(Zarathustra)，琐罗亚斯德(Zoroaster)的波斯语译名，拜火教(又称火祆教、琐罗亚斯德教)(Zoroastrianism)创始人。
维斯塔巴国王(Vistaspa)，拜火教的保护者。
所罗门(Solomon, 前 960—前 930)，古代以色列国王，以智慧著称，《旧约》中载有其事迹。
示巴女王(Queen of Sheba)，传说中的阿拉伯女王，听到所罗门的智慧声名后，她故意提出一些难题进行试探。见旧约《列王记上》(Kings 1)第十章。

(24) 梵志(brahmachārin)，独身修行的婆罗门教徒。

(25) 宗教改革运动(Reformation)，欧洲十六世纪改革罗马教会弊端的宗教运动。
马丁·路德(Martin Luther, 1483—1546)，欧洲宗教改革运动倡导者，基督教新教路德宗创始人。
慈运理(Ulrich Zwingli, 1484—1531)，又译茨温利，瑞士基督教新教改革运动倡导者。
马尔堡(Marburg)，德国中西部城市。
泰奥多尔·贝扎(Theodore Beza, 1519—1605)，法国新教改革运动神学家，加尔文的重要门徒。
约翰·加尔文(John Calvin, 1509—1564)，法国宗教改革家、神学家，基督教新教加尔文教派创始人。
普瓦西(Poissy)，法国中北部城市。

(26) 《弥兰陀王问经》(Milindapahañha)，小乘佛教著名典籍，有南北两本，南本即现流传于南传各国的《弥兰陀王问经》，北本于东晋时传入中国，即汉译《那先比丘经》。此经以公元前二世纪大夏国王弥兰陀与印度佛教僧侣那先(Nāgasena，又作那伽斯那、龙军)问答的形式，阐述了轮回业报论等一系列佛教理论问题。
巴利语(Pali)，古印度一种语言，是记录南传佛教"三藏圣典"所用的语言。

希腊—印度王国(Graeco-Indian Kindom),又称印度—希腊王国,公元前180年到公元10年间,建立在古印度西北部和北部的众多小国。

大夏(Bactria),即巴克特里亚王国,中亚古国,希腊—印度王国的所在地。

(27)《三藏》(Tripitaka),佛教术语,即经、律、论三种类别的佛典。

南传佛教(Southern Buddhism),指现在盛行于斯里兰卡、缅甸、泰国、柬埔寨、老挝及中国云南傣族地区等地的佛教,又称南方佛教、上座部佛教。

北传佛教(Northern Buddhism),指自北印度经中亚细亚传入中国、朝鲜、日本的佛教,及由尼泊尔、中国西藏传入蒙古一带的佛教,又称北方佛教。

(28)阿罗汉(Arhat),佛教中最高级别的圣人之一,阿罗汉中年长德高者称大阿罗汉(great Arhat)。

(29)见本书第三章第100—101页。

(30)臾那世界国(Yonaka),又译耶槃那。位于印度西北,希腊人的殖民地。

爱奥尼亚(Ionia),古代小亚细亚西海岸中部地区,希腊人的殖民地。

(31)苏格拉底(Socrates,前469—前399),古希腊哲学家。他擅长以启发诱导的方式,通过问答、交谈、争辩或暗示,把对方导向预定的结论。

(32)《古鲁菲受骗记》(Gylfaginning),见本书第二章注(30)。古鲁菲(Gylf),传说中的瑞典国王。哈尔(Har),北欧神话中众神之王奥丁的化名。甘里瑞(Gangleri),古鲁菲的化名。

(33)连祷(litany),公共祈祷的一种形式,包括牧师和会众交替做出的简短祈祷。

(34)克·巴托洛梅的《火教经偈颂》(Die Gatha's des Awesta)(哈雷,1879),第九章,第58—59页。 ——原作者

《火教经释义》(Zend-avesta),拜火教经典。

阿胡拉·马兹达(Ahura Mazda),波斯神话中的至高神,查拉图斯特拉将其奉为"唯一真正的造物主"。

克里斯蒂安·巴托洛梅(Christian Bartholomae,1855—1925),德国学者。

(35)《祷词》(rasna),又译作《亚斯纳》,《火教经》第一部分。

(36)裴斯泰洛齐(Johann Heinrich Pestalozzi,1746—1827),瑞士教育家,号称西方"教圣"、欧洲"平民教育之父"。

第六章　游戏和知识

(37) 见《爱西斯》(*Isis*)1921 年第 11 期;《哈佛历史研究》(*Harvard Historical Studies*)第 27 期(1924),卡·汉佩的《提问者腓特烈二世皇帝》(*Kaiser Friedrich II als Fragesteller*),第 53—67 页(1927)。　　　　　　　　——原作者

腓特烈二世皇帝(Emperor Frederick II,1194—1250),霍亨斯陶芬王朝(Hohenstaufen)国王,1198 年加冕为西西里国王,1220 年加冕为神圣罗马帝国皇帝。

米迦勒·司各脱(Michael Scotus,1175—约 1232),中世纪英国学者。

卡尔·汉佩(Karl Hampe,1869—1936),德国史学家。

(38) 伊本·萨宾(Ibn Sabin,1217—1269),伊斯兰学者,西班牙哲学家。

(39) 见注(37)。　　　　　　　　　　　　　　　　　　——原作者

(40) 卡·普兰特的《西方逻辑史》(*Geschichte der Logik im Abendlande*)第一卷(莱比锡,1855),第 399 页。　　　　　　　　　　　　——原作者

克勒库斯(Clearchus),公元前四世纪到前三世纪的古希腊哲学家。

卡尔·普兰特(Carl von Prantl,1820—1888),德国哲学家。

(41) 埃利亚的芝诺(Zeno of Elea,约前 490—约前 425),古希腊哲学家。

(42) 亚里士多德的《物理学》(*Physics*)第五卷第三章,210b,第 22 行以后;亦见威·卡佩勒的《苏格拉底之前的思想家:残篇及出处》(*Die Vorsokratiker: Die Fragmente und Quellenberichte*,斯图加特,1935),第 172 页。——原作者

威尔海姆·卡佩勒(Wilhelm Capelle,1871—1961),德国哲学家。

(43) 耶格的《教化》第一卷第 180—181 页。　　　　　　　　——原作者

赫拉克利特(Heraclitus,约前 535—前 475),古希腊哲学家。

(44) 前引卡佩勒著作,第 216 页。克里斯蒂安·摩根斯滕写下荒诞诗篇"单膝独自在世界漫步"(Ein Knie geht einsam durch die Welt)时,是不是想到了恩培多克勒这句话?　　　　　　　　　　　　　　　　——原作者

为方便没读过这篇经典的读者起见,我在此冒昧翻译如下:

　　　　　单膝独自在世界漫步,
　　　　　一只膝盖,别无他物;
　　　　　不是帐篷,也不是树,
　　　　　一只膝盖,别无他物。

游戏的人

> 战场曾有这么个人,
> 浑身挨枪惨不忍睹;
> 只有膝盖幸免于难,
> 就像传说中的圣徒。
>
> 从此就在这世界漫步,
> 一只膝盖,别无他物;
> 不是帐篷,也不是树,
> 一只膝盖,别无他物。
>
> ——英译者

恩培多克勒(Empedocles,约前490—前430),古希腊哲学家。

克里斯蒂安·摩根斯滕(Christian Morgenstern,1871—1914),德国诗人。

(45) 前引书,第102页。　　　　　　　　　　　　　　——原作者

据古希腊史学家普鲁塔克(Plutarchus,约46—120)的《神谕失灵》(*On the Failure of Oracles*),毕达哥拉斯学派学者培特伦(Petron)认为,一百八十三个世界排成一个等边三角形,三角形每边有六十个世界。其余三个世界分别位于三个顶点。

毕达哥拉斯(Pythagoras,前572—前497),古希腊数学家、哲学家,和其信徒组成了"毕达哥拉斯学派"(Pythagorean)。

(46) 《教化》第一卷第161页。　　　　　　　　　　　——原作者

(47) 前引卡佩勒著作,第82页。　　　　　　　　　　——原作者

阿那克西曼德(Anaximander,约前610—前545),古希腊哲学家。

(48) 指原罪。

(49) 《断章》(*Fragments*)第30则;参见前引卡佩勒著作,第200页。——原作者

第七章

游戏和诗歌

涉及希腊哲学的起源及其与神圣的知识竞赛、智力竞赛之间关联,我们必然会触及宗教或哲学表达方式与诗歌表达方式之间的模糊界线。因此,诗歌创作的性质值得探讨。在某种意义上,这个问题是研讨游戏和文化关系的要害,因为,在组织程度更强的社会形态中,宗教、科学、法律、战争、政治逐渐失去同游戏的联系,而早期阶段特别突出的诗人功能,仍保存在它所诞生的游戏领域内。Poiesis(诗歌),其实就是游戏功能。它在心灵的游戏场所内活动,在心灵为之创造的自身世界内活动。这个世界里,事物外观与"平常生活"中的事物大不一样;事物间的联系,靠的不是逻辑关系和因果关系。如果"严肃的表述"可以界定为"清醒状态下做出的表述",诗歌就永远也达不到严肃的层面。诗歌处于严肃之外,处于更原始、更本源的层面,处于儿童、动物、野蛮人和先知的层面,那是梦想、魔法、迷狂和欢笑的领地。要理解诗歌,我们必须披上魔幻斗篷般的儿童精神,并放弃成人的智慧、换上儿童的智慧。对诗歌原始性质及其与纯粹游戏关系的理解或表述,谁也比不上两百多年前的维柯更清晰。[1]

深思明辨的弗朗西斯·培根说过,poesis doctrinae tamquam somnium(诗歌如同哲学之爱的梦境)。[2] 野蛮人是大自然之子,他们对存在起源的神话想象,往往蕴含着智慧的种芽,会在后世以逻辑形式表达出来。语言学和比较宗教学正煞费苦心进一步深入神话里的信仰之源。[3] 鉴于诗歌、神秘教义、智慧和仪式本质上是一体的,古代文明如今得以重新认识。

维柯

弗朗西斯·培根

获得这种认识，首先要摒弃以下想法，即认为诗歌只有审美功能，或者认为诗歌只能从美学上解释。在一切欣欣向荣、生机勃勃的文明中，尤其是在古代文化中，诗歌既具有重要的社会功能，也具有重要的礼拜功能。所有古代诗歌都集仪式、娱乐、技艺、制谜、教义、信仰、巫术、占卜、预言和竞争于一体。古代仪式和诗歌复合体特有的几乎所有主题，在芬兰史诗《卡勒瓦拉》[4]第三篇（Third Canto）里都能找到。智慧老人万奈摩宁（Väinämöinen）引来（enchant）胆敢跟自己叫板斗法的年轻吹牛精。他们先比试有关自然事物的知识，接着较量起源方面的深奥知识；这时，年轻的尤卡海宁（Joukahainen）自夸创世造物他也有份，老法师于是唱了起来，唱得他陷进泥土、陷进沼泽、陷进水里，水漫到他的腰部、漫到腋窝、漫到嘴巴；到最后，年轻人答应把妹妹爱诺（Aino）许配给老人。那时，万奈摩宁才坐上"歌唱之石"，又唱了三小时，收回了强大的法力，为这个鲁莽的挑战者解除了魔力。前面提到的所有比赛形式——吹牛比赛、夸口比赛、"男人间的较量"、宇宙演化知识竞赛、赢娶新娘比赛、耐力比赛、神判，都在这场不凡奇观中融为一体,都在奔放不羁的诗歌想象里合在一处了。

万奈摩宁与尤卡海宁斗法

古代诗人的真正名号是 *vates*（先知），意思是着魔的人（the possessed）、通神者（God-smitten）、呓语者（the raving）。这些资质同时意味着诗人拥有非同寻常的知识。诗人是知者（Knower），就是古代阿拉伯人所说的 *sha' ir*。《埃达》神话中,做诗人必喝的蜂蜜酒就是由克瓦希尔[5]的血酿成的;造物中数克瓦希尔最聪明,什么问题都难不倒他。诗人与先知原本一体,后来逐渐分化为各色人等:预言家、祭司、占卜师、秘法师以及我们熟悉的诗人。就连哲学家、立法者、演说家、政治领袖、诡辩派和修辞学者,也都来自 *vates* 这个原始复合体。早期希腊诗人都显示出共同始祖的遗迹。其功能显然是社会功能——他们以民众教师和监护的身份发言。他们是国之领袖,后来这个位子被诡辩派篡取。[6]

从古斯堪的纳维亚文献的 *thulr* 和盎格鲁—撒克逊文献的 *thyle*

中，可以看到古代 *vates* 形象的方方面面。现代德国语言学把它译成 *Kultredner*，字面意思是"祭礼讲解员"（cult orator）[7]。*thulr* 最典型的例子是 starkaðr，萨克索·格拉玛提库斯[8]准确地译为 *vates*。*thulr* 有时作为常规仪式的讲解员出现，有时作为宗教剧的表演者出现，有时作为祭司出现，有时甚至作为巫师出现。其他时候，*thulr* 似乎只是宫廷诗人和演说家，而他干的不过是 *scurra*（小丑或弄臣）的活。相应的动词 *thylja* 指背诵宗教经文、施行巫术或只是喃喃有词。*thulr* 是所有神话知识和诗歌传说的宝库。他是熟悉民族历史和传统的智慧老人，在庆典上担任发言人的角色，能凭记忆背诵英雄谱和其他名人谱。他的特殊职责就是比拼长篇演说和智力比赛。我们接触过《贝奥武甫》里的翁弗思，就是这种身份。前面提到的 *mannjafnaðr*（较量）以及奥丁同巨人或侏儒间的斗智比赛，都刚好出自 *thulr* 之手。盎格鲁—撒克逊名诗《威德西思》（*Widsið*）和《流浪者》（*The Wanderer*），似乎就是多才多艺宫廷诗人的代表作。上述所有特征都非常自然地贴合我们所描述的古代诗人，其功能总是宗教、文学兼而有之。然而，无论信教与否，其功能始终源于某种形式的游戏。

我们顺着早期的 *vates*，之后是古日耳曼民族的 *thulr*，不用过多发挥想象，就会在西方封建社会的"吟游诗人"（jongleur）（joculator）及其地位较低的同行即报信员（the herald）那里发现诗人的行踪。论及骂赛时，我们已顺便提到报信员[9]，他们与古代"祭礼讲解员"有许多共同点。他们同样是历史、传统和宗谱的记录者，同样是公共庆典的发言人和报信人，而最重要的，他们同样是官方认可的自夸者与吹牛精。

诗歌最初能创造文化，它从游戏中产生，并且生来就是游戏，很可能是宗教游戏，但再怎么神圣尊严，诗歌也总是接近于愉快的纵情、欢笑和嬉闹。那时还谈不上满足审美冲动。这种冲动还蛰伏在对仪式行为本身的体验中，诗歌以赞歌或颂歌形式从仪式行为中产生，而赞

第七章 游戏和诗歌

歌或颂歌是在欢闹仪式的迷狂中创作出来的。但是诗歌的产生方式不止于此,因为作诗的技能也会在社交娱乐以及宗族、家族、部落的激烈对抗中兴起。最能滋养诗歌的,莫过于庆祝新季节到来了,尤其是在春庆,青年男女欢乐相会,自由相识。

这种形式的诗歌,是青年男女以打趣之心玩耍古老迎拒游戏的产物,和源于仪式的诗歌同样重要。莱顿大学的德·若瑟兰·德·乔恩格教授在东印度群岛布鲁岛和巴巴岛的田野作业中,收集了这种社交竞赛诗歌,成果丰硕——这种诗歌仍在发挥文化游戏的固有功能,并具有非常高雅的特征。感谢作者慨然允诺我从他尚未出版的大作中援引大量材料。[10] 布鲁岛中部居民也叫拉纳人(Rana),他们经常举行一种名叫**音佳赋歌**(*Inga fuka*)的唱和仪式。男男女女对面而坐,伴着鼓点哼唱小调,有些是即兴创作。歌曲属于调侃或逗趣一类。至少有五种著名的**音佳赋歌**。歌曲总是采用左来右往、你攻我挡、有问有答、一难一辩的形式,有时就像猜谜。最有代表性的**音佳赋歌**叫做"前行后追的**音佳赋歌**";第一曲都以类似儿童游戏"跟着头头学"(follow my leader)里的话领唱。构成诗歌形式要素的是半谐音,通过重复同一词语或改变词尾,形成对照。纯粹诗歌要素表现为隐喻、灵机一动、双关,或者只是表现为词语本身的声音,此时语义可能彻底消亡了。这种形式的诗歌尽管恪守微妙的韵律规则体系,但也只能通过游戏来形容、来理解。至于内容,这些歌曲多为情爱暗示、关于审慎和美德的唠叨说教以及恶毒攻击。尽管常备排练好的传统**音佳赋歌**节目,但真正要做的是即兴表演。现成的对句也通过恰如其分的增补修订得以改良。精湛技艺受到高度敬重,也不乏艺术技巧。在情趣和氛围方面,译诗使人想起马来人的**盘头诗**以及更为遥远的日本俳句——**盘头诗**对布鲁人的文学一定有过一些影响。[11]

除了**音佳赋歌**,拉纳人中还常见其他诗歌形式,均基于相同的形式规范,但主要内容却是诸如婚礼上互换礼物仪式中、新娘新郎双方家庭之间的冗长口角。

德·若瑟兰·德·乔恩格还在东南群岛巴巴岛群的韦坦岛(Wetan)上发现了完全不同的诗歌类型。这里只有即兴表演才算。巴巴岛居民比布鲁岛居民更爱歌唱,不论是集体劳作还是独自劳作都会歌唱。人们坐在椰树树顶,一面敲取汁液,一面对着旁边树上的同伴唱哀歌或讽歌。讽歌常会导致恶毒的斗唱(singing-duel),这在从前可能以血腥暴力和杀戮收场。所有诗歌都由两行组成,分别相当于"树干"、"树顶"或"树冠",但问答的安排已经看不出来了。巴巴岛和布鲁岛的诗歌有个显著区别,巴巴岛诗歌效果靠的是对曲调的戏谑变奏,而不是靠双关和玩弄语音。

刚刚提到的马来人**盘头诗**是一种隔行押韵的四行诗,头两行呈现形象或陈述事实,后两行则以深奥、有时非常生僻的隐喻来呼应。整首诗很像**智力游戏**(*jeu d'esprit*)。直到十六世纪,*pantūn*(盘头诗)一词指的还是寓言或谚语,四行诗只是次要意思。爪哇人把结句称为 *djawab*,这个阿拉伯语词汇的意思是"回答"或"解答"。显然,**盘头诗**在成为固定诗歌形式前曾是问答游戏——靠押韵的半谐音制造的隐喻取代了谜底本身。[12]

无疑,众所周知的日本诗歌形式俳句与**盘头诗**关系密切。俳句只有三行,第一行五个音节,第二行七个音节,第三行五个音节,这种小诗带给人们有关动植物世界、自然界或人类的精致意象,时而带有抒情愁思之意或乡愁之情,时而闪现幽默的隐喻。姑举两例:

事事多纷纭
萦绕我心,不肯离,
对柳长叹息!
瞧,那件和服

第七章 游戏和诗歌

晒着太阳。短袖飘
娃娃已早夭!

俳句一开始肯定是联诗游戏,一位游戏者起头,下一位接龙。[13]

《卡勒瓦拉》书影

伦洛特

游戏和诗歌交融,最典型的例子保留在吟诵芬兰史诗《卡勒瓦拉》的传统方式中。史诗收集者伦洛特发现一个仍在沿用的奇怪习俗,两位歌手面对面坐在长凳上,一边比赛谁知道的诗句多,一边互相手拉手摇来摇去。冰岛英雄传奇也描述过类似的吟诵形式。[14]

这种诗歌是一种社交游戏,审美意图很少或一点也没有。它到处可见,形式极为多样。竞赛要素基本少不了,直接体现在轮唱、赛诗和赛歌中,还隐含在为驱魔等目的而进行的即兴赋诗里。即兴赋诗的主题与斯芬克斯的"致命"谜语明显关系密切。

在远东,所有这些形式都非常发达。马塞尔·葛兰言对中国古代经典进行了深刻解读和再现,向我们全景描绘了田园时代一度盛行的青年男女赛诗。安南仍沿用类似做法,安南学者阮文宣有过精确描述。[15]这里,诗体"辩白"(argument)几乎毫不掩饰地当众调情,往往具有非常文雅的特征,堆砌了一系列谚语,这些谚语在每节诗结尾反复出现,用来无可辩驳地证明恋人的动机。十五世纪法国的 débats (讼争)中可见到相同形式。

可见,作为社交游戏的诗歌比赛和歌唱比赛,囊括了从古代中国与安南温婉可亲的爱之怨诉,到伊斯兰教兴起前阿拉伯半岛刺耳招恨的吹牛比赛或骂赛,以及爱斯基摩人用来代替诉讼的毁谤式击鼓比赛。显然,我们应该把十二世纪朗格多克[16]某地的**爱情法庭**(*Cours d'amour*)也归入此类。有个早就被驳倒的说法认为,行吟诗人的诗歌源自普罗旺斯贵族阶层的爱情法庭。正确抛弃了这个看法,还剩下文献上的一个疑点:这种爱情法庭究竟真有其事,还是纯属文学虚构?很多学者倾向后一观点,但他们的确走过头了。爱情法庭是用诗歌形式**玩司法游戏**(*playing at justice*),但具有某种现实效力,与十二世纪朗格多克的习俗完全吻合。我们所谈的,是用争辩和诡辩方法并以游戏形式解决爱情问题。我们知道,爱斯基摩人击鼓比赛一般都是由妇女的闲聊和不正当行为惹出的。在这两种情形下,主题都是爱情纠葛,"法庭"或比赛的目的,是要维护当前的社交礼仪准则,从而保全原告或被告的名誉。爱情法庭的程序也要用类推证明、援引判例等,尽量准确模仿正规诉讼过程。在行吟诗人的诗歌中发现的几种类型,都与恋爱申诉密切相关,比如 *castiamen*(叱责)、*tenzone*(辩白)、*partimen*(轮唱)、*joc partit* [问答游戏,英语 "jeopardy"(危难)一词即由此而来]。所有这些,其真正起因既非诉讼本身,亦非不羁的诗兴大发,甚至不是纯粹的社交娱乐,而是古老的事关爱情的荣誉之争。

而其他诗歌形式,尤其是在远东,须视为按竞赛原则玩的文化活动。例如,人们受命即兴赋诗,以破除"符咒"或摆脱困境。这里,关键

第七章 游戏和诗歌

并不在于这种习俗究竟对普通日常生活有何重要现实价值,而在于人类思想一而再再而三地出现在这个游戏主题里,这一主题类似"致命"谜语和惩罚游戏,是复杂的生活难题的表达方式——也许是解决方式;而并未直接追求审美效果的诗歌艺术,在这种游戏中为自身发展找到了最肥沃的土壤。试从阮文宣的著作中援引数例。

有位谭(Tan)老师,他的学生上学路上必经一位女孩家门口,因为这女孩就住在老师家隔壁。每次路过,学生们总要说:"你好可爱,真是小亲亲!"这让女孩非常生气。于是,有一天,等他们路过,她就说:"好吧,既然你们喜欢我,我就给你们出个句子。如果谁能对出来,我就跟他好;不然的话,你们路过我家,都该难为情地溜走!"她出了个句子,没哪个学生知道正确答案,后来他们就只好绕道去老师家了。[17] 我们这里看到描写安南乡村学校的田园小诗,其实就是打着幌子的史诗里的*比武招亲*(*Svayamvara*)或布伦西尔特招婚。[18]

再举个例子,陈朝的陈庆余因犯大错遭革职,发配去至灵县卖炭。皇上有次出征途经此地,召见这位前任重臣,以"卖炭"为题命其赋诗一首,陈庆余出口成章,皇上深为感动,遂官复原职。[19]

在远东,即兴创作靠的是天资,缺乏天资者难以企及。出使北京的安南使者能否胜任,有时就取决于即兴创作的天赋。每位使者须时常准备回答各类问题,并知道如何回答皇上或重臣随时提出的无数难题和谜语。[20] 这就是外交游戏。

诗歌形式的问答游戏也用于保全大量有用知识。一位姑娘刚刚答应情郎求婚,两人决定开个铺子。小伙子要姑娘说出各种药物名称,记住全部秘方,以备有人问起。算术技能、买卖中各类货物知识,以及农事历法应用,都是这么极为简便地传下来的。有时,恋人也考对方文学。前面提到,所有教理问答形式都与猜谜游戏直接相关。考试也是如此,它在远东社会生活中总是扮演特别重要的角色。

文明总是慢慢放弃韵文形式这种表现社会生活重大事件的主要手段。任何地方，诗歌都先于散文，因为表达庄严神圣事物，诗歌是唯一恰当的渠道。不仅颂歌和符咒用韵文表达，而且古印度的经（*sūtras*）和论（*śāstras*）或早期希腊哲学作品这样的长篇大论也用韵文表达。恩培多克勒以学为诗，卢克莱修也效仿他这么做。偏爱韵文形式，可能部分出于实用考虑：在尚无书籍的社会，这种形式更易于记住文句。但还有个更深层次原因，即古代社会生活本身在结构上可以说就是有韵律有诗味的。诗歌还能更自然地表现"更高级"事物。直到1868年，日本的国家文献里，最重要的部分还是习惯于用诗体撰写。法律史家特别注意法律中——至少是日耳曼传统法律中——的诗歌痕迹。每位研究日耳曼法律的学者，都熟悉"古弗里西法"（Old Frisian Law）里的一段，有则关于变卖失怙幼儿所继承遗产必须具备各项"条件"或必要理由的条款，突然变成抒情风格、押起头韵来：[21]

> 条件二：物价飞涨、闹饥荒、孩子可能会饿亡；这年头，母亲须卖掉孩子祖传家产，为孩子买牛又买粮。条件三：孩子一丝不挂、居无片瓦，迷雾重重、寒冬隆隆，人人躲在屋里住暖房、躲进洞里避寒霜，野兽求生钻树洞，大山背后躲寒风；严冬时节，羽翼未丰弱孩童，又哭又号又哀恸，衣不蔽体居无所，生父本该护儿御饥寒，可怜橡木棺樟钉四角，大地深处永掩埋。

在我看来，我们这里论述的与其说是精心修辞，还不如说是以下情形：制定法律仍处于崇高的精神领域，在这个领域，诗歌措辞是自然的表达方式。这段"古弗里西法"突然诗兴大作，在诸多案例中最具代表性——从某种意义上说，比古冰岛的《忠诚之歌》（*Tryggðamál*）更典型。《忠诚之歌》以一连串押头韵的诗节，确定恢复和平事宜，通知支付赔款，严禁再惹是非；然后宣称"破坏和平者"无论何处都不受法律

第七章 游戏和诗歌

保护,并用一连串诗歌意象进一步阐述"无论何处":

> 无论何处,
> 男子汉
> 猎群狼,
> 基督徒
> 上教堂,
> 异教徒
> 献祭忙,
> 火吐焰,
> 地绿装,
> 娘哺子,
> 子唤娘,
> 生炉火,
> 船远航,
> 盾闪亮,
> 日发光,
> 雪花降,
> 松树壮,
> 鹰翱翔
> 拂晓长
> (风凛冽
> 双翼旁),
> 无论何处,
> 天高扬,
> 俭持家,
> 风啸狂,

游戏的人

> 水入海，
> 奴种粮。

与前一例不同,这个例子显然是对特定法律条款的纯文学加工——这首诗很难在诉讼程序中当成有效文件。尽管如此,它仍证明了诗歌和神圣的司法本来是一体的,这才是关键所在。

一切诗歌源自游戏:神圣的拜神游戏,喜庆的求爱游戏,勇武的争斗游戏,善辩的吹牛游戏、嘲讽游戏、辱骂游戏,多才的机智游戏。文明变得更加复杂后,诗歌保留的游戏特征还有多少呢?

我们先尽力弄明白神话、诗歌和游戏三者的关系。无论以何种形式传下来,神话总是诗歌。通过制造意象和借助想象,神话讲述可能发生在远古时期的故事。它可能有极深刻、极神圣之义,它可以成功地表达用理性方式无法描述的关系。不过,尽管在创作神话诗的文明阶段,神话的宗教特点、神秘特点非常自然,也就是说,尽管人们绝对真诚地接受神话,但仍存在一个问题:神话到底是不是完全严肃的?我认为,我们可以有把握地说,诗歌有多严肃,神话就有多严肃。就像所有其他超越逻辑判断和协商判断范围的事物一样,神话和诗歌都在游戏领域内运作。并不是说这个领域较低,因为神话完全可以翱翔在理性无法企及的顿悟高度,游戏亦然。

真正意义上的神话,不同于现代宣传竭力强加给这个词的错讹含义,它是古人表达宇宙观的恰当手段——神话中,勉强可信与绝对不可能之间尚未泾渭分明。在逻辑协调、安排能力极度有限的野蛮人看来,实际上事事皆有可能——神话尽管荒唐透顶、穷凶极恶,尽管恣意夸张、比例混乱,尽管矛盾重重、变化莫测,野蛮人并不觉得神话是不可能的。虽说如此,我们还是要问:野蛮人对最神圣神话的信仰,是否真的并未染上某种幽默成分? 甚至一开始就没染上? 神话和诗歌都来自游戏领域,因此,至少野蛮人的信仰有可能部分处于游戏领域,而

第七章　游戏和诗歌

他的生活则完全处于游戏领域。

神话生成之际,并无游戏和严肃之分。只是当神话变成神话作品,即变成文学、变成由当时多少超出原始人想象的文化所产生的口头传说式文学,只有到那时,游戏和严肃之分才适用于神话,也才会有损于神话。有个希腊人熟悉的奇特过渡阶段,那时神话仍是神圣的,当然也该是严肃的,但谁都清楚地知道,神话说的是过去的语言。我们都特别熟悉古希腊神话作品中的形象,非常易于将其接纳进我们的诗歌观念中,故而很可能看不到这些形象极其粗野的特征。在《埃达》神话作品里,我们对这种特征也许略知一二——除非瓦格纳[22]能让我们闭目塞听、不受影响。但这一点基本上还是对的:只有不直接掌控我们审美感受力的神话作品,才会向我们展现其全部野性。这在古印度神话、在人类文化学者讲述的世界各地野性景观中相当清楚。而不带偏见地看,希腊和日耳曼神话作品的形象,同印度、非洲、美洲或澳洲土著的不羁幻想一样,不够统一,缺乏格调,更别提道德了。以我们的标准(当然不是终极标准)衡量,古希腊神灵的行为举止比古冰岛神灵好不到哪里去,同样没品位、爱闹事、不道德,赫尔墨斯[23]、托尔和中非某位神灵没啥区别。无疑,传统流传的所有这些神话形象,都是野蛮社会的残迹,与当时达到的精神高度不再相容。所以,在对神话进行文学加工的时期,为保持其在神圣传说的荣耀,必须容许由祭司对神话进行玄奥阐释,或纯粹当成文学作品加以培植。直到不再一字一句笃信神话真理后,神话一开始就固有的游戏要素,又带着日益增强的力量重新表现自身权威。早在荷马时代,信仰的阶段就已成往昔。然而,神话本是人类理解宇宙的贴切标志,丧失这一用途后,神话仍保留着用诗歌语言表达神圣的功能——这种功能在某种程度上不只是审美功能,其实是一种仪式功能。柏拉图或亚里士多德想告诉我们其哲学精髓并以最精炼的方式表达时,都选择了神话形式:柏拉图用

130 的是灵魂的神话；亚里士多德用的是爱的神话，万物都爱着世界的"不动的推动者"。[24]

真正神话特有的游戏音符，哪里也不如《新埃达》的头两篇《古鲁菲受骗记》和《诗语法》[25]听上去更真切。我们这里所论述的神话内容，已经完全进入文学阶段并成为文学作品，虽因其异教身份而不为官方认可，但作为文化遗产的组成部分，仍受到尊崇，千古传诵。[26]整理这些神话的是基督徒，而且是牧师或神学家。至少在我听来，他们复述这些神话事件时，分明是逗趣和幽默的口吻。这可不是基督徒的腔调，不是基督徒因意识到自己的宗教征服了异教、比异教优越而产生的些许嘲讽腔调，更不是皈依基督教后把过去骂成恶魔般黑暗的腔调。确切地说，这是一种将信将疑的腔调、处于游戏和严肃中间的腔调，这种腔调是往昔所有神秘思想的回响，而且很可能听上去跟异教鼎盛期大同小异。荒唐的神话主题（野蛮人的想象很单纯，比如赫朗格尼尔、格萝雅和奥鲁万迪的故事[27]）与高度发达的诗歌技巧之间表面的不协调，也是与神话真正本质完全一致的：不论内容如何粗鄙，神话无时无处不在追求最崇高的表达形式。开篇标题为 *Gylfaginning*（古鲁菲受骗记）（意为欺骗古鲁菲），本身就意味深长。它采用关于宇宙起源问答交谈这一众所周知的古老形式，就像托尔在武加达洛基大厅上进行的辩论——古·内克尔正确地用"游戏"一词来表示。[28]发问者甘里瑞[29]提出有关风、冬、夏等万物起源的古老神圣问题。通常对答者只给出一些稀奇古怪的神话形象当做解答。《诗语法》的开头几章也全在游戏范围之内：关于迟钝、乏味、毛茸茸的巨人以及邪恶、狡诈的侏儒等尚未成型的史前想象；所有粗鲁怪异的天才奇才到头来都被当成纯粹的幻象宽大发落。这无疑是最后老朽阶段的神话作品——混乱、愚蠢、耽于奇想。但如果把这些特征理解为曾经高贵豪壮的观念后
131 来堕落了，也过于轻率。相反，缺乏风格正是神话的内在要素。

第七章　游戏和诗歌

托尔击杀赫朗格尼尔

诗歌的形式要素多种多样：韵律模式和诗节类型、押韵、格律、半韵、头韵、扬音等，体裁方面有抒情诗、戏剧诗、史诗等。这些因素各式各样，在全世界都能见到。诗歌主题也是如此，任何哪种语言里，不论诗歌有多少主题，都会在所有地方、各个时期出现。我们太熟悉这些模式、体裁和主题了，以至于认为其存在理所当然，很少停下来问一问，是什么共同点把它们变成这个样子而非别的样子？这个共同点造成了人类社会各个时期诗歌风格惊人的统一和局限，也许这个共同点在于：我们所谓的诗歌创造功能源于一种比文化本身还要古老的功

177

能,即游戏。

我们再来列举一下我们所认为的游戏固有特征。游戏是在一定时空范围内进行的活动,有明显秩序,遵循自愿接受的规则,在生活必需或物质功利范围之外,游戏心态是欢天喜地、兴高采烈的,根据不同场合,或庄严或欢庆。伴随游戏活动的是兴奋感和紧张感,继而是开心和放松。

这些特征也是诗歌创作固有的,这一点难以否认。其实,我们刚才给游戏下的定义也适用于诗歌。语言排列讲究韵律或对称,用押韵或半韵切中肯綮,刻意掩饰意义,遣词造句苦心孤诣——所有这些也许都表达了游戏精神。像保尔·瓦雷里那样,把诗歌称为文字和语言的游戏,这算不得比喻,这是准确如实的真理。

诗歌与游戏的亲密关系并不仅仅是表面上的,在创造性想象结构本身也显而易见。在诗句创作、主题构思、情绪表达中,总有游戏要素在起作用。无论神话还是抒情诗,戏剧还是史诗,远古传奇还是现代小说,作者的意图,无论有意无意,都是要创造出紧张来"迷住"读者,使之着魔。所有创造性作品的基础都是某种人情味的紧张场面或激动人心的紧张场面,威力之大能把这种紧张感传给别人。但这些场面不太多——那是关键。大体而言,这种场面不是来自冲突,就是来自爱情,或两者兼而有之。

冲突和爱情都有敌对或竞争之意,竞争则意味着游戏。绝大多数情形中,诗歌与文学的核心主题一般都是争斗,即主人公必须完成的任务、必须经受的考验、必须克服的障碍。用来称呼主要角色的"hero"(主人公,英雄)一词很能说明问题。任务会很困难,似乎不可能完成;完成任务多半是由于挑战、誓言、许诺或心上人的异想天开。所有这些主题都直接把我们带回到竞技游戏上来。另一套制造紧张的主题在于主人公的神秘身份。主人公身份不明,或因为他有意隐瞒身

第七章 游戏和诗歌

份,或因为他不知道自己的身份,或因为他可以随意变幻外形。换句话说,他戴了面具,乔装打扮,身负机密。我们再度接近那个古老而神圣的游戏——游戏中,神秘人物只对圈内人显露身份。

作为竞争的固有形式,古代诗歌与古代猜谜比赛几乎没区别。一个产生智慧,而另一个出产优美词句。两者都受游戏规则体系的制约,游戏规则确定了一系列可用的观念和象征,这些观念和象征,有的神圣、有的诗意,视情形而定;两者都有个前提,由内部人士组成的圈子要懂得所用语言。两者的效力仅取决于对游戏规则的遵守程度。只有会讲艺术语言的人才能赢得诗人头衔。艺术语言有别于日常语言,所用专门术语、意象、形象等,并非人人能懂。存在与观念之间的永恒鸿沟,只能以想象力之虹沟通。受词语约束的概念总是不足以应对生活的洪流。因此,只有用能产生意象的词语或形象化的词语,才会使事物具有表现力,同时也才会使事物沐浴观念之光:观念与事物在意象中结为一体。但是,平常生活的语言本身是操作性工具、匠人式工具,它不断磨损着语言的形象内容,并使自身得以肤浅地存在,只在表面上合乎逻辑;而诗歌则带着深思熟虑的意图,不断培养着语言的形象化特征(即能生成意象的特征)。

诗歌语言对意象所做的,就是和意象玩游戏。它自成风格地安排意象,将神秘注入其中,使每个意象都包含着对谜题的回答。

古代文化中,诗人的语言仍是最有效的表达手段,其功能要比满足文学抱负更广博、更重要。它把仪式化为字词,它是社会关系的裁判,是智慧、正义和道德的媒介。它所做的这一切,无损于其游戏特征,因为古代文化背景本身就是游戏圈子。在这一阶段,文化活动就是作为群体游戏完成的,即便最讲实用的文化活动也被吸引到这个或那个游戏群体中。但随着文明在精神广度上的进展,游戏因素薄弱或几乎觉察不到的领域就会扩大,而这是以牺牲无拘无束的游戏领域为代价的。总体上,文明变得更严肃——法律、战争、商业、工艺、科学与游戏失去了联系;就连曾是表现游戏**最出色**(*par excellence*)的仪式领域,似乎也参与了这一解体过程。最后,只剩下诗歌留存下来,成为鲜活、高贵游戏的大本营。

诗歌语言的游戏性质非常明显,几乎用不着再举例说明。鉴于古代文化中诗歌创作所具有的极端重要价值,诗歌技巧发展到最严谨最精湛的地步也就不足为奇了。诗歌所依据的精细规则须完全遵守,但也允许有变化,变化几乎无穷无尽。这套规则被当成高贵的科学保存、流传下来。我们可以看到,那些时空相去甚远的民族,以极其相似的形式顶礼膜拜诗歌,这绝非偶然;这些民族同那些更多产、更古老的文明很少接触或毫无接触,不然的话其文学也许会受到影响。例如,伊斯兰教兴起前的阿拉伯半岛、《埃达》和英雄传奇时期的冰岛就是如此。姑且不谈格律和韵律的细节,我们只举一个例子,这个例子很能说明在一种神秘语言、即古斯堪的纳维亚人的**隐喻语**(*Kenningar*)中,诗歌和玩游戏的关系。诗人用"带刺的话"表示"舌头",用"风行之道"(floor of the hall of wind)表示"大地"(earth),用"树狼"表示"风",不一而足,他这是在给听众出诗谜,诗谜的答案已默默给出了。诗人和听众须知道众多此类诗谜。重要事物,比方说金子,在诗里有成打成打的称呼。《新埃达》一篇文献《诗语法》(又名"诗人之言"),就列出一长串此类诗歌表达方式。**隐喻语**(*kenning*)的重要用途是检测神话知识。每位神灵都有多个化名,这些名字拐弯抹角地表示他的历险、他的相貌或他在宇宙中的亲缘关系。"你如何描述海姆达尔?""可以称他'九母之子'或'众神守护'、'白色的阿萨神族'、'洛基之敌'、'寻找芙蕾雅项链之神',还有很多别的称呼。"[30]

诗歌和谜语之间的密切联系从未完全丧失。对冰岛的**吟唱诗人**(*skald*)来说,过于直白被认为是技巧上的败笔。古希腊人也要求诗人

第七章　游戏和诗歌

用词含蓄不露。在中世纪行吟诗人那里，其作品中的游戏功能比其他地方更明显，他们还有一项特长，即**晦涩体**（*trobarclus*）——写作晦涩的诗歌。

海姆达尔为人类带来神的礼物（Nils Asplund 作）

近代抒情诗派在一般人难以接近的领域行动、生存，他们喜欢把意义裹进谜一样的字词中，以此坚守其艺术之本。理解或至少熟悉其特殊用语的读者群有限，他们是有着远古血统的封闭文化群体。然而，他们所处的文明能否充分认识到其意图、去培养一种旨在完成重要功能的艺术，这还是个问题。

注释：

(1) 埃里希·奥尔巴赫的《维柯的语言学思想》（*Giambattista Vico und die Idee der Philologie*），载《安东尼·卢比奥·鲁奇纪念文集》（Homenatge a Antoni Rubió i Lluch，巴塞罗那，1936）第一卷第 297 页及后页。——原作者
维柯（GiambattistaVico，1668—1744），意大利哲学家、美学家。
埃里希·奥尔巴赫（Erich Auerbach，1892—1957），德国文论家。

(2) 这是赫伊津哈自己的英文表述。——英译者
弗朗西斯·培根（Francis Bacon，1561—1626），英国哲学家。培根这句话原

文为"poesis autem doctrinæ tanquam somnium",原意为"诗歌是学问的梦境"(poetry is as dream of learning)。见《学术的进步》(*De Augmentis Scientiarum*)第三卷,第 167 页。

(3) 如威·布·克里斯滕森和卡·科伦伊的著作。　　　　　　　——原作者

(4) 《卡勒瓦拉》(*Kalevala*),芬兰民族史诗,由十九世纪芬兰诗人伦洛特(Elias Lönnrot,1802—1884)汇编成书。

(5) 克瓦希尔(Kvasir),北欧神话中由众神创造出的人类,拥有无上智慧。

(6) 耶格的《教化》,第一卷第 34—37 页、第 72 页、第 288—291 页。　——原作者

(7) 沃·海·福格特的《埃达诗歌风格史》(*Stilgeschichte der eddischen Wissensdichtung*)第一节:祭礼讲解员(Der Kultredner)［载《基尔波罗的海委员会会刊》(Schriften der Baltischen Kommission zu Kiel)第四卷第一章,1927］。

沃尔特·海因里希·福格特(Walter Heinrich Vogt,1878—1937),德国历史学家。

(8) 萨克索·格拉玛提库斯(Saxo Grammaticus,1150—1229),丹麦历史学家。

(9) 见本书第 71 页(原书页码)。　　　　　　　　　　　　　——原作者

(10) 最初文本已于 1935 年在《荷兰皇家艺术和科学学院院刊》(*Mededeelingen der K. Nederl. Akad. van Wetenschap-pen*)上发表。　——原作者

德·若瑟兰·德·乔恩格,见第三章注(10)。

布鲁岛(Buru)、巴巴岛(Babar),均位于印度尼西亚。

(11) 盘头诗(*pantūn*),马来诗体,由隔行同韵的四行诗节组成。

俳句(*haikai*),日本古典短诗,由十七字音组成。

(12) 参见侯赛因·贾亚迪宁格拉特的《马来人盘头诗的神话背景》(*De magische achtergrond van den Maleischen pantoen*,巴达维亚,1933);让·普西鲁斯基的《〈一千零一夜〉序言结构和比武招亲主题》(*Le prologue-cadre des Mille et une nuits et le thème du Svayamvara*),载《亚洲杂志》(*Journal Asiatique*)第 210 期(1924),第 126 页。　　　　　　　　　　　　——原作者

侯赛因·贾亚迪宁格拉特(Hoesein Djajadiningrat,1886—1960),印度尼西亚历史学家。

第七章　游戏和诗歌

让·普西鲁斯基(Jean Przyluski,1885—1944),法国波兰裔语言学家、宗教学家。

(13)《芭蕉师徒的俳句》(haikai de Bashō et de ses disciples),马特苏斯(K. Matsus)和斯坦尼伯—奥伯林(Steinilber-Oberlin)译(巴黎,1936)。——原作者
芭蕉,即松尾芭蕉(Matsuo Bashō,1644—1694),日本诗人。

(14) 参见沃·海·福格特的《祭礼讲解员》第 166 页。　　　　　——原作者
伦洛特,见本章注(4)。

(15) 见本书第 56 页(原书页码)。　　　　　　　　　　　　——原作者

(16) 朗格多克(Languedoc),位于法国南部地中海沿岸。

(17) 前引书,第 131 页。　　　　　　　　　　　　　　　　——原作者

(18) 布伦西尔特,见本书第四章注(17)。

(19) 同本章注(17),第 132 页。　　　　　　　　　　　　　——原作者
陈庆余(Tran khanh-du,?—1340),越南陈朝(House of Tran,1225—1400)名将。
至灵县(Chi Linh),位于越南北部海阳省。

(20) 同前注,第 134 页。　　　　　　　　　　　　　　　　——原作者

(21) 此处译文及下一段译诗均根据中文习惯,改押尾韵。

(22) 瓦格纳(Wilhelm Richard Wagner,1813—1883),德国作曲家,对北欧神话情有独钟。

(23) 赫尔墨斯(Hermes),希腊神话中的神使,又是司畜牧、商业、交通旅游和体育运动之神。

(24) 亚里士多德认为,运动是永恒的,因此必然有永恒的动因。这个动因本身是不动的,他把自身不动的永恒动因称为第一推动者,又称"不动的推动者"(unmoved mover),并将之比作一个被爱着的人。

(25)《诗语法》(Skáldskaparmál),《新埃达》的第二篇,论述诗歌创作规则。
《古鲁菲受骗记》,见本书第二章注(30)。

(26) 德·若瑟兰·德·乔恩格在前引书描写了布鲁岛民宗教信仰中的类似情形。　　　　　　　　　　　　　　　　　　　　　　——原作者

(27) 赫朗格尼尔(Hrungnir)、奥鲁万迪(Aurvandil),北欧神话中的霜巨人;格萝雅(Gróa),北欧神话中的女巫医,奥鲁万迪的妻子。故事见《新埃达》的《诗语法》。

(28)《图勒》第二十卷,第24首。　　　　　　　　　　　　　——原作者
古斯塔夫·内克尔(Gustav Neckel,1878—1940),德国历史学家。

(29) 甘里瑞,见本书第六章注(32)。

(30) 隐喻语最先见于诗歌,这种假设并不一定排除它和禁忌(tabu)观念的联系。见阿尔贝塔·乔·波滕根的《古日耳曼诗歌语言的词源关系》(*De Oudgermaansche dichtertaal in haar etymologisch verband*)(莱顿,1915)。

　　　　　　　　　　　　　　　　　　　　　　　　　　　　——原作者

海姆达尔(Heimdall),北欧神话中的光之神、守护之神。

芙蕾雅(Freya),北欧神话中的美与爱之神。

阿尔贝塔·乔·波滕根(Alberta Johanna Portengen,1890—1979),荷兰历史学家。

第八章

神话创作的要素

一旦比喻的主旨在于用生命和运动来描述事物或事件,我们就走上了拟人化之路。把无形体、无生命之物描绘成人,是一切神话创作的灵魂,也是几乎所有诗歌的灵魂。但严格来说,这个过程并不遵循刚才指出的路线。不可能先想出某些无生命、无形体之物,然后再将其表现为有形体、有部件、有情感之物。不是这么回事——被感知之物一开始就被当成有生命、会运动的,这是该物最初的表现,而非事后的想法。只要觉得有必要向别人传达自身感知,这种意义的拟人化就会发生。概念就是这样作为想象活动产生的。

我们有理由把这种天生的思维习惯、这种创造鲜活生命的想象世界(或许是活生生的观念世界)的倾向,称为思维游戏、精神游戏吗?

我们来看看一种最基本的拟人化形式,即有关世界和万物起源的神话思考。按这种思考,造物活动被想象为某些神灵利用某个宇宙巨人肢体进行的工作。我们熟知《梨俱吠陀》和《新埃达》里的这种构想。当今文献学倾向于把载有这些故事的文本视为后期的文学改编。我们看到,《梨俱吠陀》第十卷颂诗是由祭司从仪式方面对原始神话内容进行神秘释义。原人(the primordial Being)布鲁沙(Purusha)(即人)充当了构成宇宙的物质。[1] 万物均由其躯体形成,"空界的、荒野的和村庄的牲畜";"月亮来自他的心灵,太阳来自他的眼睛,他的口生出因陀罗和阿耆尼,他的呼吸生成风,空界来自他的脐,天界来自他的头,地界来自他的脚,地平线四方来自他的耳;他们(神灵)[2] 由此造就了世界"。他们把布鲁沙当成祭品火化。这首颂诗混杂了上古神话幻想和后世宗教文化的神秘思考。我们可以顺便指出,该曲第十一颂突然出现了熟悉的疑问句式:"他们分割布鲁沙,分为几份?何谓其口?何谓其臂?何谓其腿?何谓其足?"

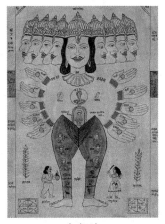
布鲁沙

伊米尔被神灵击杀

《散文埃达》里,甘里瑞也同样问道:"何为起源?如何起源?起源之前,又是什么?"接下来就是以各种主题大杂烩的方式描述了世界起源:先是巨人始祖伊米尔在热气流与冰层撞击下诞生。[3] 神灵杀死他,用他的肉造了大地,用他的血造了海洋湖泊,用他的骨造了山脉,用他的毛发造了树木,用他的头骨造了天空……

这些造物故事,都不如神话产生之初看上去那么鲜活。我们所论述的,倒不如说是已从仪式层面跌入文学层面的传统素材,这些素材作为古代文化珍贵遗存保留下来以教化后代,至少选自《埃达》的这个例子就是如此。上文早就说过,《古鲁菲受骗记》中所发生的一切,在整体结构、风格和旨趣上,似乎以一种不太严肃的方式耍弄古老神话主题。因此,我们必须自问:造成这些拟人化的心态是否一开始就与某种游戏状态息息相关呢?换句话说,大致总结一下有关神话的看

第八章 神话创作的要素

法,我们有些怀疑:原始印度人和斯堪的纳维亚人到底是否真的打心底里相信"人类肢体造出世界"这种臆想？至少无法证明这种信仰是否存在。我们甚至可以说,这绝不可能是真的。

我们一般会认为,抽象观念的拟人化是有了书面语言之后的晚期产物,比如各个时代文学艺术惯用的修辞手段——象征。的确,一旦诗歌隐喻不再运行于真正原始神话层面,不再成为某个神圣活动的要素,它所包含的拟人化的信仰价值也就成了问题,甚至可以说成了虚幻。于是,拟人化就被很自觉地用作诗歌材料,哪怕那些便于用拟人化阐释的观念仍被视同神圣时也是如此。这一定论也适用于荷马作品中最早的拟人化例子,比如潜入人心的 *Ate*[毁灭女神(Delusion)],跟随其后的 *Litai*[祈祷女神(Supplication)]又丑眼又斜,她们都是宙斯之女。赫西俄德著作中无数拟人化的例子也同样是难以名状、呆板无趣、矫揉造作。他的《神谱》为我们展示了一整串抽象形象:劳役之神(Toil)、遗忘之神(Oblivion)、饥荒之神(Hunger)、忧伤之神(the Agonies)、谋杀之神(Homicides and Murders)、争吵之神(the Discords)、谎言之神(Deceit)、妒忌之神(Envy)等都是邪恶的不和女神(Eris)所生。泰坦巨神帕拉斯(Titan Pallas)与大洋神之女冥河神(Styx)所生的两个孩子力量(Kratos)和暴力(Bia),住在宙斯那里,追随宙斯,如影随形。(4) 所有这些形象都只是比喻吗？都只是头脑中产生的难以捉摸的苍白之物吗？也许并非如此。种种理由表明,对特征加以拟人化,应属于宗教形成的最古老地层,当时,原始人感受到的周围各种力量还没具备人形——生命和自然神秘而巨大的凶险力量支配了心灵,而心灵尚未以拟人方式构思出神灵前,就用含糊不定的名字称呼那些压抑心灵、升华心灵之物,从而产生模糊的生灵之感,而非清晰可辨的人类形象。(5)

这类原始而又书面化的奇特形象,似乎正来自史前阶段的心理活动,恩培多克勒就用这些形象充斥了冥界:"在这个悲愁之地,谋杀之神和愤怒之神,还有一大群别的祸害之神,在哀伤的草地上摸黑游荡,与之同行的,还有贪婪的疾病之神、腐烂之神以及衰败之神的子子孙孙。"[6]"那里也有地母神、光芒万丈的太阳女神、血腥的战斗之神、目光凝重的和谐之神、美女神和丑女神、快女神和慢女神,还有可爱的真理之神和长发乌黑的阴影之神。"[7]

《启示录》里的四位骑马者

罗马人有着奇特的古老宗教意识,在所谓**封神榜**(*indigitamenta*)的习俗中还保存着拟人化(并非严格意义上的拟人)的原始技巧。这是官方仪式,在公众剧烈骚动时设置新的神灵,为的是通过赋予其神圣本质,让新神灵固定下来,以平息集体情绪的爆发。这是一招高明的心理学把戏,可以用来化解危险的社会紧张状态,并通过心理投射效应和抚慰以祛除紧张状态。因此,"苍白"(Pallor)和"恐惧"(Pavor)也有其神殿;同样,"辞令"(Aius Locutius)(即告诫提防高卢人的"声音"),以及导致汉尼拔撒兵的"荒唐"(Rediculus),平安带回家的"回家"(Domiduca),都有其神殿。[8]《旧约》也有拟人化的例子,如《诗篇》第八十五章里的"慈爱"(Mercy)、"诚实"(Truth)、"公义"(Justice)和"平安"(Peace),四者相遇相亲;还有《智慧篇》里的"智慧"(Wis-

第八章 神话创作的要素

dom),《启示录》里的四位骑马者,等等。⁽⁹⁾马塞尔·莫斯提到过英属哥伦比亚海达(Haida)印第安人信奉的财富女神(Goddess of Property),可算是命运女神(Dame Fortune),其职责就是提供财富。⁽¹⁰⁾

圣方济各

亨利·苏叟

对所有这些例子,我们都有理由去问:这种拟人化做法,究竟在多大程度上来自信仰态度或导致信仰态度?我们可进一步追问:是否所有的拟人化从头到尾都只是智力游戏?更为近代的例子让我们得出肯定回答。亚西西的圣方济各⁽¹¹⁾以神圣的激情和虔诚的狂喜尊崇他的新娘"贫穷"(Poverty)。不过,圣方济各是否真的相信精神上和天国里有那么个存在物名叫"贫穷"、真的是贫穷的化身?假如严肃认真地这么问,我们就开始犹豫了。如此冷冰冰地提这个问题过于鲁莽——我们把情感内容强加给了贫穷观念。圣方济各的态度是半信半疑的——教会不太可能允许他那种露骨的信仰。他的"贫穷"观念肯定在诗意想象和教义信仰之间摇摆不定,尽管趋于后者。可以这样用最简洁的方式表明其心态:圣方济各在和贫穷形象玩游戏。这位圣徒终其一生都在和纯粹的游戏因素和游戏形象打交道,而这正是他最富魅力的一面。同样,一个世纪后的德国神秘派亨利·苏叟⁽¹²⁾在玄秘抒情的美妙沉思中,沉湎于和心爱的"不朽智慧"(Eternal Wisdom)玩类似游戏。圣徒和神秘派的游戏场所是肉骨凡胎难以企及的,也和受逻辑约束的理性思考相去更远。神圣和游戏总是趋于交叠,诗意想象和信仰也是这样。

我在别处较为详细地论述了某些中世纪诗人、空想家和神学家作品中象征形象的理想价值。那篇论文探讨了阿兰·德·里尔著作中诗歌与神学的关系。[13] 我认为,象征中的诗歌拟人化和神学中的天国(或地狱)存在物构想之间,不可能明确加以区分。倘若我们把他那意象丰富的《完美之人》(*Anticlaudianus*)或《大自然悲歌》(*De Planctu Naturae*)等全部诗歌珍品只当成文字"游戏",就会冤枉了阿兰·德·里尔之类的诗人兼神学家。对文字"游戏"而言,他的意象过于深奥——深邃的哲学思想和神学思想与意象息息相关。而另一方面,他仍旧完全意识到其作品的想象特征。就连宾根的希德嘉也未声称自己幻梦中见到的美德天使具有形而上的实体——其实,她甚至告诫不要这么想。[14] 她指出,可见的形象与美德本身之间是一种"象征"[*designare*(描述)、*praetendere*(假托)、*declarare*(阐明)、*significare*(表示)、*praefigurare*(征兆)]关系。不过在想象中,它们就像生命体一样行事。希德嘉和阿兰·德·里尔都认为,即便在神秘体验中,诗歌想象自身也表明,它在幻想与笃信、游戏与严肃间不停盘旋。

从最神圣的到最文学的,从吠陀中的布鲁沙到《鬈发遇劫记》[15]里的迷人小雕像,无论形式如何,拟人化都既是游戏功能,又是极为重要的思维习惯。即使在现代文明中,拟人化也丝毫未退缩为不得不容忍的、不时采用的单纯文学技巧。我们远远还没有长大到日常生活中不再需要拟人化的地步。我们每个人不都是一再发现自己跟某些无生命之物念叨吗?比如格外一本正经地对一枚不听使唤的领扣说话,认为它不听话、责怪、辱骂它像恶魔般顽固。如果你这么做过,那就是

第八章 神话创作的要素

严格意义上的拟人化。但你通常不会公开承认你相信这枚领扣是生命体或有思想——你只是不由自主地陷入游戏心态罢了。

倘若这种赋予日常生活物件以人格的先天思维癖好确实源于游戏,我们就面临一个非常严肃的话题。这里只能一带而过。游戏心态肯定出现在人类文化或人类言语之前,所以拟人化和想象力活动的领域,从最遥远往昔以来就是事实了。如今,人类学和比较宗教学告诉我们,将神灵和幽灵比拟为兽类形象,是古代宗教生活最重要的内容之一。把神灵想象为兽形,是整个图腾信仰体系的真正根源。部落两派不仅自称是袋鼠和乌龟,其实他们就是袋鼠和乌龟。*versipellis*(变形)这个世人皆知的观念也包含了同样的思维模式,指的是人可以改变其外形并暂时变成某种动物形象,比如狼人。宙斯为了吸引丽达、欧罗巴、塞墨勒、达娜厄(16)等人而作出的众多变形,埃及众神的人兽混一,都与这种思维模式密切相关。无疑,对于野蛮人(也包括古埃及人或古希腊人)来说,这种把人作为动物进行神圣再现,是非常"严肃"的——野蛮人对人兽之别并不比儿童分得更明白。可当他戴上恐怖的野兽面具、扮作动物出现时,他在证明自己毕竟还是"很"明白的。我们基本上已不再是野蛮人了,可以用来为自己重建野蛮人心态的唯一解释,就是假设我们在儿童那里观察到的游戏领域仍包含着野蛮人的全部生活,从最神圣的情感到最无聊、最稚气的娱乐。那么,认为仪式、神话和宗教中的兽形因素能从游戏心态的角度得以充分理解,这种观点还算冒失吗?

对拟人化和象征的讨论中,还产生另一更深刻的问题,这就是前面提到"非常严肃的话题"时我们想到的。我们能完全确定当今的哲学和心理学已经彻底放弃了象征的表达方式吗?我一直认为,它们并未放弃,也不可能放弃。古老的象征思维仍悄悄混进哲学术语和心理学术语,在它们为心理冲动与精神状态发明的概念中,拟人化蓬勃发展。心理分析作品中,拟人化比比皆是。但我们很可能会问:少了它们,抽象言语能否继续下去?

丽达与天鹅(da Vinci 作)

宙斯与塞墨勒(Ricci 作)

理解神话要素,最好把它当成游戏功能,理解诗歌要素也是如此。为什么人类要让字词遵从节奏、音调和韵律呢?如果回答"是为了美或出自深挚情感",那只能说明我们思考还不够深入;而如果我们回答"人类写诗是因为感到需要群体游戏",那就更为贴切了。有韵律的字词就是这种需要的产物——诗歌在群体游戏中享有重要功能和丰富价值,而随着群体游戏丧失其仪式特征或节庆特征,诗歌也逐渐失去其重要功能和丰富价值。诸如韵律和对句之类要素,源于永恒的、不断出现的游戏形式——正拍和反拍、升调和降调、提问和回答,简而言之,就是节奏——也只有在这种游戏形式中才有意义。其由来与歌舞原理密切相关、难解难分,而歌舞原理又包含在远古的游戏功能中。被视为诗歌独有的一切特点,如美、神圣、魔力,起初都包含在原始的游戏特点中。

我们依照不朽的希腊模式,把诗歌分为三大类:抒情诗、史诗和戏剧。三者都来自游戏领域,其中抒情诗仍然离游戏领域最近。这

第八章　神话创作的要素

劫夺欧罗巴（Titian 作）

里，须从广义上理解抒情诗，即不仅包括抒情诗体裁本身，还包括表达迷狂情绪的各种形式。在诗歌语言标尺上，抒情表达离逻辑最远，而离音乐舞蹈最近。抒情诗是玄思语言、神谕语言和魔法语言。诗人极其强烈地体验到外界激发的感受——此时，他最接近至高智慧，也最接近愚蠢。彻底放弃理性和逻辑，是野蛮民族中祭司和先知的语言特点——这种语言往往会逐渐变成纯粹的胡言乱语。埃米尔·法盖[17]曾在某处说"现代抒情诗少不了蠢话"（le grain de sottise nécessaire au lyrique moderne）。但不光是现代抒情诗人需要蠢话，整个体裁都须在理智范围之外运作。抒情想象的一个基本特征，就是趋于狂热的夸张。诗歌必定是超常的。《梨俱吠陀》里的造物幻想和神秘想象，与莎士比亚的高超天分，在最大胆的意象上如出一辙，因为莎士比亚历经了古典主义全部传统，但又保留了古代先知（vates）的全部冲动。

竭力使概念宏大惊人,这种欲望并非抒情诗独有——这是典型的游戏功能,为儿童生活和某些精神疾患共有。大概在萧和黛丽[18]的通信里有个故事,一个小男孩从园子里冲进来高喊:"妈妈,妈妈,我看到了一个很大的胡萝卜——跟上帝一样大!"另有位病人告诉精神病医生,他们带他进了一辆马车。"我敢说,马车不一般吧?""当然啦,那可是黄金马车!""怎么拉的呢?""有四千万匹钻石小马来拉的!"类似荒谬的特征和数量,常见于佛教传说。这种妄想夸大的倾向,在神话和圣徒行迹的编者中也总能看到。印度传说告诉我们,伟大的苦修者吉耶婆那[19]坐在蚁冢上**苦修**(*tapas*),看不见全身,只能看到他的双眼炽炭般向外放光;众友仙人[20]能用趾尖站立千年。这种在怪异数量或怪异程度方面玩的游戏,产生了从最古老神话到格列佛[21]等众多巨人或侏儒故事。《**散文埃达**》中,托尔及其同伴瞧见一间通往巨大寝宫的小房间,他们就在小房间里过夜。第二天一早才发现,原来他们睡在巨人斯克里莫的手套拇指里。[22]

萧伯纳

黛丽

我认为,通过无限夸张或混淆比例制造惊奇效果的意图,无论是在构成信仰体系的神话中看到的,还是在纯文学中看到的,或是在儿童幻想中看到的,都不能太当真。以上情形中,我们涉及的都同样是

第八章 神话创作的要素

吉耶婆那

众友仙人

心灵的游戏习性。我们总是不由自主地用自己的科学、哲学或宗教信仰标准去评判古人在其创造的神话中的信仰,近乎假装的半玩笑要素与真正神话不可分离。这里,我们面对的就是柏拉图所说的"诗歌的奇幻成分"。[23]

即便诗歌(希腊语 *poiesis* 最广义的含义)必定总是归入游戏领域内,但这并不是说其主要游戏特征总能表面上得到保全。一旦节庆场合吟诵史诗不再重要、史诗仅供阅读,史诗与游戏的联系就切断了;一旦抒情诗与音乐的纽带消失,抒情诗也就不被当成游戏功能了。唯有戏剧,因其内在功能特征、其行动属性,才会长久保持与游戏的联系。语言本身反映了这种不可摧毁的联系,尤其是拉丁语及相关语种,还有日耳曼语族。戏剧被称作"戏"(play),戏剧表演称作"演戏"(playing),创造了最完美戏剧形式的希腊民族,并未用"play"一词表示戏剧本身或戏剧表演,这也许显得反常,但依照前面说过的理由,也就容易理解了。希腊人缺少能涵盖整个游戏领域的词语,这个事实很能说明其术语中的空缺。游戏精神深深浸透了希腊社会,结果希腊人一直不觉得这种精神本身有什么特别。

格列佛

斯克里莫

悲剧和喜剧都源于游戏,这一点非常明显。雅典喜剧是从酒神节不羁的欢饮(komos)中产生出来的。只是到了后期,它才变成有意识的文学活动——而即使在那时,在阿里斯托芬[24]时代,雅典喜剧仍带有过去酒神节的无数痕迹。在所谓的致辞阶段(Parabasis),合唱队分为两排,来回走动,面朝观众,奚落嘲笑地挑出牺牲品。游戏者装扮成阳具模样,合唱队戴着动物面具,这些都是远古特征。阿里斯托芬创造出蜂、鸟、蛙之类喜剧主题,并非仅仅出于奇思异想,这些想象的背后是化身兽形(theriomorphic personification)的全部传统。这些具有公共批判和尖锐嘲讽功能的"古代喜剧",应完全归入前面所述那些苛刻、刺激而又喜庆的轮唱歌咏。最近,罗伯特·司徒布尔[25]在其著作《作为中世纪戏剧起源的日耳曼礼拜游戏》(Die Kultspiele der Germanen als Ursprung mittelalterlichen Dramas)中,重现了日耳曼文学中从仪式

第八章　神话创作的要素

到戏剧的类似发展路线，与希腊喜剧发展路线并行，这一路线即便尚未得到证实，也颇具说服力。

古希腊陶罐上描绘的欢饮场面

悲剧起初也不只是用文学再现人类命运。悲剧最早是神圣游戏或表演仪式，而绝非为舞台演出设计的文学作品。但随着时光流逝，这种神话主题的"演示"（acting out），逐渐发展为正规演出，用动作和对话表演一连串事件，这些事件构成了一个有情节的故事。

喜剧和悲剧同样来自竞争名下，我们已经明白，在任何情形下，竞争都被称为游戏。希腊剧作家创作作品在酒神节上竞赛——虽然城邦并不组织竞赛，却要参与竞赛。总有一大批二三流的诗人争夺桂冠。虽说品头论足会令人生厌，但观众已习以为常，而批评也特别尖锐。全体公众懂得所有典故，对风格和表达的微妙之处都能有所反应，像足球赛的观众一样共享竞赛的紧张。他们急不可耐地等候新的合唱队亮相，因为入队的公民已经排练了整整一年。

欧里庇得斯

埃斯库罗斯

阿里斯托芬

戏剧的实际内容也是竞赛式的。比如，喜剧或辩论话题，或攻击某人、某个观点，阿里斯托芬对苏格拉底和欧里庇得斯[26]的嘲讽即为一例。至于戏剧演出时的精神状态，则是酒神般的迷狂和赞美酒神的狂热。演员借助所戴面具，离开了平常世界，感到自己改头换面成了另一个自我，那个自我与其说是象征，还不如说是化身和现实。观众和演员一起卷进那种精神状态。在埃斯库罗斯[27]的戏剧中，激烈夸张的语言、天马行空的想象和表达，与戏剧的神圣起源完全吻合。产生戏剧的心理领域并无游戏与严肃之别。在埃斯库罗斯那里，体验最可畏的严肃性，是以游戏形式进行的；而欧里庇得斯的戏剧风格则介于深刻的严肃和轻盈之间。苏格拉底在柏拉图的《会饮篇》中说，真正的诗人，必须既是悲剧诗人又是喜剧诗人；整个人生，必须感到悲喜交加。[28]

第八章 神话创作的要素

苏格拉底之死(Jacques-Louis David 作)

注释：

(1)《梨俱吠陀》第十卷第 90 曲，第 8、13—14、11 颂。　　——原作者

(2) 创世神话总要假定在一切存在之前有个 *primum agens*(第一因)。——原作者

　　因陀罗(Indra)，印度神话中的天神之王、雷雨之神。

　　阿耆尼，见第六章注(3)。

(3) 容我再请读者查阅汉·辛·贝拉米的《月亮、神话和人》、《洪荒前的建造》等著作，他的解释大不相同。　　——英译者

　　伊米尔(Ymir)，北欧神话中巨人的始祖。

(4)《神谱》(*Theogonia*)第 227 行以后，第 383 行以后。　　——原作者

(5) 参见吉尔伯特·默里的《人类学与经典》(*Anthropology and the Classics*)，罗·拉·马雷特编(牛津，1908)，第 75 页。　　——原作者

　　吉尔伯特·默里(Gilbert Murray,1866—1957)，英国古典学者。

(6)《残篇》(*Fragments*)第 121 则；参见卡佩勒前引书第 242 页。　　——原作者

(7)《残篇》(*Fragments*)第 122 则；参见赫·狄尔斯的《苏格拉底之前哲学残篇》

（*Fragmente der Vorsokratiker*），第二卷，第 219 页。　　　　　——原作者

赫尔曼·狄尔斯（Hermann Diels, 1848—1922），德国古典学者。

(8) 辞令神（Aius Locutius），根据古罗马传说，公元前 391 年，高卢人进军罗马，有位罗马平民在夜里听到一个超自然的声音，警告提防高卢人的进攻，但当局不信，结果高卢人占领罗马。赶走高卢人后，罗马人为那个声音设立神殿。

高卢（Gaul），今法国、比利时、意大利北部、荷兰南部、瑞士西部和德国莱茵河西岸一带。

荒唐神（Rediculus），公元前 211 年，汉尼拔欲进攻罗马，在城外看到幽灵，敦促其撤军，罗马人为幽灵建立神殿，奉为保护神；一说，汉尼拔兵败罗马，成为罗马人的笑柄，他们建起神殿，让后人记住汉尼拔的耻辱。

汉尼拔（Hannibal，前 247—前 182），北非古国迦太基名将，军事家。

回家神（Domiduca），罗马神话中保护儿童回家的神。

(9) 分别见《诗篇》第八十五章第 10 节："慈爱和诚实，彼此相遇；公义和平安，彼此相亲"；《智慧篇》第六章至第十章；《启示录》第六章第 1—8 节。

(10)《论赠礼》第 112 页。　　　　　——原作者

(11) 亚西西的圣方济各（St. Francis of Assisi, 1182—1226），天主教方济各会和方济女修会的创始人。

(12) 亨利·苏叟（Henry Suso，约 1300—1366）德国神秘主义者。

(13) 原文德语，载《荷兰皇家艺术和科学院院刊·文学卷》第 74 期（1932 年第 6 期）第 82 页及后页。　　　　　——原作者

阿兰·德·里尔（Alain de Lille，约 1128—1202），法国神学家、诗人。

(14) 同前注，第 89 页。　　　　　——原作者

宾根的希德嘉（Hildegard of Binger, 1098—1179），德国神学家、作曲家、作家。

(15)《鬈发遇劫记》（*Rape of the Lock*），英国诗人蒲柏（Alexander Pope, 1688—1744）的长篇讽刺诗。

(16) 丽达（Leda），希腊神话中的斯巴达王后。天神宙斯倾慕丽达美貌，化身天鹅与之亲近。

欧罗巴(Europa),希腊神话中的腓尼基公主。宙斯爱慕欧罗巴,变作公牛带着欧罗巴渡海到克里特岛。

塞墨勒(Semele),希腊神话中的腓尼基公主。宙斯化身雄鹰将塞墨勒劫到天国。

达娜厄(Danae),希腊神话中阿尔戈斯公主。宙斯化作金雨和达娜厄相会。

(17) 埃米尔·法盖(Emile Faguet,1847—1916),法国文学批评家。

(18) 萧伯纳(George Bernard Shaw,1856—1950),爱尔兰剧作家。

爱兰·黛丽(Ellen Terry,1847—1928),英国女演员。

(19) 吉耶婆那(Cyavana),印度神话中的圣人。

(20) 众友仙人(Visvamitra),印度神话中的圣人。

(21) 格列佛(Gulliver),英国作家乔纳森·斯威夫特(Jonathan Swift,1667—1745)的小说《格列佛游记》(*Gulliver's Travels*)的主人公。

(22)《古鲁菲受骗记》第四十五章,参见"尘世巨蟒的拖曳",第四十八章。

——原作者

斯克里莫(Skrymir),北欧神话中的巨人。

尘世巨蟒(Midgard Serpent),北欧神话中的怪物。

(23)《智者篇》268D:τῆς ποιή σεως…τὸ θαυματοποιικὸν μόριον.(诗歌的奇迹成分。)

——原作者

(24) 阿里斯托芬(Aristophanes,约前446—约前386),古希腊喜剧家。

(25) 罗伯特·司徒布尔,见本书第六章注(12)。

(26) 欧里庇得斯(Euripides,约前480—前406),古希腊悲剧家。

阿里斯托芬在《云》(*The Clouds*)中讽刺苏格拉底是诡辩家,该剧对苏格拉底形象的刻画,对他后来被判死刑有直接影响;在《蛙》(*Frogs*)中描写了埃斯库罗斯和欧里庇得斯在冥府中的辩论,对两人尤其是欧里庇得斯冷嘲热讽。

(27) 埃斯库罗斯(Aeschylus,约前525—约前456),古希腊悲剧家。

(28)《会饮篇》(*Symposium*)223D,《斐莱布篇》(*Philebus*)50B。——原作者

第九章

哲学的游戏形式

在我们试图用游戏观念描画的圈子中央,伫立着希腊诡辩派的形象。诡辩派可视为古代文化生活核心形象的传人,这类核心形象依次以预言家、巫医、卜士、法师和诗人的身份出现在我们面前,其最佳名号是 *vates*(先知)。与更古老类型的文化掌门一样,诡辩派也有两大重要功能:其任务既要展示令人叹服的知识和神奇技能,同时又要在公开竞赛中击败对手。这样,古代社会中群体游戏两大元素(出风头和爱争斗)就集于一身了。还要记住,真正的诡辩派出现前,埃斯库罗斯就用"诡辩派"一词称呼普罗米修斯和帕拉墨得斯[1]之类足智多谋的往昔英雄。我们读到过,他俩都得意洋洋地列举自己为了人类利益而发明的种种技艺。在夸耀自身知识方面,他们无异于后来的诡辩派、比如博学者希庇亚[2]。希庇亚多才多艺,他是记忆大师、经济霸主。他曾夸口说,他的所有穿戴都是自制的,并屡次作为全能天才出现在奥林匹亚,愿意辩论任何话题(事先就准备好了!),能回答任何提问,自称别想找到比他更优秀的了。[3]所有这些,仍跟梵书里解谜祭司雅若洼基夜的举止差不多,雅若洼基夜曾让对手人头落地。[4]

诡辩派的表演叫 *epideixis*(演示)。前面稍微提及,诡辩派有一套常规节目,专题演讲还要收费。有些作品有固定价格,比如普罗狄克斯[5]的演讲要收五十个银币。高尔吉亚[6]凭技艺赚了很多钱,所以能向德尔菲[7]的神灵供奉一座他本人的纯金雕像。普罗泰戈拉[8]等诡辩派巡回各地,其丰功伟绩就记录在册。当时,诡辩派大师造访,会轰

第九章 哲学的游戏形式

普罗米修斯造人（古罗马浮雕）

帕拉墨得斯领命（Rembrandt 作）

动全城;会被当成非凡人物受到景仰,被比作体育运动的英雄;简而言之,诡辩派的职业跟体育运动完全不相上下。观众对每句切中要害的俏皮话都报以掌声和笑声。用辩论之网[9]困住对手或给对手一击令他出局[10],这正是纯粹的游戏。设套让每个回答都必定出错,这是关乎荣誉的大事。

普罗泰戈拉把诡辩术称为"古老的艺术"($\tau\acute{\epsilon}\chi\nu\eta\nu\ \pi\alpha\lambda\alpha\iota\acute{\alpha}\nu$),可谓一语道破。它确是古老的智力游戏,始于最早期的文化,介于严肃的仪式和纯粹的娱乐之间,有时攀上智慧的高度,有时沦为戏谑的对抗。说起"现代流行把毕达哥拉斯描写成巫医之类的人物",魏纳·耶格不屑一顾,认为是浅陋之见,不值一驳[11]。然而他忘了,无论就其本质而言,还是从历史的观点来看,巫医(或随你怎么称呼他)都确是所有哲学家和诡辩派的兄长,他们都保留着这种古老血缘关系的印迹。

诡辩派自己完全明白其技艺的游戏性质。高尔吉亚称其《海伦颂》(*Encomium on Helen*)为游戏($\pi\alpha\acute{\iota}\gamma\nu\iota o\nu$),称《论自然》(*On Nature*)为修辞学戏作。[12]反对这种解释的卡佩勒等人[13]应记住,诡辩派雄辩术的全部领域内,游戏和严肃之间无法做出鲜明区分,而用"游戏"一词最符合其本性。同样,认为柏拉图描绘的诡辩派形象夸张滑稽,这种观点也不尽正确。我们不该忘记,诡辩派表现出来的所有轻浮虚伪个性,都是其性格的本质要素,让人想起它的悠久起源。它本质上属于游牧部落,出尔反尔和阿谀奉承是其与生俱来的特权。

然而,正是这些诡辩派,造就了诞生希腊教育观念和文化观念的环境。我们可能以为,希腊知识和希腊科学是学校的产物,其实不然——它们并不是专为训练公民适应有用有益职业的某种教育制度的副产品。对希腊人来说,精神财富是闲暇($\sigma\chi o\lambda\acute{\eta}$)时的成果。而对自由人而言，只要不是城邦当局、战争或仪式占用的时间，就算是空闲时间，所以自由人确实闲得很。(14) "school"（学校）一词背后有段奇特的历史。这个词最初指"闲暇"，而随着文明对年轻人自由支配时间的限制越来越多并驱使越来越多的青年从童年起就开始过刻苦勤奋的日常生活，现在"school"的意思恰好反了过来，指系统的功课和训练。

诡辩术在技术上被当成一种表达方式，与原始游戏有着种种联系，这些联系见于诡辩派的前身——**先知**（*vates*）。严格意义上的诡辩与谜语关系密切，它是一种剑术花招（fencer's trick）。希腊语 πρόβλημα（问题）最初的实际含义，指放在身前的防御物，比如盾牌，或指扔到别人脚下要他拾起的东西，比如表示挑战扔下的手套。抽象地看，这两种含义都适用于诡辩派的技艺。(15) 诡辩派的提问和论辩恰好都是这种意义上的"问题"（problemata）。游戏，或者我们所说的"智力游戏"（*jeux d'esprit*），为的就是用捉弄人的问题难住对方，它们在希腊人言谈中占有重要地位。不同的种类冠以术语加以分类，包括**连锁诡辩术**（*sorites*）、**制谬诡辩术**（*apophaskon*）、**圈套诡辩术**（*outis*）、**虚假诡辩术**（*pseudomenos*）、**反诘诡辩术**（*antistrephon*）等。亚里士多德有位学生叫克勒库斯(16)，他写过一本《谜语理论》(Theory of the Riddle)，特别提到一种有赏罚的玩笑类问答游戏，名叫 *griphos*（谜语）："什么东西既无处不在又无处可寻？"答案是"时间"；"我是我，你不是我；我是人，所以你不是人。"据称第欧根尼说过："你若求真实，你最好从我开始。"(17) 克吕西波(18)写过一部完整论述诡辩术的专著。所有这些怪题都基于一个前提，即对手按惯例接受游戏的逻辑效力，而不像第欧根尼那样提出异议搅乱一切。论点可用押韵、叠句或其他技巧加以风格上的修饰。

亚历山大大帝与第欧根尼(Caspar de Crayer 作)　　克吕西波

从这种"戏谑"(fooling)向诡辩派夸夸其谈的演讲和苏格拉底的对话转变,始终很顺畅。诡辩既与寻常猜谜相似,又与神圣的宇宙起源之谜相近。柏拉图对话录《犹西德谟篇》里的同名人物,时而玩弄纯粹幼稚的语法和逻辑把戏,时而趋于深奥的宇宙学和认识论。[19] 早期希腊哲学的深刻见解,比如爱利亚派[20]的命题"无生无动亦无多",即来自问答游戏形式。甚至连不可能得出普遍有效判断的抽象推论,也来自简单的连锁诡辩术或连环问(chain-question):"晃动一袋谷子时,是哪一粒发出响声?第一粒?""不是。""第二粒?""不是。""第三粒?第四粒……""不是。""可见……"

此类事情上,希腊人多大程度上在玩游戏,他们自己心里明白。在《犹西德谟篇》里,柏拉图借苏格拉底之口把诡辩术鄙夷为玩弄学问。他说:"这玩意儿,不会教你懂得事物本质。你只学会如何用诡诈和含糊愚弄人。比起绊别人一跤或别人正要坐下时把椅子抽掉,好不到哪儿去。"他接着说:"你说想把这孩子培养成圣人,是在开玩笑还是当真?"[21]《智者篇》中的泰阿泰德(Theaetetus)不得不向爱利亚来的陌生人承认,诡辩派属于"沉湎游戏"($τῶν\ τῆς\ παιδιᾶς\ μετεχόντων$)的

第九章 哲学的游戏形式

那类人。[22]巴门尼德被迫就"存在"这个问题表态,他称这项任务是在"玩艰难的游戏"(πραγματειώδη παιδιὰν παίζειν)[23],接着便开始提出最深奥的本体论问题,并一直守着问答游戏不放。"'一'是不可分的,它是无限的,所以也是无形的;它无处可寻,静止不动、亘古不变、不可知晓。"然后思路颠倒过来,接着颠倒过去,又颠倒过来。[24]论证穿梭般来回运动,在翻飞的论证中,认识论呈现出高贵游戏的面貌。不只是诡辩派在玩游戏,苏格拉底和柏拉图同样在玩游戏。[25]

据亚里士多德的说法,爱利亚的芝诺第一个用麦加拉派哲学家和诡辩派特有的质问方式写对话。[26]这种对话的技巧在于制伏对手。据说柏拉图创作对话时,特别模仿了索福戎。[27]请注意,这位索福戎是滑稽剧(μῖμος)作家,亚里士多德干脆就把对话称为*滑稽剧*(*mimos*),而滑稽剧本身是喜剧的分支。所以,假如我们看到,连苏格拉底和柏拉图也像诡辩派一样被当成杂耍艺人、法师术士时,就无须大惊小怪了。[28]如果这些事例尚不足以揭示哲学的游戏要素,那么柏拉图的对话本身就有充分的证据。对话是艺术形式,是虚构,因为很明显,无论希腊人怎样润饰,真实的对话都不可能具备文学对话的光彩。经柏拉图之手,对话轻盈优美,匠心十足。《巴门尼德篇》足以为证,其背景简直就是短篇小说;还有《克拉底鲁篇》的开头,这两篇以及其他许多对话轻松随意的语气都能作证。这里显然与*滑稽剧*有些类似。《智者

巴门尼德

篇》里,论述古老哲学的基本原理,用的就是非常谐谑(scherzo)的口吻,而《普罗泰戈拉篇》则以地道的幽默讲述了埃庇米修斯和普洛米修斯的神话。⁽²⁹⁾

爱利亚的芝诺展示真理之门和谬误之门

"这些神灵的面貌和名字,"苏格拉底在《克拉底鲁篇》中说,"可以作严肃的解释,也可以作幽默的解释,因为神灵爱开玩笑($φιλοπαίσμονες γὰρ καὶ οἱ θεοί$)。"在同一对话另一处,柏拉图借苏格拉底之口说:"如果我听过普罗狄克斯五十个银币一场的演讲,那你一下子就会明白的;但实际上我只听过他一个银币一场的演讲啊!"[30] 接着,他调侃荒唐的词源学时,用了同样明显的嘲讽口吻:"请注意我的独门绝技啊,对付所有无法解决的问题就靠它了!"[31] 最后还说:"我老是对自己的聪明感到惊奇,都不相信自己有这么聪明了。"而看到《普罗泰戈拉篇》以推翻观点收尾、看到《美内西诺斯篇》(Menexenos)里的悼词严肃与否令人生疑时,我们还能说啥呢?

柏拉图笔下的对话者本人把他们的哲学事业视为愉快的消遣。年轻人爱争辩,年长者顾脸面。[32]《高尔吉亚篇》里的卡里克勒(Callicles)说:"归纳起来,倘若你现在放弃哲学,转而从事更伟大的事情,你就会懂得这一点。因为假如你年轻时适度研习哲学,哲学就是恰当的;而一旦埋首其中过久,哲学就有害了。"[33]

结果,那些奠定哲学和科学不朽基础的思想家,把自己的工作视

第九章　哲学的游戏形式

为孩子气的消遣。为向后人证实诡辩派的根本错误,证实其逻辑缺陷和伦理缺陷,柏拉图甚至甘愿借用诡辩派散漫随意的对话体;因为,尽管柏拉图大大深化了哲学,却仍把哲学看成高尚的游戏。如果说,他和亚里士多德都认为,诡辩派的谬见和狡辩尚值得严肃地一一批驳,那只是因为他们自己的哲学思想尚未从古代游戏领域中挣脱出来。不过,我们要问,哲学到底能挣脱吗?

我们可以把哲学的前后阶段大致概述如下。它始于远古的神圣猜谜游戏,这种游戏既是仪式活动又是节庆活动。在宗教方面,它产生了《奥义书》的深奥哲学和神智学[34],产生了苏格拉底之前哲学流派的直觉神会;在游戏方面,产生了诡辩派。这两方面并非截然隔绝。通过对真理的追求,柏拉图把哲学提升到非他不能企及的高度,但正是这种超凡形式才一直是古往今来哲学的真正要素。与此同时,哲学在较低层面上演化为诡辩式的吹嘘和才智上的精明。在希腊,竞赛因素非常强大,以至于它容许以牺牲纯哲学为代价来发展修辞学,诡辩成了平民教养的炫耀,把纯哲学打入了冷宫。高尔吉亚就是这种文化堕落的代表:他背离真正的哲学,崇尚、滥用辞藻和歪才而虚掷精力。亚里士多德之后,哲学思维的水平降低了——模仿达于极致,狭隘的教条主义盛极一时。中世纪后期,类似的式微重新出现:伟大的经院哲学家力图理解事物最深层的意义——在这个时代之后,只要有词语和公式就足够了。

所有这一切的游戏要素,并不易于精确界定。有时,稚气的双关语或肤浅的俏皮话,与深刻思想之间仅仅差之毫厘。高尔吉亚有篇著名论文,叫《论不存在》(*On Not-being*)。文中,他断然反对一切严肃知识,主张极端的虚无主义,该文和他的《海伦颂》(他自己明确称之为游戏)同样是游戏现象。对由语言陷阱构成的愚蠢诡辩和麦加拉派的严肃研究,斯多葛派完全等量齐观[35],从这一事实可见,游戏和知识之间缺乏任何清晰自觉的分野。

对于其他人来说,辩论和演说最重要,且向来是公众竞赛的主题。公开演讲是出风头的方式,假托炫耀卖弄辞藻。如果希腊作家想解答某些有争议的问题并下结论,他就用文学形式来场辩论。修昔底德就是这样通过阿基达马斯和斯提尼拉伊达的演说,提出或战或和的理由;尼西阿、亚西比得、克里昂、狄奥多特则对付其他问题。[36] 同样,针对破坏中立进攻米洛斯岛,他就用极其诡辩的问答游戏方式讨论权力或权利话题。[37] 阿里斯托芬在其作品《云》中,就用"正理歪理之争"(the duel between the just and unjust Logos),对当众辩论之风加以滑稽模仿。

修昔底德

尼采

诡辩派酷爱**矛盾**(*antilogia*)[或称两可推理(double reasoning)]。除了自由运用游戏外,这种推理还放任他们暗示,人类思想的每个判断都始终模棱两可:一件事物,可以这样表达,也可以那样表达。而实际上,能令以言辞取胜的艺术保持相对纯净正统的,正是其游戏特征。

只有当诡辩派以不烂之舌追求本质邪恶的目标[如卡里克勒提出"主人道德"（master-morality）[38]]时，才颠覆了智慧，当然除非我们认定竞赛行为本身不道德、不合法。然而，诡辩派和演说家通常的目的，并不是真理或渴望真理，而是证明自己正确的纯粹个人满足感。他们受到原始竞争本能和为荣誉而战的驱使。有些为尼采立传的作家[39]责备尼采重拾古老的论战式哲学态度，若真是如此，那么尼采就是在把哲学带回其古老的起点。

推理过程本身受游戏规则的影响有多大？或者说，多大程度上只在某种参照系内（必须遵守参照系里的那些规则）才有效？对此我们无意深究。在所有逻辑尤其是三段论中，是否人们就像看待棋盘上的棋子一样，总是默认术语和概念理所当然正确呢？这还是让别人去琢磨吧！这里，我们唯一的愿望是，大致指出希腊时代以后演说术和辩论术不容置疑的游戏特征。无须过于详尽的细节，因为这一现象总是以相同形式一再出现，而且它在西方的发展主要取决于卓越的希腊榜样。

昆体良

韦帕芗

昆体良[40]把演说术和修辞术引进古罗马人的生活和文学。热衷于此的远远不止罗马帝国正规修辞学校。迪奥·克里索斯托[41]本身就是修辞学家,他谈到那些街头哲学家,说他们就像庸俗的诡辩派,用格言俏皮话的大杂烩以及不乏煽动蛊惑的无聊唠叨,吸引奴隶和水手注意。从此就有了韦帕芗[42]法令,把所有哲学家逐出罗马,而凡夫俗子仍继续推崇那些尚在流行的诡辩榜样。更为严肃的人物再三出面并发出警告——圣奥古斯丁告诫要防备"旨在刁难人的有害争执和愚蠢大话"。[43] "你有角,因为你没失去任何角,所以你还有角",此类玩笑在各流派所有文献中反复出现,似乎其精巧趣味从来就不会失去。显然,造成这些愚蠢透顶命题的逻辑谬误,智力平平者难以觉察。

黑暗时代哲学游戏的景观,可见于公元589年信奉阿里乌斯教的西哥特人在托莱多皈依天主教一事[44],当时采取常规神学比试形式,双方都有大主教参加。而编年史家里奇所描述的同一时期哲学的游戏特征也毫不逊色。[45]他记叙了加贝(后来成了教皇西尔维斯特二世[46])的一段生平。马德堡大教堂有位学究名叫奥特里克(Ortric),他嫉妒加贝博学盛名,就派手下一名牧师去兰斯,命他偷听加贝讲经,企图抓住加贝发表的不当言论,回头向皇帝奥托二世禀报。[47]这名间谍误解了加贝的话,并把自认为听到的内容统统上报。翌年,即公元980年,皇帝策划让两位饱学之士共聚腊万纳[48],并让他们在德高望重的听众面前辩论,直至夜幕降临,听众倦乏。辩论的高潮是:奥特里克指责对手把数学称为物理学的分支,[49]而加贝先前其实说的是,这两门学科平起平坐,同时存在。

在那个爱大肆卖弄博学、诗歌和虔诚格言的所谓加洛林文艺复兴时期,当时的要人用古典人名或圣经人名给自己装门面:阿尔古因自号贺拉斯,安吉伯特自封荷马,查理大帝则自称大卫。[50]这种游戏特征是否就是加洛林文艺复兴的基本要素?尽力弄清这一点,值得一试。宫廷文化尤其爱用这种游戏形式,它在受到限制的小圈子里活动。

第九章　哲学的游戏形式

圣奥古斯丁

西尔维斯特二世

在陛下面前的敬畏之感，本身就足以定下各类规则和想象。在查理的"宫廷学院"（Academia Palatina），信誓旦旦的理想是建立"新雅典学院"（Athenae Novae），但实际上，虔诚的抱负被高雅娱乐冲淡了，侍臣竞相吟诗作赋，彼此取笑。他们力求古雅，绝不排斥某些上古特征。查理之子丕平（Pippin）问："何为写作？"阿尔古因答道："保管知识。""何为词语？"答："暴露思想。""词语谁生？"答："舌。""何为舌？"答："空气之鞭。""何为空气？"答："保管生命。""何为生命？"答："乐事娱人，哀愁恼人，死期待人。""何为人？"答："死亡之奴，某地之客，匆匆逆旅。"所有这些都在重弹老调：这就是古老的问答游戏，就是猜谜比赛，就是打切口（kenning）闪烁其词。简而言之，见于古印度人、伊斯兰教以前的阿拉伯人以及古斯堪的纳维亚人的知识游戏（knowing-game），其全部特征与我们再度相遇。

到十一世纪末，对生命知识和一切存在物知识的强烈渴求遍及西方新兴国家。很快，人们就找到了这种渴求的机构形式——大学（中世纪文明最伟大的独创之一），以及这种渴求的最高表现——经院哲

154 学。剧烈精神躁动的萌芽阶段,其标志是几乎发狂的兴奋,这种兴奋似乎与所有重要的文化复兴都密不可分。此时此刻,竞赛要素不可避免地走上前台,立刻以最多样的方式展现自身。用理性或词语之力击败对手,成为与诉诸武力旗鼓相当的运动。比武打擂以最古老最血腥的形式出现,参赛的有成群结队游荡乡间彼此厮杀的骑士,也有单枪匹马寻找可堪匹敌对手的骑士(这是后世文学特别钟爱的游侠骑士的历史先驱)。与此同时,还出现了有害的职业空谈家,彼得·达米亚尼[51]抱怨道,这些空谈家像古希腊诡辩派那样,四处游荡,唠叨着自家本领,赢得重大胜利。十二世纪,最粗暴的对抗在学院里占了上风,污蔑、诽谤无所不用其极。教会作家为我们描摹出当时学院的情形:争辩、挑刺、找茬,嘈杂声无处不在;师生们一个劲地用"文字圈套和音节罗网"、用无数阴谋诡计彼此愚弄。名师受追捧,人们以一睹其人或投其门下为荣。[52]他们总能赚大钱,就像希腊诡辩派一样。罗瑟林对阿伯拉尔恶意毁谤,说他每天晚上都要清点误人子弟赚来的钱财,每天又花钱挥霍放荡。阿伯拉尔则自称做学问只是为了赚钱,且收入颇丰。他从教物理(即哲学)突然转去讲解《圣经》,就是打赌所致,他的同行以一部力作(*tour de force*)激他这么做。[53]他一向喜爱论理武器,而不喜欢战斗武器;盛行雄辩术之地,他都去过,最后为"围攻"在巴黎执教的竞争对手,就在圣吉纳维芙山"安扎学校"。[54]这种修辞、战争和游戏的融合,也见于伊斯兰教神学家的学术竞争。[55]

155 　　竞争是经院哲学和大学整个发展过程的显著特征。导致唯名论者与唯实论者分歧的"共相"问题长期流行[56],是哲学辩论的首要议题,它很可能本质上就是竞赛式的,来自拉帮结派争辩观点的基本需求。党派之见与文化发展密不可分。争辩的观点也许相对来说并不重要,但唯名论与唯实论之争对人类思想至关重要——争论至今尚未解决。中世纪大学的全部功能,完全是竞赛功能和游戏功能。无休止

第九章 哲学的游戏形式

的辩论相当于我们在期刊上的学术探讨,庄严的典礼仍是大学生活的显著特征,把学者按老乡(*nationes*)划分,有粗分有细分,各立派系,分歧难以逾越——所有这些现象都属于竞争领域和游戏规则领域。伊拉斯谟充分认识到这一点,他致信顽固的对手诺尔·贝迪耶,抱怨学派偏见,批评他们只讨论自己前辈传下来的材料,在论战中,只要有不合其信条的观点,就一律排斥。他说:"依我看,学院行事完全不必像玩牌或掷骰子那样。玩牌掷骰子时,稍有犯规就会毁了游戏;但在学术研讨中,提出新观点不应视为大逆不道,不应当成危言耸听。"[57]

所有知识(这当然也包括哲学)天生好辩,而辩论与竞赛不可分离。新的伟大精神财富涌现的时代,通常也是激烈辩论的时代。十七世纪就是如此。当时,自然科学繁花怒放,同时,权威衰败,古风颓靡,信仰枯萎。对待万事万物都用新立场,学者派系林立。你要么赞成笛卡尔,要么反对笛卡尔;要么赞成牛顿,要么反对牛顿;[58]要么崇"今"(les modernes),要么尚"古"(les anciens);要么认为地球两极是平的,要么否认;要么赞成接种,要么反对……十八世纪是各国饱学之士踊跃交流学识的时代,幸好当时技术受限,妨碍了印刷品的泛滥成灾,而这正是我们当今令人苦恼的特征。严肃的笔战或纯粹无聊的笔战与那个时代非常匹配。连同音乐、假发、肤浅的唯理论、精美的洛可可风格[59]以及迷人的沙龙,这些卷帙浩繁的笔战也是游戏的重要成分。谁也不会否认十八世纪具有这种游戏性质,我们也常常忍不住心向往之。

注释:

(1) 普罗米修斯(Prometheus),希腊神话中人类的创造者,宙斯禁止人类用火,他就帮人类窃火。

帕拉墨得斯(Palamedes),希腊神话中的英雄,《伊利亚特》中的角色。

(2) 博学者希庇亚(Hippias Polyhistor)，公元前五世纪后期希腊的诡辩派哲学家。
(3) 柏拉图的《小希庇亚篇》(*Hippias minor*)第368—369行。——原作者
(4) 见本书第109页(原书页码)。——原作者
(5) 普罗狄克斯(Prodicus，约前465—约前395)，古希腊诡辩派哲学家。
(6) 高尔吉亚(Gorgias，约前485—约前380)，古希腊诡辩派哲学家。
(7) 德尔菲(Delphi)，希腊古都，有供奉太阳神阿波罗和智慧女神雅典娜的神庙。
(8) 普罗泰戈拉(Protagoras，约前490—前420)，古希腊诡辩派哲学家。
(9) 《犹西德谟篇》(*Euthydemus*)303A。——原作者
(10) πληγεις(击打)，见前引书303B.E.。——原作者
(11) 《教化》第一卷，第160页。——原作者
(12) 海·龚佩兹的《诡辩与修辞》(*Sophistik und Rhetorik*，莱比锡，1912)第17页、33页。——原作者
    海因里希·龚佩兹(Heinrich Gomperz，1873—1942)，奥地利哲学家。
(13) 《苏格拉底之前的思想家》第344页。——原作者
    卡佩勒，见本书第六章注(42)。
(14) 参见理·温·利文斯通的《希腊理想和现代生活》，第64页。——原作者
(15) 参见《智者篇》261B。——原作者
(16) 克勒库斯，见本书第六章注(40)。
(17) 勃兰特的《逻辑史》(*Geschichte der Logik*)，第一卷第492页。——原作者
    第欧根尼(Diogenes，约前404—前323)，古希腊哲学家。
    勃兰特(Carl von Prantl，1820—1888)，德国哲学家、语言学家。
(18) 克吕西波(Chrysippus，约前279—约前206)，古希腊哲学家。
(19) 《犹西德谟篇》293C；《克拉底鲁篇》(*Cratylus*)386D。——原作者
(20) 爱利亚派(Elean)，古希腊哲学流派。得名于意大利南部岛屿爱利亚(Elea)。
(21) 《犹西德谟篇》287B，283B。——原作者
(22) 《智者篇》137B。——原作者
(23) 《巴门尼德篇》(*Parmenides*)137B。——原作者

巴门尼德(Parmenides)，公元前六世纪古希腊哲学家。

(24) 同上，142B、155E、165 E。——原作者

(25) 参见勃兰特前引书，第一卷，第9页。——原作者

(26) 爱利亚的芝诺(Zeno of Elea)，公元前五世纪古希腊哲学家。巴门尼德的学生。

麦加拉派(Megara)，古希腊哲学流派。得名于古希腊城邦麦加拉。

(27) 索福戎(Sophron)，公元前五世纪古希腊滑稽剧作家。

(28) 亚里士多德的《诗学》(Poetica)，1447B；赫·赖奇的《滑稽剧》(Der Mimus，柏林，1903)第354页。——原作者

赫尔曼·赖奇(Hermann Reich，1868—1934)，德国古典学者。

(29)《智者篇》242CD；参见《克拉底鲁篇》(Cratylus)440、406C。——原作者

埃庇米修斯(Epimetheus)，古希腊神话中后知后觉的神，普罗米修斯的弟弟。

(30) 同上，384B。——原作者

(31) 同上，409D。——原作者

(32)《巴门尼德篇》128E。——原作者

(33)《高尔吉亚篇》484C；参见《美内西诺斯篇》234A，又见路·梅里迪《柏拉图全集》(Platon, Oeuvres complètes)第一卷(巴黎，1931)，第52页。——原作者

路易·梅里迪(Louis Méridier，1879—1933)，法国学者。

(34) 神智学(theosophy)，综合宗教、科学与哲学，解释自然界、宇宙和生命问题的学说。该词来自希腊语"theos"(神圣)与"sophia"(智慧)。

(35) 勃兰特前引书，第494页。——原作者

(36) 修昔底德(Thucydides，约前460—约前400)，古希腊史学家。著有《伯罗奔尼撒战争史》(History of the Peloponnesian War)。

阿基达马斯，指阿基达马斯二世(Archidamus II，约前476—前427)，斯巴达国王，主张和平；斯提尼拉伊达(Sthenelaidas)，斯巴达监察官；尼西阿(Nicias)，雅典将军；亚西比得(Alcibiades)，雅典将军，尼西阿斯的政敌；克里昂(Cleon)，雅典激进民主派首领；狄奥多特(Diodotus，原文误作Diodotos)，克

里昂的政敌。以上均为《伯罗奔尼撒战争史》中的人物。

(37) 见《伯罗奔尼撒战争史》第五卷第七章。

　　米洛斯岛(Mclos)，希腊岛屿。

(38)《高尔吉亚篇》483A—484D。　　　　　　　　　　　　——原作者

(39) 亨·路·米耶维尔的《尼采与权力意志》(Nietzsche et la volonté de puissance，洛桑，1934)；查理·安德勒的《尼采：生平和思想》(Nietzsche: sa vie et sa pensée，巴黎，1920)第一卷，第141页；第三卷，第162页。　　——原作者

　　尼采(Friedrich Wilhelm Nietzsche，1844—1900)，德国哲学家。

　　亨利·路易·米耶维尔(Henri Louis Miéville，1877—1963)，法国哲学家。

　　查理·安德勒(Charles Andler，1866—1933)，法国哲学家。

(40) 昆体良(Quintilian，约35—约95)，古罗马演说家、教育家。

(41) 迪奥·克里索斯托(Dio Chrysostom，约40—约120)，古罗马演说家、修辞学家。

(42) 韦帕芗(Vespasian，9—79)，古罗马皇帝。

(43)《基督教要义》(De Doctrina Chrisriana)第二卷，第31页。　　——原作者

　　圣奥古斯丁(St. Augustinus，354—430)，古罗马基督教思想家。

(44) 阿里乌斯教(Arianism)，由亚历山大神学家阿里乌斯(Arius，250—336)创立，认为耶稣不是神。

　　西哥特人(Visigoth)，日耳曼人的一支，公元四世纪入侵罗马帝国，并在法国和西班牙建立西哥特王国。

　　托莱多(Toledo)，西班牙中部城市。

(45)《史集》(Historiarum liber)[日耳曼君主史传(Mon. Germ. Hist. Scriptores)]，第三卷，第55—65节。　　——原作者

　　里奇(Richer)，十世纪法国编年史家。

(46) 西尔维斯特二世(Sylvester II，945—1003)，原名加贝(Gerbert of Aurillac)，法国学者、教育家，第一位法兰西籍教皇(999—1003)。

(47) 马德堡(Magdeburg)，德国城市。

　　兰斯(Rheims)，法国城市。

第九章 哲学的游戏形式

奥托二世（Otto II,955—983），神圣罗马帝国皇帝（973—983 在位）。

(48) 腊万纳（Ravenna），意大利城市。

(49) 这里所用的两个词都是中世纪时的含义。 ——原作者

(50) 加洛林文艺复兴（Carolingian Renaissance），公元八世纪晚期至九世纪由加洛林王朝国王查理大帝（Emperor Charles,742—814）及其后继者在欧洲推行的文艺与科学复兴运动。加洛林（Carolin）一词源于拉丁文 Carolus，即查理（Charles）。

阿尔古因（Alcuin,约735—804），加洛林文艺复兴时期的文化领袖。

贺拉斯（Horace,前 65—前 8），古罗马诗人。

安吉伯特（Angilbert,约760—814），加洛林文艺复兴时期的文化领袖，阿尔古因的弟子。

大卫（David），圣经人物，以色列国王。

(51) 彼得·达米亚尼（Peter Damiani,约1007—1072），意大利神学家。

(52) 圣威克多的笏哥的《教师》（Didascalia），载米涅《教父文献大全拉丁编》（Migne P. L.）t. 176,772D,803；《浮华世界》（De Vanitate Mundi），同前，709；索尔兹伯里的约翰的《元逻辑》（Metalogicus）第一卷，第 3 节；《论政府原理》（Policraticus）第五卷，第 15 节。 ——原作者

圣威克多的笏哥（Hugo de Sancto Victore,约1096—1141），德国神学家。

索尔兹伯里的约翰（John of Salisbury,约1120—1180），英国学者。

(53) 《作品集》（Opera）第一卷，第 7、9、19 页；第二卷，第 3 页。 ——原作者

罗瑟林（Roscellinus,约1050—约1125），法国经院哲学家。

阿伯拉尔（Pierre Abelard,1079—1142），法国神学家，经院哲学家。

(54) 同上，第一卷，第 4 页。 ——原作者

圣吉纳维芙山（Hill of St. Genevieve），位于巴黎塞纳河左岸。

(55) 我要感谢克·史诺克·哈格罗涅教授提供这个信息。 ——原作者

克里斯汀·史诺克·哈格罗涅（Christiaan Snouck Hurgronje,1857—1936），荷兰东方学者。

(56) 唯名论（Nominalism）、唯实论（Realism），中世纪经院哲学围绕个别与共相

(universal)的关系之争形成的两个对立派别。唯名论否认共相具有客观实在性,认为共相后于事物,只有个别的感性事物才是真实的存在;唯实论断言共相本身具有客观实在性,共相是先于事物而独立存在的精神实体,共相是个别事物的本质。

(57)《伊拉斯谟书信集》(*Erasmi opus epist.*),艾伦(Allen)编,第六卷,第1581、1621封。

诺尔·贝迪耶(Noel Bédier,约1470—1537),法国教士。

(58)笛卡尔(Rene Descartes,1596—1650),法国思想家。

牛顿(Isaac Newton,1643—1727),英国科学家。

(59)洛可可风格(Rococo),产生于十八世纪法国的一种艺术形式。

第十章

艺术的游戏形式

我们发现,诗歌中,游戏与生俱来,诗歌的每种表达形式都与游戏结构紧密相连,两者间的关系可谓密不可分。游戏与音乐的关系也是如此,甚至更加密不可分。前文曾指出,在某些语言——即东方的阿拉伯语族和西方的日耳曼语族、斯拉夫语族——中,弹奏乐器称为"玩"(playing)。东西方这种语义上的认识很难归结为借用或巧合,所以我们不由地猜想,音乐和游戏之间密切关系的这个标志如此明显,定有某种根深蒂固的心理学原因。

在我们看来,这种密切关系无论多么自然,而要清晰了解其根本原因都远非易事。我们能做的,最多就是列举音乐和游戏共同具备的要素。我们说过,游戏不属于理性的现实生活,无关必需品、实用性,不涉义务、真理。所有这些同样适用于音乐。此外,决定音乐形式的标准超越了逻辑观念,甚至超越了我们对可见物、有形物的认知。这些音乐标准只能通过我们为之选定的名号才能理解,比如节奏与和谐,这类术语同样适用于游戏或诗歌。的确,节奏与和谐是诗歌、音乐、游戏这三者共有的元素,意义完全相同。而在诗歌中,词语本身至少会部分地把诗歌从纯粹游戏领域提升到思维领域和判断领域,音乐则不会离开游戏领域。古代文化中,诗歌之所以具有这种突出的仪式功能和社会功能,原因就在于它和悦耳的吟诵之间关系密切,确切地说是合二为一、密不可分。所有真正的仪式,都是又唱又跳又戏耍。我们现代人已经失去了对仪式和神圣游戏的感受。在岁月的侵蚀下,我们的文明不再天真。能帮我们恢复那种感受的,莫过于音乐感受了。在感受音乐中,我们感受到了仪式。在欣赏音乐(无论这种音乐是否旨在表达宗教思想)中,对美的认识与对神圣的感受合而为一,而游戏与严肃的区别就在这种融合中湮灭了。

缪斯九女神

古希腊思想中,游戏观念、工作观念和审美鉴赏观念的关系与我们不同。有哪些不同?为什么不同?认识这些,事关我们的主题。*μουσική*(希腊语:音乐)一词含义要比我们的"music"(音乐)宽泛得多——它不仅包括有乐器伴奏的歌舞,还囊括了由阿波罗和缪斯管辖的艺术、技巧和手艺。[1]这些统称为"缪斯的"(musical)艺术,有别于那些不属缪斯管辖的造型艺术或机械艺术。在古希腊思想中,凡是"缪斯的"艺术,都与仪式尤其是庆典密切相连,而仪式在庆典中当然有其特定作用。对仪式、舞蹈、音乐和游戏之间关系的描述,最清晰的也许莫过于柏拉图的《法律篇》了。[2]柏拉图说,出于怜悯生来悲苦的人类,神灵规定用感恩的庆典缓解其忧虑,并让缪斯的主人阿波罗和狄奥尼索斯在庆典上与人类做伴,通过庆典期间这种神圣的伙伴关系,人间秩序就可以一再恢复。柏拉图接下来对游戏的解释常被援引:所有幼小生灵都无法让身体保持不动或不发声,必须不停运动、欢快吵闹、蹦蹦跳跳、手舞足蹈、发出各种叫声。但是所有其他生灵都分

第十章 艺术的游戏形式

不清整齐和混乱,感受不到节奏与和谐;而对我们人类来说,与我们共舞的神灵准许我们感知节奏与和谐,而节奏与和谐总是伴随着快感。这里再清楚不过了,音乐和游戏之间建立起了直接联系。虽说这一观念很重要,但在希腊人思想中必定受到前文提及的语义特性的束缚,因词源之故,表示游戏的 παιδιά 一词总是带有儿童游戏、幼稚、无聊之意。因此,παιδιά 很难用来表示高级形式的游戏,它太容易让人联想到孩子了。所以,高级形式的游戏便不得不用 ἀγών(比赛)、σχολάζειν(消闲、闲逛)、διαγωγή[字面意思是"度过"(passing),但译成"消遣"(pastime)才最接近][3]等专有名词表达,这些词汇基本的游戏要素全没了。这么一来,希腊人的思维能力没法认识到,所有这些观念从根本上是一体的,可以用一个总的概念表达,就像意义明确的拉丁语 ludus(游戏)和晚近欧洲语言中表示游戏的词汇。这就是为什么柏拉图和亚里士多德要不惜篇幅地去判定,音乐是否大于游戏、大多少。刚才所引柏拉图的那段话接下来是:[4]

159

> 那种既不实用又非真理、既不相似又无恶果的东西,可由其中的魅力(charm)(χάρις)标准及其带来的愉悦做出最佳评判。这种不带明显善恶的愉悦,就是游戏(παιδιά)。

然而要指出的是,柏拉图所言一直是音乐式吟唱,也就是我们所理解的音乐。他接着说,我们应当在音乐中追求比这种愉悦更高贵的东西。不过现在转过来看看亚里士多德是怎么说的:[5]

> 音乐的性质难以确定,我们从音乐知识中所得到的益处也难以确定。我们想听音乐,也许就像想睡想喝一样,只是为了游戏[这里我们可以把 παιδιά 译为"娱乐"(amusement)或"放松"(distraction)]和消遣?想睡想喝想听音乐,本身同样既不重要也

不严肃($\sigma\pi o\upsilon\delta\alpha\tilde{\iota}\alpha$),但令人愉快,能驱愁解忧。确有很多人这样对待音乐——音乐、饮食、睡眠这三者之外,还可以加上舞蹈。或者我们是否该说得更确切些:只要音乐能像健身一样促进身体健康、培养某种风气并能使我们正确欣赏事物,音乐就有助于道德?最后一点(亚里士多德认为,这也是音乐的第三种功能),音乐对精神消遣($\delta\iota\alpha\gamma\omega\gamma\eta$)和知性理解($\varphi\rho\acute{o}\nu\eta\sigma\iota\varsigma$)不也会有所裨益吗?

$\delta\iota\alpha\gamma\omega\gamma\eta$这个词非常重要。其字面意思是"消磨"时光或"耗费"时光,但如果采纳亚里士多德对工作和休闲的看法,唯一可取的翻译就只有"消遣"(pastime)了。亚里士多德指出:"如今,大多数人练习音乐为的是消遣,古人则把它归入教化($\pi\alpha\iota\delta\varepsilon\acute{\iota}\alpha$),因为大自然要求我们不仅要好好工作,也要好好休闲($\sigma\chi o\lambda \acute{\alpha}\zeta\varepsilon\iota\nu\ \delta\acute{\alpha}\nu\alpha\sigma\theta\alpha\iota\ \kappa\alpha\lambda\tilde{\omega}\varsigma$)。"[6] 对亚里士多德来说,这种休闲或安逸是宇宙真谛所在。它比工作更可取,甚至是所有工作的目的($\tau\acute{\upsilon}\lambda o\varsigma$)。如此颠倒我们熟悉的关系,势必显得奇怪,除非我们认识到,在古希腊,自由人不必为谋生而工作,因而有空在具有教化意义的高尚消遣(occupation)中追求人生目标,对自由人来说,关键在于如何利用$\sigma\chi o\lambda\acute{\eta}$(闲暇)或空闲时间。不能把空闲时间用在游戏上,因为那样的话,游戏就成了人生目的,而在亚里士多德看来,这可不成,因为$\pi\alpha\iota\delta\iota\acute{\alpha}$只是儿童游戏。游戏可以当做工作之余的消遣,当做一种滋补,因为它令灵魂安宁。但是,似乎闲暇自身就包含了生活的所有欢乐和愉悦。而这种幸福,即暂停争取尚未拥有的东西,就是目的(telos)。但并非所有人都在相同事物中找到了生活的目的。而且,只有那些最优秀、抱负最高尚的,才会享用最好的幸福。所以很明显,我们必须培养自己学习高尚的消遣(diagōge),并学会一些东西——但要注意,不是为了工作而学习,而是为了学习而学习。出于这个缘故,我们的祖先把音乐视为 *paideia*(教化)——教育、文化,认为音乐既非必需又不实用,就像读书写作一样,纯粹是用来打发空闲时光。

我们发现,亚里士多德阐述的游戏和严肃之别与我们大相径庭,评价标准也不再是我们的标准。**高尚的消遣**(*diagōge*)悄然具备了适合自由人的这种智力和审美专注之义。亚里士多德说[7],儿童还没法做到这一点,因为**高尚的消遣**是最终目的,是尽善尽美——对有缺陷者而言,完美不可企及。欣赏音乐的行为接近于这个最终目的,因为欣赏音乐不是为了将来的好处,而是为欣赏而欣赏。

这种音乐观介于高贵游戏和"为艺术而艺术"之间。然而,我们无法用事实断言亚里士多德的观点主宰了希腊人有关音乐性质和意义的看法。他的观点受到另一更简单更流行的观点的反驳,那种观点认为,音乐在技巧上、心理上尤其是道德上有非常明确的功能。音乐属于模仿艺术,这种模仿的效果是要激起某种积极或消极的道德情感。[8]任何旋律、"调式"[9]或舞蹈中的姿势,都有所**再现**,都在说明或描述,按所描述者是好是坏、是美是丑,同样的品质也附着在音乐上。音乐的道德价值和教育价值就在这里,因为体验**模仿**(*mimesis*)时会激起所模仿的情感。[10]所以,崇高的(Olympian)旋律会激发热情,其他节奏和旋律会引起愤怒、恬静、勇气、沉思……道德情感与触觉味觉并无关联,与视觉的关联也很微弱,而旋律本身就能表达某种**气质**(*ethos*)。每种具体**调式**都是传达道德含义的工具。吕底亚调式令人伤感,弗里吉亚调式使人平静;[11]同样,芦笛使人兴奋……每种乐器的道德功能也各不相同。在柏拉图看来,模仿是描述艺术家心灵状态的专业术语。[12]模仿者(*mimetes*)就是既有独创意识又能身体力行的艺术家,他们自己并不知道所模仿的东西是好是坏——对他来说,**模仿**只是游戏,而非严肃的工作。[13]柏拉图指出,就连悲剧诗人也是如此,他们也不过是 *mimetikoi*(模仿者)。这个定义多少有些瞧不起创造性工作,到底是何用意?这个问题尚未完全弄明白,我们得搁在一旁,对我们来说,关键在于,柏拉图认为,创造就是游戏。

海顿

尼古拉·艾斯特哈齐大公

努力界定音乐的性质和功能时,人类思维总是受到纯游戏领域的吸引,上述涉及古希腊音乐价值观的题外话就非常清晰地说明了这一点。所有音乐活动的本质属性都是游戏,即便这个基本事实并未总是明说,但处处暗合。在较原始的文化阶段,音乐各种性质的区分和界定标准古朴幼稚。人们用仙乐、天籁等表达神圣音乐带来的狂喜。除了宗教功能,那时音乐还主要被当成陶冶性情的消遣,当成愉悦身心的技巧,或干脆当成快活的娱乐而受到推崇。只是到很久以后,音乐才被公认为高度个性化的东西、最深情感体验的源泉、生命中的至福而加以欣赏。长期以来,其功能都是纯社会性、纯游戏性的。同时,尽管演奏者的技能备受推崇,但音乐家本人却受尽鄙夷,其艺术被列入粗活杂役。亚里士多德称其为下人(low people),差不多直到我们这个时代,他们还一直居无定所,与杂耍艺人、杂技演员、哑剧演员之流无异。十七世纪,君王就像拥有马厩一样拥有音乐家,而宫廷乐队纯

第十章　艺术的游戏形式

属仆役之流。路易十四时代，宫廷乐师(musique du roi)获得终身作曲家的职位。国王的"二十四人弦乐团"[14]同时也要上台演戏；有位名叫博坎(Bocan)的音乐家还是职业舞蹈教师。众所周知，就连海顿也要在艾斯特哈齐家族里穿着仆人制服，每天听命于大公。[15]一方面，那个时代的贵族阶层必定都是鉴赏大师；而另一方面，他们对伟大艺术的崇敬、对艺术表演家的尊敬却少得可怜。我们如今所知的音乐会规矩，要求圣礼般无条件的肃静以及对指挥不可思议的敬畏，是很晚才出现的。十八世纪音乐演出的记录表明，观众都忙着优雅地交头接耳。品头论足打断乐队或指挥，这在三十年前法国的音乐生活中仍然司空见惯。那时音乐还主要是消闲(divertissement)，音乐方面最令人佩服的是精湛技巧。作曲家的作品绝不会被视为神圣不可侵犯，绝不会被当成他自己的财产、拥有不可剥夺的权利。由于演奏者滥用即兴的华彩段[16]，只好采取限制措施。例如，腓特烈大帝[17]就禁止歌手对作品添油加醋、弄得面目全非。

腓特烈大帝在音乐室吹笛，巴哈以羽管键琴伴奏(Adolph Menzel 作)

游戏的人

阿波罗和玛西阿（Palma Giovane 作）

音乐里的竞争根深蒂固，几乎没哪种人类活动比得上，而且从玛西阿[18]和阿波罗交手以来就是如此。瓦格纳的《名歌手》[19]令此类声乐比拼名垂千古。至于"名歌手"时代之后的例子，我们可以举出1709年亨德尔和斯卡拉蒂的比赛，欧道堡大主教安排了这场比赛[20]，所用"兵器"是羽管键琴和管风琴。1717年，萨克森和波兰国王奥古斯都大力王想组织约·塞·巴哈与一位名叫马尚的音乐家进行比赛，但马尚没到场[21]。1726年，意大利两位歌唱家弗丝蒂娜和谷佐妮斗艺[22]，整个伦敦社交界一片骚动，又是斗殴，又是喝倒彩。音乐生活中派系滋生出奇容易。十八世纪尽是这些音乐小圈子——博农奇尼与亨德尔、格鲁克与皮契尼[23]、巴黎"谐谑剧"（Bouffon）与歌剧，你争我斗。音乐之争有时带有积怨性质，瓦格纳派与勃拉姆斯[24]派就是如此。

第十章 艺术的游戏形式

《纽伦堡的名歌手》剧照

亨德尔

斯卡拉蒂

　　浪漫派在很多方面都激发了我们的审美观,也是把音乐视为生活中价值最深刻之物、不断拓宽音乐鉴赏领域的主要推手。当然,这种鉴赏并未取代音乐的任何古老功能。竞赛要素依然活跃。我从报上看到一则报道,1937 年,巴黎首次举办国际比赛,奖项由已故参议员亨利·德·茹弗内设立,授予福莱《第六钢琴小夜曲》(6th Nocturne for

Piano)的最佳演奏者。⁽²⁵⁾

巴哈

马尚

如果说在音乐的方方面面我们都发现自己处于游戏领域，那在音乐的孪生姊妹舞蹈那里也是如此，甚至更胜一筹。无论我们想到的是野蛮人的圣舞或巫舞，还是古希腊人的仪式舞蹈，是大卫王在"约柜"⁽²⁶⁾前的舞蹈，或仅仅是节庆上的舞蹈，在所有时代、一切民族那里，舞蹈始终都是纯粹的游戏，现存最纯粹、最完美的游戏形式。的确，并非每种舞蹈形式都能充分展示游戏性质。游戏性质在伴唱舞蹈（choral dance）或集体舞中最易看到，但也见于独舞中——其实也见于任何舞蹈，只要是有节奏运动的表演、表现、展示，如小步舞或四对舞。双人（à deux）舞取代了圆舞、伴唱舞蹈和集体舞，无论表现为华尔兹或波尔卡的回旋形式，还是滑步形式乃至现代舞特技，都可能被当做文化衰落的征兆。做出这种论断理由充足，只要我们回顾一下舞蹈的历史，回顾一下以往年代舞蹈在美和风格上曾达到的高标准，以及以艺术形式复兴的舞蹈即芭蕾所达到的高标准。然而，除此之外，在现代舞蹈形式中，游戏性质无疑日渐模糊。

舞蹈和游戏的联系如此紧密，几乎无须举例。并非舞蹈中有某种游戏或与游戏相关，确切地说，它就是游戏的一部分：两者是直接参与

第十章　艺术的游戏形式

的关系,几乎本质为一。舞蹈是特殊的游戏形式,也是特别完美的游戏形式。

从诗歌、音乐和舞蹈转向造型艺术,我们发现,造型艺术与游戏的联系变得不那么明显了。希腊思想显然领会到审美创作和审美感知两大领域的根本区别,把复杂的艺术和技艺交给缪斯掌管,而不让其他艺术即我们所谓的那些造型艺术享此殊荣。造型艺术也都受到神灵操纵,归赫淮斯托斯[27]或工艺女神雅典娜(Athena Ergane, the Athene of work)管辖。诗人受款待、得赏识,造型艺术家则一无所获。这并不是说艺术家享有的荣誉是根据他是否归缪斯掌管来衡量的,因为我们已经知道,音乐家的社会地位总体说来非常卑下。

克利俄

卡利俄珀

造型艺术与"缪斯的艺术"之间的区别,总的来说就是,一个表面上缺乏游戏特征,而另一个游戏特征显著。我们不必深究就可以发现主要原因何在。为达到美学效果,缪斯掌管的艺术,或者说"音乐"艺术,必须进行表演。一件艺术品,虽是事先创作、事先演练或事先谱写的,但只有在演奏中,也就是说,通过再现或**加工**(*produced*)(字面意义上的加工),呈现给观众,才有生命。"音乐"艺术是活动,并当成活动来欣赏,每次表演都重复这种活动。这种说法貌似和以下事实相悖:天文学、史诗和历史各有缪斯分管。但要记住,赋予九位缪斯每位一项专门职能,是后来才有的,至少史诗和历史(分属克利俄和卡利俄珀[28]管辖)一开始非常明确就是**先知**(*vates*)的部分职责;它们本身并非供阅读或研究的,而是以诗节形式在庄严音乐伴奏下供吟诵的。它们就像音乐和舞蹈一样是活动,也像音乐和舞蹈那样需要加工。此外,即便欣赏诗歌由听诗转到读诗,这种活动的特点也不会丧失。这种活动,是缪斯治下所有艺术的灵魂,称为游戏合情合理。

造型艺术的情况则完全不同。它们受到材质的束缚、受到固有形式的限制,这就足以禁止它们成为完全自由的游戏,对诗歌和音乐开放的空灵(ethereal)之境也不许它们飞入。在这方面,舞蹈的处境是个例外。它既是音乐艺术,又是造型艺术:说它是音乐艺术,因为节奏和运动是其头号要素;说它是造型艺术,因为它难免受到材质的束缚。其表演取决于人体的快速灵动,而舞蹈之美也就是身体自身的运动之美。舞蹈和雕塑一样,是造型创造,但只是瞬间的造型创造。舞蹈中,音乐与之相伴,不可或缺;与音乐一样,舞蹈的生命也在于它能重演。

造型艺术与"音乐"艺术之间除了这种内在差异外,还有情感表现上的差异或操作上的差异。建筑师、雕塑家、画家、绘图师、陶艺家、装饰艺术家,一般都通过勤奋刻苦的劳作,把某个美感念头固定到材质上。他们的工作要持续一段时间,随时能观察到。其艺术作品的情感效果或加工过程,不像音乐那样靠的是别人或艺术家本人的特殊表演。作品一完成,就一言不发、一动不动,只要目光所及,就会产生效果。在公众**活动**中,造型艺术作品有了生命、受到欣赏,而公众**活动**的缺乏,似乎没给游戏元素留出空间。无论造型艺术家受创作冲动的支配有多强烈,他都得像匠人那样工作,严肃而专注,不断亲自检验并改正(testing and correcting)。"构思"时,他的灵感可以自由奔放,而付诸实施时,却总是听命于技巧和造型之手的熟练程度。倘若造型艺术

第十章　艺术的游戏形式

作品的创作中因此显然缺乏游戏要素，那么在凝视欣赏造型艺术作品时，也就不可能有游戏要素容身之地了。因为，见不到活动的地方，也就不可能有游戏。

虽说造型艺术作品中的这种手艺特点、辛劳乃至艰辛特点妨碍了游戏要素，但我们发现，造型的本质进一步加剧了这种状况，造型在很大程度上受到自身实用目的的制约，而实用目的绝不依赖审美冲动。受命制作某物之人，面临着严肃而重要的任务：任何游戏念头都不合适。他要造一座建筑物——比如寺庙或住宅，就必须具备仪式功能或适合人类居住；他或许要制作一件器皿、一件衣服、一个塑像，个个就都应符合它象征性表述的理念或模仿的理念。

所以，造型艺术的工序完全在游戏领域之外运作，而展示造型艺术则必然成为某个仪式、节庆、娱乐活动或社会活动的一部分。雕像揭幕、奠基、展览等，本身并不是创作过程的内在部分，这些现象大多是新近出现的。"音乐"艺术在同喜共乐的气氛中生存繁盛，造型艺术则不必如此。

尽管有这种本质区别，但还是能在造型艺术中发现游戏元素的痕迹。古代文化中，艺术作品具有宗教意义，在仪式中具有非常重要的地位和功能。建筑、雕塑、服装、装饰精美的武器，本来都属于宗教世界。这些物件具有魔力，由于常表示神秘特性而富于象征价值。而仪式和游戏联系非常密切，倘若在艺术品制作和欣赏中，没找到所反映的仪式的游戏特征，那才真叫怪呢。我不无犹豫地斗胆向古典学者进言：仪式、艺术和游戏之间的语义联系很可能就藏在希腊语 $ǎγαλμα$ 里。agalma（即 $ǎγαλμα$）源自一个含义丰富的动词词根，主要意思是狂喜（exultation）和欢庆（jubilation），相当于德语的 *frohlocken*（欣喜），常用于表达宗教含义；次要含义有"庆祝"、"生辉"、"展示"、"高兴"、"装饰"。名词的首要含义据认为是饰品、展品、珍品，总之，是那种总是让人快乐的美好之物。αγάλματα νυκτὸς 是星星的诗意说法。最后，有别于以上所有含义，*agalma* 还指塑像，特别是指神灵塑像。我敢说，该词是借由表示"献礼"（votive gift）的中介词才有了这层含义的。假如希腊人确实用表示欢喜祭献[狂喜加颂扬（exulting and exalting）]的词语来指神灵形象并进而表达宗教艺术的本质，那我们就非常接近神圣游戏的心态了，这种心态是古代仪式特有的。我还不敢贸然从这一观点得出更确切的结论。

席勒

用天生"游戏本能"（play-instinct）（Spieltrieb）来解释造型艺术起源，这种理论席勒早就提出过。(29) 确实无法否认，装饰事物差不多是天生的、自发的需求，这种需求称为游戏功能也许更合适。手拿铅笔，

第十章 艺术的游戏形式

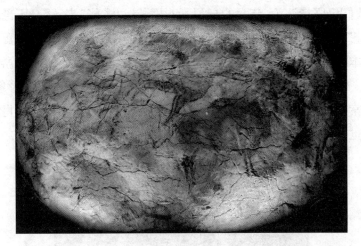

阿尔塔米拉洞窟壁画

闹着玩画出线和面、曲线和线团，心不在焉，几乎不知道自己在干什么，而就从这种不经意的涂鸦中，浮现出奇异的花纹、古怪的动物或人形——开过乏味董事会的每个人都经历过。这种无聊空虚导致的高超艺术来自何种无意识"冲动"，我们可以留给心理学家解答。但毋庸置疑，这是一种低层次游戏功能，类似儿童早年的游戏，那时，高级结构的有组织游戏还不发达。用这种心理功能解释艺术中装饰图案的起源，我们会感到有点不充分，更不用说去解释全部造型创作了。漫无目的信手涂鸦竟会产生风格之类的东西，简直不可思议。此外，这种造型冲动绝不会满足于单纯的表面装饰。它在三个层面运作：用于装饰、用于建造、用于模仿。如果说全部艺术都来自假定的"游戏本能"，我们就不得不对建筑和绘画也这么解释。例如，把阿尔塔米拉[30]洞窟壁画看成是纯粹的涂鸦似乎很荒唐，而把它们看成是"游戏本能"，就等于看成是纯粹的涂鸦了。用在建筑上，这个假设也是绝对荒唐的，因为建筑中审美冲动并不占主导地位，蜜蜂筑巢、水獭建坝就是明证。本书主要观点是游戏这种文化元素的极端重要性，尽管如此，我们仍坚持认为，艺术的起源不能用游戏"本能"来解释，不论游戏"本能"是如何与生俱来。当然，我们在凝神观望造型类丰富宝藏中某些范本时，的确忍不住会想到某种想象力游戏，会想到心或手的游戏式创造。野蛮民族怪诞野性的舞蹈面具、图腾柱上缠绕着的怪异形象、装饰图案的魔幻迷宫、人类和动物外表的漫画式变形，所有这些都肯定会让人觉得游戏是艺术的起点。但它们也只能让人这么觉得而已。

奥德修斯一箭穿过十二把斧头孔

然而，如果说从整体看，在艺术创造过程中，造型艺术的游戏元素不如我们所说的"音乐"艺术或缪斯掌管的艺术明显，那么，一旦我们从艺术作品的制作转向它们被社会环境接受的方式，情况就立刻不一样了。这时我们一下子就看到，作为竞赛主题，造型艺术技巧的地位和几乎任何其他人类技艺平起平坐。在很多文化领域中发挥强大

第十章 艺术的游戏形式

作用的竞赛冲动,也在艺术中成熟。挑战对手完成某些困难的、似乎不可企及的高超艺术技巧,这种欲望深植于文明之源,这也相当于我们在知识领域、诗歌领域或勇气领域所遭遇的各种比赛。现在我们能否毫不犹豫地说,特别受托制作的造型艺术作品或展品与建筑的关系,就像神圣猜谜比赛与哲学的关系、或赛歌赛诗与诗歌的关系呢?换句话说,造型艺术是否在竞争中发展并通过竞争发展?回答这个问

亚历山大大帝斩断"戈尔迪死结"

题之前,我们必须认识到,要把制作比赛和求胜比赛截然分开几乎不可能。有关力量和技能的例子,如奥德修斯一箭穿过十二把斧头孔[31],就完全属于游戏领域。这类高超技艺不是我们所理解的艺术活,但的确是相当有艺术含量的活。在古代文明阶段和随后很长时期,"艺术"一词囊括了人类几乎所有形式的机巧,而不仅仅是创造性活动。因此,把头和手具有永久价值的产物,与严格意义上的杰作以及各种绝活(*tour de force*)归为一类,并从所有这些作品中发现游戏元

素，这未尝不可。哪里有颁发罗马大奖[32]之类活动，哪里就有争先争优；这里我们看到了特殊形式的古老竞赛，这种竞赛证明某个人在各方面都超出所有对手。对古人来说，艺术和技术，机巧和创造力，在求胜求赢的永恒欲望中合为一体。$\kappa\varepsilon\lambda\varepsilon\acute{\upsilon}\sigma\mu\alpha\tau\alpha$ 是处于很低级别的社会竞赛，是古希腊酒会主人在狂欢中经常对酒伴发出的趣味酒令，类似后来的酒令(*poenitet*)。罚物游戏和打结解结游戏亦属此类。在打结解结游戏的背后，无疑隐藏着某种宗教习俗的踪迹。而亚历山大大帝斩断"戈尔迪死结"[33]的行为，在不止一个方面败坏了游戏——既无视游戏规则，又无视宗教教规。

双马童

有必要再说点题外话，以表明竞争对艺术发展的真正贡献究竟有多大。竞争带来的惊人技巧中，几乎所有著名例子都属于神话、传说和文学，而不属于艺术史本身。心灵喜爱荒诞、奇迹、反常，在讲述往昔岁月艺术家创造奇迹的奇幻故事中找得到最富饶的土壤。神话告

第十章 艺术的游戏形式

诉我们,伟大的文化英雄创造出的所有艺术和技艺,往往是他们冒着生命危险参加某些竞赛的产物,如今已成为文明瑰宝。《吠陀》中有个表示 deus faber(匠神)的专用词"陀湿多"(tvashtar),即造物主(the maker)。正是他,为因陀罗锻造了雷电(vajra)。他同三位 ṛbhu[或称神匠(divine artisan)]比赛技能,三位 ṛbhu 制造了因陀罗的马、双马童(印度的狄俄斯库里)的战车和布拉斯帕蒂的神牛(34)。希腊有个关于波吕泰克诺斯和妻子艾冬(35)的传说,他们夸口比宙斯和赫拉更恩爱,于是宙斯就派争吵女神厄里斯(即竞争女神)在两人之间播下比赛的种子,让他们比试各种手艺。北欧神话中的灵巧侏儒也属同样的传统,铁匠韦兰和代达罗斯(36)也是。铁匠韦兰的宝剑异常锋利,能砍断浮在河上的羊毛。这位代达罗斯无所不能:他修建了迷宫,制造了会走路的雕像,面对如何把线穿进螺旋形贝壳,他把线系在蚂蚁身上,完成了任务。这里,技艺**绝活**和猜谜有所关联,但是,解答优秀谜语在于出乎意料的灵机一动,在于脑筋急转弯;而技艺**绝活**往往热衷于荒诞不经,比如上述例子,或是用沙绳缝石片的故事。(37) 从正确的角度看,证明基督徒跻身圣徒之列所需的奇迹,只是延续了这条古老的思维路线。不用深挖圣徒传记就能发现,奇迹传闻和游戏精神之间关系明显。

铁匠韦兰

代达罗斯和儿子伊卡洛斯

倘若手艺竞争是神话和传说中一再出现的主题,那它在艺术和工艺的实际发展中就起着非常明确的作用。神话里波吕泰克诺斯和艾冬比赛技能,在历史事实中能找到对应,如帕拉修斯和对手在萨摩斯岛比赛,看谁把大埃阿斯与奥德修斯之争画得最好,还有在皮提亚竞技会上,帕纳诺斯和卡尔基斯的提马戈拉斯之间的比赛。[38] 此外,菲狄亚斯、波利克里特[39]和其他人参加比赛,看谁雕刻的女战士(Amazon)最美。讽刺诗和碑文已经证实此类竞赛确有其事,比如,在胜利女神尼刻(Nikē)像的基座上我们看到:"帕纳诺斯造……亦造神庙底座(acrotheria),由此获奖。"[40]

菲狄亚斯雕刻的女战士

波利克里特雕刻的女战士

总之,有关考验和公共辩论的一切,都来自"用某种技艺加以检验"这种古老形式。中世纪的行会和中世纪的大学一样,充斥了此类技艺竞争。这项考验交给个人还是交给众人并无区别。整个行会系统与异教仪式渊源深远,竞争要素自然非常强烈。以杰作证明自己值得吸纳进入能工巧匠之列,这个固定的强制性行规似乎很晚才有,但源自远古的社会竞争形式。行会本身不完全是经济的产物——直到十一世纪以后,随着城市生活的复兴,手工艺人行会和商人行会才蒸蒸日上,取代了基于仪式的古老社团形式。行会制度直到消亡都还保留着古代游戏的诸多痕迹,比如入会仪式、演讲、徽章、证章、宴会和狂欢等形式。但这些形式逐渐被乏味的经济利益挤到一边了。

十三世纪法国建筑师维拉·德·奥内库尔[41]著名的素描簿里就有两例建筑竞赛。其中一张素描的说明是:"此祭坛是维拉·德·奥内库尔和比埃尔·德·科比[42]在互相争论中设计的(invenerunt inter se disputando)。"在另一处,他提出了制造永动机(perpetuum mobile)的尝试,他写道:"Maint jor se sunt maistre despute de faire torner une ruee par li seule(如何造出能自己转的轮子?大师们争论多日)。"[43]

奥内库尔和科比设计的祭坛

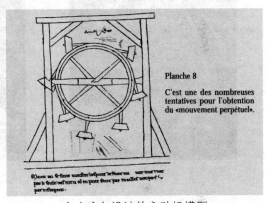
奥内库尔设计的永动机模型

凡是不了解世界各地悠久竞赛历史的人可能会认为,只要考虑功用和实效,就能启发产生这些保存至今的竞赛类艺术形式。为市政厅的最佳设计方案颁奖,或给美术学院优等生发奖学金,似乎就足以激励发明、发掘人才、获得最佳效果。不过,在所有这些实际目标背后,总是潜伏着竞赛固有的原始游戏功能。当然,在特定历史情形中,没法断定追求实用的意识究竟在多大程度超过了竞赛的热情。比如1418年,佛罗伦萨市组织了一场教堂穹顶设计比赛,布鲁内莱斯基[44]战胜了十四名参赛者。但我们很难把这一辉煌之作归为"功能至上"

（functionalism）。再上溯两个世纪，还是佛罗伦萨，它夸耀城里的"塔林"，每座塔都是某个显贵鼎盛期的纪念碑，并彼此叫板。艺术史家和战争史家现在一致认为，佛罗伦萨的这些塔（torri）其实是"招摇之塔"（swagger-towers）（Prunktürme），而非用作正儿八经的防御。这座中世纪城市为游戏观念大行其道提供了充足的用武之地。

佛罗伦萨圣母百花大教堂穹顶

布鲁内莱斯基

注释：

（1）"muse"（冥想）一词的词根留在很多语言里，从词源上研究该词，可大书特书。希腊语 mousa 源于动词 μάειν（追逐、热望、渴求），字面意思是"发明女神"（inventress），由寻求、渴望引发的创造。Mousa 或许最初也源于 μάειν 及其派生词（μεμαώς：兴奋；μαίνεσθαι：激情；μανία：激动；μάντις：先知）所包含的"欢欣激动"（fine frenzy）之情。所有这些含义都包含在英语动词"muse"中，其他语言中的同根词形式也表明了这一点。渴望意味着沉思、默想，沉思意味着闲暇，两者都表现为"着迷"（bemusement）状态。着迷之人极易喃喃低语。所以 μύζειν 表示嘀咕，挪威语 mussa 和 mysja 表示低语；参见意大利

语 *mussare*(闪光、冒泡)。意大利语 *musare*(呆望)仅指紧张的深思和好奇状态。比较意大利语 *muso*(嘴)[来自英语 *muzzle*(口)]。德语 *Musse*(安逸)和英语 *amusement*(娱乐)分别直接或间接表达了冥想的闲暇性质。

——英译者

缪斯(Muses),古希腊神话中掌管文艺和科学的九位女神。

(2) 《法律篇》(*Laws*)第二章,第 653 节。 ——原作者

(3) 见下文。 ——原作者

(4) 《法律篇》第二章,667E。 ——原作者

(5) 《政治学》(*Politics*)第八章,1399A。 ——原作者

(6) 同上,1337B。 ——原作者

(7) 《政治学》第八章,1399A,29。 ——原作者

(8) 柏拉图《法律篇》第二章,第 668 节。 ——原作者

(9) 调式(mode),若干高低不同的乐音,围绕某一有稳定感的中心音,按音程关系组织在一起,成为有机体系。

(10) 亚里士多德《政治学》第八章,1340A。 ——原作者

(11) 在古希腊的自然四音列(包含两个全音与一个半音)中,由高而低构成"半音—全音—全音"的称为吕底亚型四音列,构成"全音—半音—全音"的称为弗里吉亚型四音列;联合上述两个相同性质的四音列分别构成吕底亚调式(Lydian mode)和弗里吉亚调式(Phrygian mode)。

(12) 《理想国》(*Republic*)第十章,602B。 ——原作者

(13) εἶναι παιδιάν τινα καὶ οὐσπονδὴν τὴν μίμησιν. (模仿只是游戏,而非严肃的工作。) ——原作者

(14) 二十四人弦乐团(vingt-quatre violons),法国的宫廷乐团,1626 年成立,1761 年解散。

(15) 海顿(Haydn,1732—1809),奥地利音乐家。
艾斯特哈齐(Esterházys),匈牙利显赫家族。海顿是艾斯特哈齐家族的乐长。

(16) 华彩段(*cadenza*),乐曲结束前的即兴演奏段落,由演奏者即兴展示演奏技巧。

游戏的人

(17) 腓特烈大帝(Frederick the Great),指腓特烈二世(1712—1786),普鲁士国王(1740—1786在位),军事家,作曲家。

(18) 玛西阿(Marsyas),希腊神话中的林神。玛西阿拾到雅典娜扔掉的长笛,和主管音乐之神阿波罗比赛吹笛,结果输了,阿波罗将其吊在树上剥皮。

(19) 《名歌手》(*Meistersinger*),即《纽伦堡的名歌手》(*Die Meistersinger Von Nürnberg*,1868),德国音乐家瓦格纳创作的三幕歌剧。故事发生于十六世纪中叶德国纽伦堡,主题围绕由业余诗人和作曲家组成的"名歌手"协会展开;"名歌手"都爱以花哨的手法表现音乐。

(20) 亨德尔(George Frideric Handel,1685—1759),英籍德国作曲家。

斯卡拉蒂(Alessandro Scarlatti,1660—1725),意大利作曲家。

欧道堡大主教(Cardinal Ottoboni,1667—1740),意大利大主教。

(21) 奥古斯都大力王(Augustus the Strong,1670—1733),萨克森选帝侯和波兰国王。

萨克森(Saxony),位于德国东部。

约·塞·巴哈,见第一章注(28)。

马尚(Louis Marchand,1669—1732),法国宫廷乐师。传说巴哈1717年到德莱斯顿,遇到马尚,奥古斯都大力王组织两人举行键琴比赛。马尚为巴哈技艺所慑,没在比赛那天露面。

(22) 弗丝蒂娜(Faustina Bordoni,1697—1781),意大利女中音歌唱家。

谷佐妮(Francesca Cuzzoni,1696—1778),意大利女高音歌唱家。

(23) 博农奇尼(Giovanni Bononcini,1670—1747),意大利作曲家。

格鲁克(Christoph Willibald Gluck,1714—1787),德国作曲家。

皮契尼(Niccolò Piccinni,1728—1800),意大利作曲家。

(24) 勃拉姆斯(Johannes Brahms,1833—1897),德国作曲家。

(25) 亨利·德·茹弗内(Henry de Jouvenel,1876—1935),法国政治家。

福莱(Gabriel Fauré,1845—1924),法国作曲家。

(26) 约柜(Ark of Covenant),古代以色列民族的圣物,放置上帝与以色列人所立契约的木柜。

第十章　艺术的游戏形式

(27) 赫淮斯托斯(Hephaestus),古希腊神话中的火神。
(28) 克利俄(Clio),古希腊神话中掌管史诗的缪斯女神；卡利俄珀(Calliope),古希腊神话中掌管历史的缪斯女神。
(29)《审美教育书简》(Ueber die aesthetische Erziehung des Menschen,1795),第14封。————原作者
　　席勒(Friedrich Schiller,1759—1805),德国文学家、美学家。
(30) 阿尔塔米拉洞窟(Altamira),位于西班牙北部山区,保存有旧石器时代壁画。
(31) 见《奥德赛》第二十一卷第404—423行。
(32) 罗马大奖(Prix de Rome),法王路易十四1663年创立的法国国家艺术奖学金,授予绘画、雕塑、建筑和雕刻领域杰出人士。获奖者可前往罗马,在美第奇别墅居住三年,并接受意大利著名艺术家的指导。
(33) "戈尔迪死结"(Gordian knot),古希腊传说中的弗里吉亚国王戈尔迪(Gordius)在牛车上打了个复杂结子,并放在宙斯神庙里。神谕称能解开此结的人将统治亚洲。亚历山大大帝远征波斯,看到"戈尔迪死结",经一番尝试后,挥剑斩断了"戈尔迪死结"。
(34) 双马童(Asvins),印度神话中的孪生神灵,主要功德是救苦救难,能治病。
　　狄俄斯库里(Dioscuri),古希腊罗马神话中的孪生神灵。
　　布拉斯帕蒂(Br̥haspati),印度神话中的祈祷主。
(35) 波吕泰克诺斯(Polytechnos)、艾冬(Aëdon),古希腊神话人物。
(36) 铁匠韦兰(Wayland the Smith),北欧传说中的隐身铁匠。
　　代达罗斯(Daedalus),古希腊神话人物,建筑师和雕刻家。
(37)《阿希加智慧集》(the Story of Ahikar,剑桥,1913),费·考·康尼比尔、詹·伦德尔·哈里斯、艾格尼丝·史密斯·刘易斯编。————原作者
　　阿希加(Ahikar),传说中的亚述帝国智者。
　　费德利·考瓦利·康尼比尔(Frederick Cornwallis Conybeare,1856—1924),英国东方学家。
　　詹姆斯·伦德尔·哈里斯(James Rendel Harris,1852—1941),英国神学家。
　　艾格尼丝·史密斯·刘易斯(Agnes Smith Lewis,1843—1926),英国闪语

学家。

(38) 帕拉修斯(Parrhasios),公元前五世纪古希腊画家。

萨摩斯岛(Samos),位于爱琴海中的希腊岛屿。

大埃阿斯(Ajax),古希腊神话人物。阿喀琉斯死后,他和奥德修斯争夺阿喀琉斯的盔甲和武器。

帕纳诺斯(Panainos)、提马戈拉斯(Timagoras),均为公元前五世纪古希腊画家。

卡尔基斯(Chalcis),希腊港口城市。

皮提亚竞技会(Pythian feasts),古希腊四大周期性赛事之一,规模仅次于奥林匹克运动会。

(39) 菲狄亚斯(Phidias,约前480—前430),古希腊雕刻家。

波利克里特(Polycletus),公元前五世纪至前四世纪古希腊雕刻家。

(40) 维·爱伦堡的《东方和西方》,第76页。　　　　　　　　——原作者

(41) 维拉·德·奥内库尔(Villard de Honnecourt),十三世纪法国建筑师。

(42) 比埃尔·德·科比(Pierre de Corbie),十三世纪法国建筑师。

(43) 《维拉·德·奥内库尔集》(*Album de Villard de Honnecourt*),亨·奥蒙编,第29页,图十五。　　　　　　　　——原作者

亨利·奥蒙(Henri Omont,1857—1940),法国历史学家。

(44) 布鲁内莱斯基(Filippo Brunelleschi,1377—1446),意大利建筑师。

第十一章

游戏视野下的西方文明

不难证明,在整个文化进程中,游戏元素都非常活跃,它产生了众多基本的社会生活形态。游戏式竞赛的实质是一种社交冲动,比文化本身还古老,而且就像真正的酵母,渗透到生活的方方面面。仪式在神圣游戏中成熟;诗歌在游戏中诞生并在游戏中得到滋养;音乐和舞蹈则是纯粹的游戏。表达智慧与哲学的词语和形式源于宗教比赛。战争规则、高贵的生活习俗都是在游戏模式中发展出来的。因此,我们必然得出结论:最初阶段的文明是玩出来的;文明并非像婴儿自己脱离子宫那样产自游戏,而是在游戏中产生并成为游戏,并且与游戏永不分离。

倘若认为这一观点正确(似乎不可能不这么认为),问题立刻就来了:我们能证实这个说法吗?文明真的从未离开过游戏领域吗?目前为止,我们讨论的主要是早期时代。相比之下,后来的文化阶段更发达、更有教养、更成熟,我们能从中发现多少游戏要素呢?在古代文化游戏要素的例子基础上,我们反复从十八世纪或我们这个时代举出类似例证。在我们看来,十八世纪更是充斥着游戏要素和戏谑欢乐的时代。这个世纪还历历在目,我们怎么会与如此接近的往昔失去了所有精神上的密切关系呢?结束本书前,我们须追问,在我们这个时代、我们这代人以及整个世界上,还有多少活生生的游戏精神?为探讨最后这个问题,我们来快速浏览一下罗马帝国以降西方文明的几个阶段。

哪怕只是由于和希腊文化不一样,罗马帝国的文化也值得关注。

乍一看,罗马社会的游戏特征似乎比希腊少得多。远古罗马的实质,可以归结为严肃、正直、简朴、经济秩序和法律秩序务实、想象力贫乏、迷信低俗之类特点。敬神形式幼稚、村俗,带有乡野和灶火气息。共和时代的罗马文化,仍然是宗族、部落团体的氛围,这种氛围其实并未随着社会发展而消失。对城邦的明显关切,带有家族崇拜即膜拜内心神灵(genius)(indwelling spirit)的全部特点。宗教观念价值不大,想象力贫乏,表达欠佳。对一切控制心灵的观念都乐意拟人化,这与高等抽象能力毫不相关——确切地说,这是原始思维模式,非常接近儿童游戏。[1]像富足之神(Abundantia)、和睦之神(Concordia)、仁慈之神(Pietas)、和平之神(Pax)、美德之神(Virtus)等形象,都不是高度发达社会思想的形象化。它们是原始团体未经雕饰的唯物理想,原始团体通过与高级神灵交易以求捍卫自身利益。因此,不计其数的宗教节日在这个宗教保障体系中占有重要地位。在罗马人那里,这些仪式总是保留 ludi(游戏)之名,这并非偶然,因为它们的本质正是游戏。罗马文明的强大游戏要素暗藏在其明显的仪式结构中,不过在这里,游戏不会呈现出希腊文明或中国文明中所表现的生动色彩和丰富想象。

罗马成了世界帝国和世界商业中心。先前逝去的古老世界的遗产,埃及、希腊文化和半个东方的遗产,归于罗马。罗马文化受到十多种其他文化的丰富滋养。政治和法律,道路建设和战争艺术,都达到举世未有的完美境地,其文学艺术成功地嫁接到希腊主干上。但尽管如此,这幢雄伟政治大厦的基础仍是古代的。国家的存在依据仍建立在古老的仪式中枢上。政治野心家一攫取最高权力,他的身份及其权力观念就会立刻变成老规矩。他成了奥古斯都[2],执掌神圣权力,成为神性的化身、救世主,他重整乾坤,带来和平与繁荣,提供舒适和富足,并加以保障。原始部落追求物质利益和保全生命的所有迫切愿望,都寄托在统治者身上,统治者从此被当成神明显灵。这些都是披

第十一章 游戏视野下的西方文明

上华丽新服的古代观念。把赫丘利或阿波罗视为罗马"第一公民"（Princeps）[3]，原始生活中创造文化的英雄就这么复苏了。

维吉尔为屋大维读自己的作品（Jean-Baptiste Wicar 作）

拥有并传播这些观念的社会，在很多方面都极为先进。帝王神性的崇拜者，都修习过高品位的希腊哲学、科学和鉴赏力，结果成了怀疑论者，不信宗教。维吉尔和贺拉斯[4]以其高雅诗篇赞美这个创新纪元时，我们禁不住觉得他们是在玩文化（playing at culture）。

国家绝非纯粹的功利机构。它就像窗玻璃上的霜花，冻结在时代的表面，显然也像霜花捉摸不定、稍纵即逝，像霜花的图案一样遵循着严格的因果关系。来源迥异的不同力量产生的文化动力，处处受到那些力量的推动，并体现在我们称为"国家"的权力集合上。而国家又为自身存在寻找某些理由，或许在某个光荣王朝、某个优秀民族中发现这种理由。国家常以宣扬其诞生之源的方式，展示自身离奇本性，甚至到了荒诞和自残的地步。罗马帝国具有这种原始非理性的全部特征，而为了尽力掩饰这种非理性，它声称已获得某种神圣权利。罗马帝国的社会结构和经济结构不够稳固、缺乏活力；整个供给系统、政府系统和教育系统都集中在城镇,它不是为了社会整体或国家本身的利益,而仅仅为了少数人的私利,这些人靠被剥夺了公民权的底层无产者养肥。在古代,城市总是中心,所有社会生活和文化的理想中心,并且一直如此,而统治阶级和文化阶层从未对此作过任何理性思考。因此,皇帝建城造镇没个停歇,数以百计的城市,一直建到沙漠边——没人发表任何意见,追究这些中心能否发展成为自然有机体,或成为国民健全生活的器官。所有这些宏伟城市建筑的遗迹极具说服力——凝望这些遗迹,我们必须自问,这些作为文化中心的城市,其功能与华而不实的富丽堂皇之间到底有什么关系?从罗马晚期的成就判断,这些边远居民点无论设计建造得多么宏伟庄严,都不会成为商品流通和劳力输送的主动脉,很多古代顶尖文化也不可能在那里存活下去。宗教式微,其庙宇也在传统形式下石化了,还被迷信侵蚀得千疮百孔;供行政机构及司法审判使用的议事厅和长方形大会堂(basilica),因政治经济动荡而渐渐衰败,并在国家奴隶制、敲诈勒索、贪污腐败和任人唯亲下苟延残喘;为观看血腥野蛮的比赛而造的竞技场和角斗场,荒淫放荡的戏剧表演、因身体崇拜而建的公共浴室没能强身健体反而使人萎靡不振——所有这些都不利于文明稳定持久,绝大多数只是为了显摆、消遣和徒劳无益的荣耀。罗马帝国成了从内部遭到吞噬的空壳。施主大手大脚,他们自吹自擂的碑文造成强大富饶的假象,他们的财富其实建立在非常脆弱的基础上,一记重击就可能土崩瓦解。食物供应一向不算可靠,而国家本身就在损耗着机体的健康和财富。

华而不实之光遍及整个古罗马文明。宗教、艺术和文学似乎总是在用令人生疑的强调语气声明:罗马万世大吉,繁荣有保障,胜利有把握,听上去千真万确——这就是那些高傲的建筑、圆柱、凯旋门、饰有壁画和雕带的祭坛、室内壁饰和镶嵌图案所要表达的。神圣和世俗在罗马装饰艺术中完全融合;爱用优雅无害、尽是仙女和鬼怪的小场景。

第十一章　游戏视野下的西方文明

古罗马长方形大会堂遗址

灶神小像站在那里，带着几分捉摸不定的魅力，但样子并不愉快，簇拥着果实花朵，在仁慈而有点亲切的神灵监督下分发财富。凡此种种，都显示出平静和平安，寓意雅致而浅白；这一切表明，不安的心灵所希冀的游戏，受险恶现实的困扰，只好在诗情画意中寻求庇护。游戏要素在此非常明显，但与社会结构并无有机联系，再也不能产生大量真正的文化了。只有式微的文明才会产生这种艺术。

　　帝王政策也来自这种没完没了极口颂扬国泰民安的需求。这种政策的目的，只有很小一部分完全合理——但除此之外还能是什么呢？当然，征服新领土，意味着获得新的供给地，把帝国疆界越扩越远、远离易遭攻击的心脏，以此确保繁荣和安全。维持"奥古斯都和平时代"[5]本身就是明确而合理的目标，但功利动机服从宗教观念。胜利游行、桂冠和军事荣誉，并非实现目标的手段，而是上天赋予帝国的神圣使命。[6] 凯旋（*triumphus*）远不只是隆重庆祝军事胜利，它还是仪式，通过这个仪式，帝国从战争的紧张中复原，并重享安乐。只要全部政策的基础是要赢得声望、保持声望,这种原始的竞赛观念就会渗透进罗马帝国整个庞大结构中。每个国家都宣称,它们所发动或经受的战争,都是为了生存而战,无上荣光。就高卢战争和布匿战争[7]而言,罗马共和国这么说可能有点道理;蛮族从四面八方入侵时,罗马帝国这么说也可能有点道理。但问题还是老问题:开战的最初冲动是否主要是竞争,主要是对权力对荣誉的追慕和贪恋,而非出于饥馑或自卫呢?

罗马国度的游戏要素,在恳求"**面包和游戏**"(*panem et circenses*)[8]中表现得最明显。在现代人听来,这种恳求无非意味着失业无产者想要救济金和免费电影票。但这种恳求意味深长。没了游戏,罗马社会也就存活不下去了。游戏和面包一样,是生存必需品——因为它们是神圣游戏,人的游戏权是神圣权利。其基本功能并不仅仅在于庆祝社会为自身已经赢来的繁荣,还在于鼓舞全社会并通过仪式以确保未来的繁荣。那些壮观而血腥的罗马游戏,就是古代游戏元素赤裸裸的遗风。观众变得残忍,他们几乎感受不到这些表演固有的宗教性质,而在这些场合,帝王的慷慨也不过沦为对不幸无产者的大度施舍。因此,更意味深长的是,罗马文化中,游戏功能之所以重要,就在于,在无数新城市(这些城市其实是建在沙堆上的)里,没哪个会忘了建造圆形竞技场,这种建筑往往成为极其短命的城市荣光的唯一遗迹,注定饱经沧桑。西班牙文化中的斗牛(bull-fight)直接沿袭了罗马**游戏**(*ludi*),与古代角斗士比赛血缘上相似,尽管其前身更接近中世纪的比武大会,而非当今的**斗牛**(*corrida*)。

向城市平民慷慨解囊,并非帝王的专利。帝国头几个世纪里,成千上万来自四面八方的公民竞相建造并捐赠大厅、澡堂、剧院,竞相大派食物,竞相安排或准备新的比赛,凡此种种,都用自吹自擂的铭文记录下来,传诸后世。所有这些狂热举动的背后是什么样的感人精神呢?我们是不是该用基督教的博爱来看待这种慷慨,视之为早期形式

第十一章　游戏视野下的西方文明

古罗马角斗士比赛

的博爱呢？真相远非如此。这种慷慨的目的及其采取的方式，完全是另一码事。那么，我们能否认为这种慷慨是现代意义上的**公德心**（*public spirit*）呢？无疑，古人的乐善好施更接近公德心，而非基督教的博爱。不过，把这种酷爱一掷千金的真正性质概括称为"**斗富**（*potlatch*）心"会更恰当。慷慨解囊，为的是名誉和荣誉，为的是胜过邻人打败邻人，这就是我们从所有这些行为中觉察到的，罗马文明古老的仪式化竞赛(ritual-agonistic)背景从中显露出来了。

在古罗马文学和艺术中，游戏要素也非常明显。夸张的赞辞和空洞的修辞是文学的特征；肤浅装饰勉强遮住厚重的下层结构，壁画耍弄空洞的**风格**或沦为纤弱的优雅，这在艺术中占首要地位。这些特点，令伟大的古罗马在末期留下轻浮成癖的烙印。生活成了文化游戏，仪式尚在，而宗教精神荡然无存。所有心灵深层的冲动，都离开这种肤浅的文化，而在神秘宗教里扎下新根。最后，基督教将罗马文明与仪式基础一刀两断，罗马文明迅即凋零。

253

游戏的人

拜占庭赛马场遗址

还需指出,古罗马游戏要素根深蒂固有个不寻常的证据,也就是拜占庭赛马场[9]残存的游戏原则(ludi-principle)。在基督教时代,赛马热同其仪式起源完全分离,但赛马仍是社会生活的焦点。曾靠人兽血腥厮斗获得满足的大众热情,如今只好满足于赛马这种纯粹世俗的快乐,赛马虽然不够神圣,但仍能把全体公众的兴趣吸引到跑道上。纯字面意义上的竞技场(circus)不仅成为比赛的中心,而且成为政治中心乃至宗教派系中心。比赛团体根据车夫身上四种颜色进行区分,它们不仅是比赛的组织者,而且是公认的政治机构。这些参赛者称为竞技党(demes),其领袖称为保民官(demarchs)。将领战斗得胜凯旋,要在赛马场庆祝胜利(triumphus);皇帝在那里向民众露面,有时那里也举行审判。这种度假庆祝和公共生活的混合(mélange),不过是衰落文明的游戏余绪(after-play),跟古代游戏与仪式的结合几乎无关,而游戏与仪式的结合,曾对文化发展不可或缺。

我在别处[10]对中世纪的游戏要素已详加论述,这里寥寥几句就够了。中世纪生活处处都是游戏:人们欢乐不羁的游戏充斥着异教成分,神圣意义已失去,转变成滑稽打趣,或郑重傲慢的骑士精神游戏,或高雅的贵族之爱(courtly love)游戏……那时,除了贵族之爱观念产生了"清新体"和但丁的《新生》(Vita Nuova)[11]外,这些形式都不具备

第十一章 游戏视野下的西方文明

但丁邂逅贝雅特丽齐（Henry Holiday 受《新生》启发而作）

真正的文化创造功能。因为中世纪的诗歌、仪式、学术、哲学、政治、战争等继承了古典文明时代伟大的文化形式，这些都是固定形式。中世纪文化在很多方面粗糙、贫乏，但我们不能认为它原始。它关注的是钻研传统素材（不论是基督教素材还是古典素材），同时重新消化这些素材。只有不是源自古代、未受基督教或希腊罗马精神滋养之处，才有游戏元素"戏耍"的空间和创造全新事物的空间。不论中世纪文明直接建立在凯尔特—日耳曼传统上，还是建立在更早的原地层（autochthonous layers）上，情况都是如此。骑士制度就是这么建立的（尽管中世纪学者可能会在特洛伊英雄或其他古典英雄中找到骑士的榜样），许多封建制度也是这么建立的。骑士入会和册封、赏赐封地、比武大会、家谱纹章、骑士等级、起誓，所有这些都可以越过古典时期回溯到纯粹的远古往昔——而其中，游戏元素都是作用强大的力量，也真正具有创造力。进一步分析表明，游戏元素也在其他领域起作用，比如在法律和司法审判中，就不断用到各种象征符号、法定手势、固定程序，提出辩护理由往往抓住字词或音节的确切发音不放。起诉动物就是个很恰当的例子，虽说在现代人看来完全不可思议。总之，中世纪游戏精神对表达结构、美化结构的仪式产生了巨大影响，但并不影响中世纪制度的内在结构(这种结构主要源自古典时期)。

列奥纳多·达·芬奇　　　　　　　　米开朗基罗

现在让我们向文艺复兴和人文主义时代投去匆匆一瞥。如果说有过那么一个精英阶层，它对自身价值了如指掌，想方设法使本阶层与粗俗民众隔离开来，并且生活得像艺术上尽善尽美的游戏，这个精英阶层就是文艺复兴时期精英人物圈子。我们须再次强调，游戏并不排斥严肃。文艺复兴精神远非轻浮琐碎；它以神圣的真诚，进行拟古生活游戏。在造型作品和智力发明方面挚爱往昔理想，其强度、深度和纯度超乎我们想象。我们几乎想象不到还有比列奥纳多和米开朗基罗[12]更严肃的心灵了。然而，文艺复兴整个心态还是游戏心态。对优美高贵形式的追求既老练圆熟又天真质朴，这是文化在戏耍的佐证。辉煌的文艺复兴不过是在理想化往昔行头下一场华美庄严的化装舞会。神话形象、比喻和象征(天知道这些从哪儿来的)，都满载着历史意义和占星意义的重负,犹如棋盘上的棋子那样运动。文艺复兴建筑艺术和造型艺术中的新颖装饰,及其对古典图案的大量运用,比起中世纪插画家突然在书稿中插进幽默画的做法来,游戏意识更强烈。有两种最出色(*par excellence*)的理想化游戏,我们可称之为两个"游戏的黄金时代":田园生活和骑士生活。在文学和公共庆典中,文艺复兴把两者从沉睡中唤醒,开始新生。我们很难找到有哪位诗人比阿里奥斯托[13]更纯粹地体现了游戏精神——在他笔下,文艺复兴的全部格调和品位表达得淋漓尽致。哪里还有如此自由不羁、彻头彻尾的游戏诗作?他优雅得体、变幻莫测地在模仿英雄气概和哀怨感伤间盘桓,那是远离现实的领地,住着快乐活泼可爱的人物,诗人不知疲倦、令人愉悦的声音包围了他们所有人,这声音证明,游戏和诗歌是一致的。

拉伯雷

塞万提斯

比起文艺复兴来,"人文主义"一词唤起的想象趣味不足而严肃有余。然而,我们所说的文艺复兴时期的游戏性质,同样适用于人文主义。游戏性质局限于内行圈子和"熟悉内幕"者的程度甚至更大。人文主义者养成的生活观,是严格按照想象中的古代规划出来的。他们甚至想方设法用古典学者的拉丁语表达其基督教信仰,这使之平添了几分异教色彩。这些异教倾向的重要性常常被夸大,但可以断定,人文主义者的基督教信仰染上了某种机巧,甚至是某种伪饰,某种不甚严肃之物。他们说话拿腔拿调,这种腔调不是基督徒的腔调。人文主义者伊拉斯谟谈论神圣事物的口气,加尔文和路德就受不了。好个伊拉斯谟!他似乎浑身都散发着游戏精神。游戏精神不仅表现在《对话录》(Colloquies)和《愚人颂》中,也表现在惊世之作《格言集》(Adagia)中,该书收录了希腊拉丁文学中的格言,并用轻松的讽刺和娱人的幽默加以点评。他的大量书信,有时连他那分量最重的神学论著,都弥漫着欢快的才智——没了这种才智,他就根本写不出这些来。

　　从让·莫里奈、让·勒梅尔·德·贝尔热等"修辞学派"到桑纳扎罗、瓜里诺等文艺复兴鼎盛期人物(14),他们创作了风靡一时的新派田园诗,环视这一大群文艺复兴诗人,所有人都必定会被这些天才的完美游戏特征打动。拉伯雷(15)的戏谑无人匹敌——他是游戏精神的化身。《高卢的阿马迪斯》系列把英雄冒险降为纯粹的闹剧,而塞万提斯(16)始终是制造泪与笑的超级魔术师。在玛格丽特·德·纳瓦尔(17)的《七日谈》中,我们看到了嗜粪癖(coprophilia)和精神之爱(platonism)古怪地混在一起。就连人文主义法学家流派,也力求使法律变得新潮雅致,可见那个时代游戏精神之强大。

斯宾格勒

约斯特·范·登·冯德尔

第十一章　游戏视野下的西方文明

谈起十七世纪，人们热衷于延伸"巴洛克"一词的使用范围，远远超出其最初适用领域。"巴洛克风格"不再仅仅表示颇为明确的建筑风格和雕塑风格，而成了能涵盖十七世纪文明实质的概念，宽泛而多少有些含糊。这种流行做法始于大约四十年前的德国学术界，主要通过斯宾格勒[18]的《西方的没落》传播给普通大众。如今，绘画、诗歌、文学，乃至政治学和神学，简而言之，十七世纪技艺领域和学术领域处处都要符合"巴洛克风格"的某些先入之见。有人用该术语指这个时代早期，那时人们喜爱丰富瑰丽的想象；另一些人则用该术语指晚期的沉稳庄重。但总的来说，它让人想到有意的夸张，想到雄伟、威慑、庞大、明目张胆的虚幻之物。从该词最完整意义上说，巴洛克形式就是艺术形式。甚至用来描述神圣和宗教时，刻意的美学元素也会大量冒出，所以后人很难相信，表现这一主题居然可能源自虔诚的宗教情感。

这种普遍的过火倾向，是巴洛克风格的特征，在创作冲动的游戏内容中，能找到最现成的解释。要充分欣赏鲁本斯、贝尼尼或荷兰诗王约斯特·范·登·冯德尔[19]的作品，必须一开始就准备好对他们

鲁本斯

贝尼尼

的言论半信半疑(cum grano salis)。有人或许会反驳:绝大多数艺术和诗歌也不能全信啊!倘若如此,那就再度证明了我们的主要论点——游戏极端重要。尽管如此,巴洛克风格还是相当突出地展现了游戏要素。我们绝不该探问艺术家本人究竟在多大程度上认为自己作品是完全严肃的,或多想使作品成为完全严肃的。首先是因为,其他任何人都不可能探知艺术家的真情实意;其次是因为,艺术家自己的主观情感多半跟作品毫不相干。艺术品**自成一体**(*sui generis*)。胡果·格劳秀斯[20]就是一例。胡果·格劳秀斯天性格外严肃,生来缺少幽默,但洋溢着对真理的无限热爱。他把自己的杰作、他那灵魂的不朽丰碑《战争与和平法》(*De jure belli et pacis*),献给法兰西国王路易十三[21]。附上的献词正是最浮夸奢华的巴洛克范例,主题是说国王的公正举世公认、贵重无价,甚至令高贵的古罗马也黯然失色……他的行文打躬作揖,大量客套话愈演愈烈。我们了解格劳秀斯,也知道路易十三性情懦弱、不值得信赖。我们禁不住自问:格劳秀斯是真情流露,还是满口扯谎?答案显而易见——他是以时代特有的风格在玩献词格式的游戏。

格劳秀斯

路易十三

第十一章　游戏视野下的西方文明

几乎没其他哪个世纪像十七世纪那样打上时代的烙印。生活、思想以及外观的总体风格，都按照"巴洛克风格"（姑且称之，因为缺少更合适的词）的样式，最明显的代表是当时的服饰。首先要指出，这种典型风格与其说见于女士服装，还不如说见于男士服装，尤其是宽松的宫廷朝服。男士时装款式在整个世纪千变万化，越来越背离简单、自然、实用，到 1665 年左右，畸变到了极致。马甲变得很短，差不多快到腋窝了；马甲和紧身裤之间，鼓起四分之三的衬衣，而紧身裤出奇地又短又肥，都认不出是紧身裤了。莫里哀[22]等人提到的**莱茵伯爵裤**（*rhingrave*），显然就是小衬裙或围裙，一般也都这么解释。直到大约二十年前，一个英国人的衣柜里发现了这玩意儿的真正样品，原来竟是一条马裤。这条古怪的服装缝满了丝带、蝴蝶结和花边，连膝盖一圈也有。不过，尽管看上去滑稽，但主要多亏有了斗篷、帽子及假发，穿上这条裤子，还能保持上流社会的优雅和尊严。

莫里哀

莱茵伯爵裤

不仅在服装史，就连在文明史上，假发都能自成一章。十七、十八世纪时人所戴的假发，比任何单个物件都更能确切说明文化冲动的游

183 戏性质。在某种意义上,把十八世纪称为"假发的时代",说明对历史认识不到位,因为其实十七世纪更典型,而且那时总的来说表现得更古怪。极其严肃的笛卡尔、帕斯卡和斯宾诺莎时代,伦勃朗和弥尔顿[23]时代,海外殖民时代,勇敢的航海家时代,爱冒险的商人时代,科学昌盛和大道德家时代,竟然也是假发那个可笑玩意儿的时代,真叫人啼笑皆非啊!从绘画中可见,十七世纪二十年代,短发演变成长发;十七世纪中叶后不久,凡是想看上去像个绅士、贵族、议员、律师、士兵、牧师、商人的,假发成了必备头饰。就连一身戎装的海军上将也要假发压顶。六十年代,所谓的**马尾假发**(*allonge*)或披肩假发(full-bottomed wig),成了最奢华、最怪诞的款式。这种**时髦**(*chic*)榜样风靡一时,再也想不到能有什么更夸张、更惊人——或者说换句话说——更

笛卡尔

帕斯卡

斯宾诺莎

可笑的了。但是,光是斥责或取笑是不够的——假发长期流行值得进一步关注。当然,起先实际情况是,三四十年代绝大多数男士想要的那种长发是不可能自己长出来的。假发开始替代不甚浓密的头发,也就是模仿自然。而一旦戴假发逐渐变成大众时尚,仿造天生头发的种种借口就迅速丢掉,变成了真正的风格要素。所以,我们几乎一开始就在和艺术品打交道。假发以画框的样子给面部加框——其实,为图画加框和着装中的假发时尚大致同时出现。假发用于把面部隔离出来,造成高贵神态的假象,仿佛更加高人一等。于是假发就成了巴洛

第十一章 游戏视野下的西方文明

克的极致。**马尾假发**款式的规模变得相当夸张,但整个发型依然优雅、天然壮观,近乎庄严,完全适于表达年轻的路易十四及其时代的风格。这里,我们必须承认,尽管从各种美学上达到了真正美的效果:**马尾假发**就是实用艺术。但我们不该忘记,凝视这个时代的肖像,我们产生的美感错觉,要远远超出见过展示这种艺术的真人模特(实在太真了)的同代人。比起本人来,这些肖像和图画要好看得多,因为它们没有表现肮脏的内部——那个时代不洗假发,因此假发往往令人作呕。

伦勃朗

弥尔顿

假发时尚引人注目之处不止于此,它不自然、累赘、不卫生,却延续一个半世纪,这本身就表明假发时尚绝非只是异想天开的怪癖。但它逐渐远离头发自然生长,变得越来越程式化。这种程式化表现在三方面:抹粉、卷发和系带。过了十七世纪,只戴抹过粉的假发——黑色、棕色或金色的假发弃置不用,代之以清一色的白或灰。抹粉习俗可能出于何种文化原因或心理原因,尚不得而知,但可以肯定,这种肖像手法能使人非常好看。接下来,大约十八世纪中叶,假发全变成了固定款式:前面是梳得高高的头发,一缕缕紧贴的小卷发遮住耳朵,脑后系着丝带。模仿自然的种种借口都舍弃了——假发彻底成了装饰。

十七世纪的假发　　　　　　十八世纪的假发

十八世纪女士假发

顺便还要指出两点。女士只在必要场合才戴假发，但其发型大体接近男士，到十八世纪末，其发型之奢华矫饰达于极致。另一点是，假发的领域并无限制，即便下层社会也效仿这一习俗，戴的是纱线做的假发或其他材质的假发。但早在十八世纪，古典戏剧中的悲剧角色按当时风尚戴着假发演出时，肖像里留着天生长发的年轻男子却也并不罕见，尤其是在英国。我认为，这意味着有股逆向而行的暗流，向往自由自在,对假发时尚故作冷淡。这股暗流始于华多[24],并贯穿了整个十八世纪,这是对僵硬造作的抗议,也是对一切自然和纯真事物的辩护。它是我们这里要谈到的卢梭[25]思想和浪漫派的萌芽。研究其他文化领域中的这一倾向,这项工作会很诱人、很重要,而与游戏的众多联系无疑也会显现。但这种研究会使我们跑题太远。谈论假发的长篇题外话已足以表明,这整个现象是文化的游戏元素最突出一例。

华多

卢梭

法国大革命敲响了假发的丧钟,但并未使这种时尚戛然而止。头发和胡须接下来的历史,是奇妙知识的宝库,迄今几乎无人发掘——不过,我们也搁置不表。

如果说在所谓的巴洛克时代看出了活跃的游戏要素,我们就得承认,接踵而至的洛可可时代,游戏要素更不容置疑(*a fortiori*)。这个术语的范围同样变得非常宽泛松散,也许英语里变化不多,比起某些欧陆语言来,英语不适于表达模糊的抽象概念。但即便"洛可可"一词仅用于表示艺术风格本身,它还是与游戏、游戏性质有着千丝万缕的联系,甚至几乎可以用游戏来定义该词。此外,就在艺术的"风格"这一概念中,不也默认了某种游戏要素的存在吗?风格本身的产生不就是追求新形式的思想游戏吗?风格和游戏靠同样的东西存活,靠的都是节奏、和谐、正常变化以及重复、升降调。风格与时尚的血缘关系比正宗美学打算承认的要密切得多。时尚中,审美冲动掺杂了各种无关情感——愉悦、虚荣、高傲等欲望;而在风格中,审美冲动则结晶为纯粹的形式。但是,风格和时尚,还有艺术和游戏,很少像在洛可可风格中那般紧密融合,也许日本文化是个例外。无论我们想到的是梅森瓷[26],还是田园诗(经加工润色达到维吉尔以来未有的温情雅致地步),是华多或朗克雷[27]的绘画,还是十八世纪的室内装饰,或是天真迷恋风行一时的异国情调(满腔激情地把土耳其人、印度人和中国人写进了文学),游戏印象都须臾不离左右。

梅森瓷

然而,十八世纪,文明的游戏特征更强烈。那是个结党密谋、钩心斗角和干政扯皮的时代,产生了诸如阿尔贝罗尼、里佩尔达和科西嘉国王西奥多·纽霍夫[28]之类的人物;在那个时代,治国理政前所未有地被公开宣称为游戏。君臣毫无责任感可言,如同拥有无上权力,不受讨厌的国际法庭制约,只要高兴,随时都可以无所顾忌地拿自己国家的命运当赌注,嘴角含笑,举止彬彬,就像是在棋盘上走棋。他们目光短浅的政策所导致的后果,受到了交通通讯迟缓、杀伤工具相对低劣等其他因素的牵制,这对欧洲来说实属幸事。不过这种玩弄政治游戏的后果也确实够糟糕的了。

阿尔贝罗尼

里佩尔达

西奥多·纽霍夫

文化方面,雄心勃勃的竞争精神比比皆是,体现在俱乐部、秘密社团、文学沙龙、艺术圈、兄弟会、小圈子和小聚会中。各种想得出的爱好或消遣,都成了自愿加盟的中心。博物收藏和古玩风靡一时。并不是说这些念头都一无是处——恰好相反,正是这种一门心思纵情游戏,正是对游戏的这种**劲头**(*élan*),才结出硕果累累的文化。文学论战和科学论战也充斥着游戏精神,国际精英发起的这些论战,占据了他们大部分的高层次消遣和娱乐。权威的读书界[冯特奈(29)为之著有《关于多重世界的对话》(*Entretiens sur la pluralité des mondes*)]为了某个争议话题不断分分合合。十八世纪,所有文学似乎都是由世俗人物和游戏人物组成的,尽是抽象的概念、苍白的比喻、乏味的说教。那部才智恣肆的杰作,蒲柏的《鬈发遇劫记》(30),只可能在那时创作出来。

我们这个时代对十八世纪高水准艺术的认识非常迟钝。十九世纪已完全感受不到十八世纪的游戏特征,也始终看不到潜藏的严肃。在洛可可风格的优美曲线和绚烂华丽下,维多利亚时代(31)的人根本看不到掩饰直线的和谐装饰,看到的只是纤弱和做作。他们没能认识

冯特奈

《关于多重世界的对话》书影

到,所有这些精致装饰之下,时代精神在探寻回归大自然之路,只不过这是风格化之路。十八世纪产生了大量的建筑杰作,这些建筑朴实稳重的线条从未被装饰破坏,从而保持了比例和谐的全部高贵尊严;而十九世纪对这个事实故意视而不见。几乎没哪个艺术时期能像洛可可时代那样优雅地平衡游戏和严肃,也几乎没哪个时代的造型艺术和音乐艺术如此完美协调。

前文已经指出,音乐是*游戏功能*(*facultas ludendi*)最高级、最纯粹的表现形式。十八世纪音乐之所以极其重要,就在于其游戏内容和美学内容达到完美的平衡,这么说并不算冒失。作为纯粹的听觉现象,音乐在许多方面都有所改进和充实。古乐器得以改良,新乐器发明出来;因此,交响乐音量更强,变调范围更广。女声在音乐表演中起到更大作用。器乐占领声乐地盘越多,音乐与词语的联系就越松散,它作为独立艺术的地位也就越稳固。生活更加世俗,也促成了这种变化。为音乐而演奏音乐,成为正当的业余爱好,尽管还没享有今天的风头,因为它主要是为仪式或节庆定制的。

由此可见,十八世纪音乐的游戏内容、其社会游戏功能一目了然。

第十一章 游戏视野下的西方文明

但其美学内容离游戏有多远呢？回答这个问题，就要进一步阐述之前的观点，即音乐形式本身就是游戏形式。同游戏一样，音乐要以自愿接受并严格运用时间、音调、旋律、和谐等一套常规为基础。甚至我们熟悉的所有规则都被废弃时也是如此。世界各地音乐繁多、各不相同——凡是知道这一点，一眼就能看出音乐标准的因循守常。没有统一的声学原理能将爪哇音乐或中国音乐与西方音乐联系在一起。每种文明自有其音乐习俗，通常耳朵只能受得了听惯了的声音形式。因此，在音乐的内在差异上，我们再度证明，音乐本质上是游戏，是在限定范围内有效的契约——它没有实际用处，只是带来愉悦、放松和精神的升华。必须刻苦训练、令行禁止的严格法则、每种音乐都声称自己是美的唯一有效标准——所有这些特征都是典型的游戏特征。而正是其游戏特征，使得音乐的法则比其他任何艺术都更苛刻。规则稍有触犯，就会毁了游戏。

　　古人深知，音乐是神圣力量，能激发情感，同时也是游戏。只是很晚以后，人们才充分认识到，音乐是生活的重要补充、是对生活的表达，简而言之，就是我们今天所说的艺术之义。即便在盛产音乐的十八世纪，对音乐情感功能的理解也非常错误，如卢梭用"声音模仿大自然"来解释音乐，这个浅薄之见就是明证。后来出现的音乐心理学之类的东西，也许能说明"十八世纪音乐游戏内容与美学内容之间的平衡"是什么意思。音乐本身就无意识地、几乎是自然而然地包含了自身情感的全部分量。就连巴哈和莫扎特(32)也很少意识到，他们从事的不过是高尚的消遣（亚里士多德所谓的 *diagōge*）、不过是纯粹的娱乐——而不正是这种崇高的天真，才使得他们屹立在完美的顶峰吗？

　　否认洛可可时代之后有任何残留的游戏特征，或许最合乎逻辑。新古典派时期和浪漫派兴起之际，令人想起沉思、忧伤的人物，想起不可理喻的郁闷，想起催人泪下的严肃——所有这些，似乎正排除了游戏的可能性。但细加审视，情形刚好相反。如果说游戏中产生过某种风格和时代精神(*Zeitgeist*)的话，那就是在十八世纪中叶。拿新古典派来说，欧洲精神不断回归到远古这个重要的思想源头，总是在古典作品中寻求并发现恰逢其时之物。庞贝古城[33]适时从坟墓里重见天日，以新主题丰富了那个沉着优雅、大理石般平滑的时代。亚当、韦奇伍德和弗拉克斯曼[34]的古典派，就是从十八世纪轻松戏谑的风格中产生的。

维苏威火山喷发掩埋庞贝城

第十一章　游戏视野下的西方文明

亚当设计的书橱

韦奇伍德创作的雅典娜像

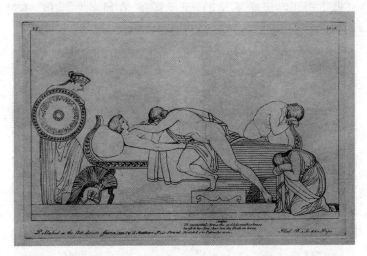
弗拉克斯曼的素描《阿喀琉斯哀悼战友》

浪漫派有多少种声音，就有多少张面孔。我们或许可以这么描述 1750 年左右兴起的这场运动或潮流：它想要使一切情感生活和审美生活都回归理想化了的古代，那时一切模糊不清、尚未定型，充满了神秘和恐惧。为思想勾画出这种理想空间，本身就是游戏过程。然而，事情远没那么简单。我们其实能看到,浪漫派产生于游戏,这是文学上的事实,也是历史事实。霍勒斯·沃波尔[35]的文学作品提供了浪漫派的出生证。详读这些作品,就会渐渐了解,这位杰出人士,这位浪漫派之父(如果浪漫派有父亲的话),其观点和信念仍是彻头彻尾的古典派。他对浪漫派形式和内容的贡献,没人比得上——而对他来说,浪漫派不过是业余爱好。他写的《奥特朗托堡》(*Castle of Otranto*)是首例惊险小说,还不够成熟——小说以中世纪为背景,半是出于奇思妙想,半是出于"怨气"。他把小古董塞满"草莓山庄",一直堆上阁楼,称之为"哥特式城堡"[36]——在他眼中,这既非艺术又非神圣遗迹,只不过是"珍玩"。沃波尔本人丝毫没有沉溺于他所谓的哥特风(Gothicism)。他觉得哥特风微不足道、无足轻重,在别的作品里,还对此嗤之以鼻。他只是在耍脾气、玩幻想。

霍勒斯·沃波尔

哥特式教堂

哥特风盛行之际,感伤派[37]在欧洲生活和文学中也赢来一席之地。这种感情用事的状态,风行了四分之一世纪或更长时间,其思想和行为与以泪洗面的女主角那种多愁善感不可同日而语,最相匹配的是十二、十三世纪贵族之爱观念。在感伤派和贵族之爱这两种情形中,整个上层社会都受到矫揉造作、古怪反常的生活观和爱情观的熏陶。当然,十八世纪的精英要比包括从伯特兰·德·伯恩[38]到但丁在内的封建贵族多得多。感伤派是我们接触到的最早文学团体之一,这个团体里,资产阶级显然取代了贵族。感伤派把这个时代全部社会观和教育观都塞进了自己的知识行囊。即便如此,相似之处还是很醒目。从生到死的种种个人感受,都精心炮制成某种艺术形式。事事以爱情婚姻为中心。也许没有别的哪个时代会把"婚姻之福"当成如此炽烈的理想化主题,而单相思和至死方渝的爱情等主题也只能屈居其后。但与行吟诗人不同,浪漫派诗人的理想中掺杂了取自"真实"生活的种种情形:多来自当时新闻报道的教育问题、亲子关系、病床前的痛心疾首、笔调哀婉的丧事场面、死亡和衰败……所有这些都是大众阅读的日常精神食粮。

他们有多"认真"？谁更忠于时代风格？谁对时代风格的感受更深？是早先世纪的人文主义者,还是十八、十九世纪的浪漫派和感伤派？比起哥特迷对缥缈、梦幻般往昔的信念,人文主义者对"古典理想是正当标准"的信念更坚定——这看来不容置疑。歌德在《*死神之舞*》(*Totentanz*)中写到月光下骷髅在墓园跳舞时,他不过是在游戏而已。尽管如此,我还是认为感伤派感受更深。十七世纪有位荷兰显贵,穿上自己想象中的"古"装,为的是让人给他画站像或坐像,他非常明白自己是在假扮古罗马元老院议员。他不可能真的去践行装束所代表的公民美德榜样。然而,尽管歌德的《*死神之舞*》确为游戏之作,朱丽和维特[39]的读者却认真地力求按感伤派的理想生活,而且往往做得非常决绝。换句话说,比起人文主义者及其巴洛克风格后继者效仿西塞罗的雄辩风格以及柏拉图学说来,感伤派更称得上是真正的*模仿*(*imitatio*)。像狄德罗[40]这样自由不羁的人物,也发自肺腑地赞赏格勒兹[41]《*父之咒*》(*Father's Curse*)情感丰富,还有歌德乃至拿破仑都会以我相之名发誓[42],这些事实似可证明我们的论点。

歌德

狄德罗

可是,可是啊——尽力使生活和思想适应感伤派的标准,并不能达到我们设想的深度。这种理想总是在个人生活和当代历史的残酷事实面前处处落空。它完全不同于纯粹文学感受力修养,也许只有在缠绵的家庭生活场合里,在冥想大自然(尤其是暴烈状态的大自然)中,感伤派才会自由游戏。

离我们时代越近,就越难客观评估我们文化动力的价值。我们所从事的消遣是游戏为之还是认真为之,也越发难以确定——而随着不确定性的增多,还会产生不舒服的虚伪感,似乎唯一能确定的只有假装。但我们要记住,严肃和假装之间不稳定的平衡,是文化自身确凿无误、必不可少的组成部分,而游戏元素位于所有仪式和宗教的核心。所以我们总要借助这种永恒的不确定性,这种不确定性只有在非仪式类文化现象中才会真正成为麻烦。因此,没什么能阻止我们把本身明显带有严肃性的文化现象解释为游戏。但只要浪漫派及相关运动与仪式分离,我们评判这些运动时,就必然受困于这种最恼人的不确定性。

十九世纪似乎没为游戏留下多少空间。与我们用游戏所表示的

第十一章 游戏视野下的西方文明

父之咒（Jean-Baptiste Greuze 作）

一切刚好背道而驰的倾向，日益占据统治地位。甚至在十八世纪，功利主义、追求枯燥无味的效率和资产阶级的社会福利观念（这些都致巴洛克风格于死地），就已深深侵蚀社会。工业革命及其对技术领域的征服加重了这些倾向。工作和生产成为时代的理想，接着又成为时代的偶像。全欧洲都穿上了连体工作服（boiler-suit）。从此，支配文明的就是社会意识、教育抱负和科学判断。随着工业动力从蒸汽机进步到电力、取得长足发展，"进步取决于开发太阳能"这种错觉也日益为人们接受。由于我们的智力脱了臼，马克思主义才会令人汗颜地提出"经济力量和物质利益决定世界进程"的想法，甚至成了信条。对经济因素的荒唐高估，是我们崇拜技术进步造成的，这种崇拜本身又是理性主义和功利主义消灭神秘、宣布人类无罪无恶后的产物。但理性主义和功利主义忘了把人类从愚昧和短见中解放出来，而人类似乎只配照自己的平庸模样塑造世界。

拿破仑翻越阿尔卑斯山　　　　　莪相在吟唱
（Jacques-Louis David 作）

这里看到的是十九世纪最坏的一面。但不管怎么看,十九世纪主流思想都不利于社会生活中的游戏元素。自由主义和社会主义都不能为游戏提供任何养料。实验科学和分析科学、哲学、改良、教会和政府、经济——所有这些,在十九世纪都是非常严肃的事。而一旦浪漫派"起初美好率性的狂喜"(43)耗尽自身,甚至连文学艺术似乎也放弃了与游戏的悠久联系,变得不那么可敬。现实主义、自然主义、印象派,还有其他文学和绘画流派的枯燥名目,都比以前出现的任何风格更缺乏游戏精神。没有哪个时代具有如此自命不凡的严肃。文化不再是"游戏"。表面形式不再是用来表示某种更高生活理想模式的外观(也可以说假象)了。游戏元素减弱的征兆,最明显的莫过于法国大革命后男士奇装异服的消失。长裤,此前一直是许多国家农民、渔民和水手的专门制服(就是**即兴喜剧**(44)中人物所穿的),这时突然成了绅士时装,外加一头乱发,以示同情法国大革命。蓬乱发式也主宰了女士发型,沙多为普鲁士王后路易丝创作的雕像可见一斑。(45)尽管这种装束在过火的"奇装异服"、"古装怪服"(46)以及拿破仑时代招摇、浪漫、不实用的军装中风靡一时,但再怪诞的时装也注定与之一同消亡。

第十一章　游戏视野下的西方文明

此后,男装逐渐变得单调乏味,而且日益缺少变化。往日的优雅绅士,一身盛装,光彩照人,配得上尊贵身份,如今则成了正经市民——就服装而言,他不再扮演英雄、勇士或贵族了。他头戴高顶礼帽,仿佛象征着他的庄严。只是在最微不足道的挥霍铺张中,比如在紧身裤、假领、立领等不易察觉的变化(与过去突飞猛进的变化相比)中,男装的游戏要素才表现出来。再后来,最后的装饰痕迹消失了,充其量只有晚礼服留下往昔庄重的痕迹。明快的色彩彻底消失,鲜艳的面料被苏格兰造的灰暗耐用衣料取代。燕尾服曾是绅士衣柜中必备的行头,如今成了侍者制服,数世纪的生涯就此告终,被夹克永远取代。除运动服外,如今服装变化其实已经停止。倘若现在你决定穿上1890年的服装现身,最多也就会让人觉得你光顾过某家有点古怪的裁缝店。

沙多

普鲁士王后路易丝

男装放下身段、走上大众化绝不可小觑。法国大革命以来的思想变革和社会变革尽在其中。

当然,女装,确切地说是贵妇服装(因为这方面能代表文明的是上层社会),并没有跟着男装那样整个改变属性、变得乏味单调。在此,美学元素和性感非常重要,致使女士服装在不同层面演变。所以,女

"奇装异服"和"古装怪服"

装沿不同路线发展,这个事实本身完全不值得关注。值得关注的反倒是,尽管中世纪以来对贵妇服装的奢华蠢笨大肆讥嘲,但比起男装来,贵妇服装整个时期都鲜有变化,也很少走极端。只需回顾一下 1500 年至 1700 年这段时期:男装变化剧烈、变动不断,而女装则基本保持稳定。在一定程度上可想而知:礼仪规范以及由此而来的避免款式太松、太短或太低,妨碍了对曳地长裙和紧身胸衣这种女式服装的基本结构进行整体改观。只是到了十八世纪初,贵妇时装才真正开始"游戏"。洛可可时代,冲天发型开始萌芽,同时,浪漫派精神的气息则体

第十一章 游戏视野下的西方文明

现在类似睡衣的服装、憔悴面容、飘飘长发、裸臂袒踝、裸露更多部位的服装上。很怪,祖胸露肩(*décolleté*)在露臂前数个世纪就大行其道了,这一点我们是从中世纪道德家的严词谴责中知道的。督政府时代以来,女装的变化频率和变化程度都大步走在男装前面。十九世纪六十年代的衬裙以及随后的裙撑,先前数百年对此一无所知——除非我们能回到古代。后来,随着新世纪的到来,时装潮流又逆向而行,女装回归朴素自然——而 1300 年以来,朴素自然已经不为人知了。

194

注释:

(1) 见前,第 136 页(原书页码)及后页。　　　　　　　　——原作者
(2) 奥古斯都(Augustus),原意为"神圣"、"高贵"。古罗马帝国开国皇帝屋大维(Octavianus)(前 63—14)被元老院赐封为"奥古斯都",后来"奥古斯都"也用作罗马皇帝的头衔。
(3) 赫丘利(Hercules),罗马神话中的大力士,即希腊神话中的英雄赫拉克勒斯(Heracles)。

　　第一公民(Princeps),源自 Princeps Senatus(首席元老),本是古罗马共和时期元老院的荣誉职衔,后在屋大维创建的元首制中,成为"罗马皇帝"的正式称呼。
(4) 维吉尔(Virgil,前 70—前 19),古罗马诗人。

　　贺拉斯(Horace,前 65—前 8),古罗马诗人、批评家。
(5) 在开国皇帝屋大维统治下,古罗马帝国迎来了新的和平与繁荣期,后被称为"奥古斯都和平时代"(Pax Augusta)。
(6) 参见米·罗斯托夫采夫的《罗马帝国的社会和经济史》(*Social and Economic History of the Roman Empire*)(牛津,1926)。

　　米歇尔·罗斯托夫采夫(Michael Rostovtzeff, 1870—1952),俄裔美国历史学家。
(7) 高卢战争(Gallic War),公元前 58—前 51 年,罗马总督恺撒(Caesar,前 102—

前44）发动了征服高卢的战争。

布匿战争（Punic Wars），公元前264—前146年古罗马与迦太基（Carthage）之间进行的三次战争。罗马人称迦太基人为"布匿"（Punici），故名。

（8）"面包和游戏"（panem et circenses），典出古罗马讽刺诗人尤文纳（Juvenal）（约一世纪至二世纪）的《讽刺诗集》（*Satires*）第十首。

（9）拜占庭赛马场（Hippodrome of Byzantium），建于203年。

拜占庭，建于公元前七世纪，今土耳其伊斯坦布尔（Istanbul）所在地。

（10）《中世纪的衰落》。　　　　　　　　　　　　　　　　——原作者

（11）"清新体"（dolce stil nuovo，亦作 dolce stil novo），十三世纪意大利重要诗派，主题是爱。该词最早出现在但丁《神曲》"炼狱"篇（*Purgatorio*）第二十四章。

但丁（Dante Alighieri，1265—1321），意大利诗人。

（12）列奥纳多，即列奥纳多·达·芬奇（Leonardo Da Vinci，1452—1519），意大利艺术家、科学家、发明家，文艺复兴时期人文主义代表。

米开朗基罗（Michelangelo，1475—1564），意大利雕塑家、建筑师、画家和诗人。

（13）阿里奥斯托（Ludovico Ariosto，1474—1533），意大利诗人。

（14）让·莫里奈（Jean Molinet，1435—1507），法国诗人、作曲家。

让·勒梅尔·德·贝尔热（Jean Lemaire de Belges，1473—1525），法国诗人、历史学家。

修辞学派（grands rhétoriqueurs），1460至1520年间的法国诗派，讲究押韵。

桑纳扎罗（Jacopo Sannazaro，约1456—1530），意大利诗人、人文主义者。

瓜里诺（Battista Guarino，1434—1513），意大利诗人、人文主义者。

（15）拉伯雷（François Rabelais，约1494—1553），法国作家，代表作《巨人传》（*Gargantua and Pantagruel*）。

（16）塞万提斯（Miguel de Cervantes，1547—1616），西班牙作家，代表作《堂吉诃德》（*Don Quixote*）。

（17）玛格丽特·德·纳瓦尔（Marguerite de Navarre，1492—1549），法国人文主义

第十一章 游戏视野下的西方文明

作家,代表作《七日谈》(*Heptameron*)。

(18) 斯宾格勒(Spengler,1880—1936),德国历史学家。

(19) 鲁本斯(Peter Paul Rubens,1577—1640),荷兰画家,巴洛克艺术代表人物。
贝尼尼(Lorenzo Bernini,1598—1680),意大利画家,巴洛克艺术早期代表。
约斯特·范·登·冯德尔(Joost van den Vondel,1587—1679),荷兰诗人、剧作家。

(20) 胡果·格劳秀斯(Hugo Grotius,1583—1645),荷兰法学家、哲学家、神学家、近代国际法学奠基人。

(21) 路易十三(Louis XIII,1601—1643),法国波旁王朝国王(1610—1643 在位)。

(22) 莫里哀(Moliere,1622—1673),法国喜剧家。

(23) 帕斯卡(Blaise Pascal,1623—1662),法国数学家、物理学家、思想家。
斯宾诺莎(Benedictus de Spinoza,1632—1677),荷兰哲学家、科学家。
伦勃朗(Rembrandt,1606—1669),荷兰画家。
弥尔顿(John Milton,1608—1674),英国诗人、政论家。

(24) 华多(Jean-Antoine Watteau,1684—1721),法国洛可可时期画家。

(25) 卢梭(Jean-Jacques Rousseau,1712—1778),法国启蒙思想家、哲学家、文学家。

(26) 梅森瓷(Meissen),精致硬质瓷器,产于德国梅森,有"瓷中白金"之称。

(27) 朗克雷(Nicolas Lancret,1690—1743),法国画家,华多的追随者。

(28) 阿尔贝罗尼(Giulio Alberoni,1664—1752),意大利红衣主教。
里佩尔达(Johan Willem Ripperda,1684—1737),西班牙首相。
西奥多·纽霍夫(Theodor Neuhoff,1694—1756),德国冒险家,科西嘉(Corsica)国王。

(29) 冯特奈 (Bernard Le Bouyer de Fontenelle,1657—1757),法国哲学家。

(30) 见本书第八章注(15)。

(31) 维多利亚时代(Victorian),指英国维多利亚女王(Queen Victoria,1819—1901)的统治时期(1837—1901)。

(32) 莫扎特(Wolfgang Amadeus Mozart,1756—1791),奥地利音乐家。

(33) 庞贝古城(Pompeii),意大利西部古城。公元79年,维苏威火山爆发将其湮埋,1748年开始遗址发掘。

(34) 亚当(Robert Adam,1728—1792),英国新古典派艺术家。

韦奇伍德(Josiah Wedgwood,1730—1795),英国新古典派陶艺家。

弗拉克斯曼(John Flaxman,1755—1826),英国新古典派画家、雕塑家。

(35) 霍勒斯·沃波尔(Horace Walpole,1717—1797),英国浪漫派作家。

(36) "草莓山庄"(Strawberry Hill),伦敦西南泰晤士河畔的小屋,建于1698年。1748年,沃波尔在此定居,按自己的趣味把小屋建成"哥特式城堡",十八世纪七十年代完工。

哥特风(Gothicism),兴起于中世纪的建筑风格,其特色包括尖形拱门、肋状拱顶和飞拱等。

(37) 感伤派(Sentimentalism),十八世纪后期欧洲文学思潮。

(38) 伯特朗·德·伯恩(Bertran de Born,约1140—1215),法国行吟诗人。

(39) 朱丽(Julie),法国思想家卢梭小说《新爱洛伊丝》(*La Nouvelle Heloise*,1761)的女主角。

维特(Werther),歌德小说《少年维特之烦恼》(*Die Leiden des jungen Werther*,1774)的主人公。

(40) 狄德罗(Denis Diderot,1713—1784),法国哲学家、美学家、文学家,百科全书派代表人物。

(41) 格勒兹(Jean-Baptiste Greuze,1725—1805),法国画家。

(42) 拿破仑(Napoleon Bonaparte,1769—1821),法兰西第一共和国执政、法兰西第一帝国皇帝,政治家、军事家。

莪相(Ossian),相传为古爱尔兰行吟诗人。

(43) "起初美好率性的狂喜"(first fine careless rapture),英国诗人勃朗宁(Robert Browning,1812—1889)抒情诗《域外乡愁》(*Home-Thoughts, From Abroad*)中的诗句。

(44) 即兴喜剧(*Commedia dell'Arte*),没有剧本、由观众现场出题、演员当场即兴表演的喜剧形式,十六世纪下半叶至十八世纪下半叶在意大利广泛流行。

第十一章 游戏视野下的西方文明

（45）沙多（Johann Gottfried Schadow,1764—1850）,德国新古典派画家、雕塑家。
路易丝（Louise of Mecklenburg-Strelitz,1776—1810）,普鲁士王后。
（46）"奇装异服"（Incroyables）、"古装怪服"（Merveilleuses）,指法国督政府时期（Directoire,1795 年 11 月 2 日至 1799 年 10 月 25 日掌握法国最高政权的政府）年轻男子的怪异衣着和时髦妇女穿的古希腊古罗马服饰。

第十二章

当代文明的游戏要素

我们别浪费时间去争论"当代"指的是什么。不言而喻,我们谈到的任何时刻,都已成为历史上的过去,这一刻离我们越远,似乎就在越靠近末端的地方消亡。年轻一代常归为"从前的日子",而在其长辈看来,仍属"我们自己的时代"——这种现象,不仅是因为长辈对此有着个人记忆,还因为他们仍分享着这个时期的文化。这种时间意识之别,与其说取决于偶然的辈分差异,还不如说取决于对新旧事物的认识。在注重历史者的心目中,"现代"和"当代"观念所包含的过去部分,远远多于活在短暂当下者。因此,我们所指的"当代文明"要上溯到十九世纪。

我们要扪心自问:我们所处的文明有多少仍以游戏形式发展?共享这一文明的人,其生活受游戏精神的支配有多大?我们看到,十九世纪失去了历代特有的许多游戏要素——这些损失是弥补了还是加重了?

乍一看,现代社会生活中的某些现象似乎大大补偿了游戏形式的缺失。作为社会功能的体育运动,范围稳步扩大,还在国内国际不断开辟了新领域。

我们说过,比试技能、力量和毅力,在每个文化中总是占据重要地位,有的与仪式有关,有的只是为了取乐、为了庆典。封建社会只对比武打擂真正感兴趣,其余的不过是大众娱乐。而比武打擂有非常戏剧性的演出和贵族色彩,几乎算不上体育运动。它完成的是某种剧场功能，只有极少数贵族阶层积极参与。这种单一的中世纪体育运动生活，多半要归咎于教会的影响。基督教思想很少为有组织的体育运动和强体健身腾出空间，除非强体健身有助于高尚的修养。同样，文艺复兴时期，虽说为求尽善尽美而锻炼身体的例子简直不胜枚举，但这仅限于个人，而绝不包括团体或阶层。总之，人文主义者对知识和学问的重视，容易使古代轻视身体之势延续下去，而宗教改革运动、反宗教改革运动的道德热忱和严肃理智同样如此。直到十八世纪末，"体育运动和锻炼身体具有重要的文化价值"还得不到承认。

当然，体育竞赛的基本形式古往今来始终如一。在某些比赛形式中，最重要的是比试力量和速度，如赛跑速滑、赛车赛马、举重、游泳、潜水、射击等。[1]尽管有史以来人类就爱好此类活动，但它们很少呈现出组织性。只要想到催生此类活动的竞赛原理，谁都会毫不犹豫地把这些比赛称为游戏——我们说过，游戏确实可以很严肃。但还有另一类比赛形式自动发展为"体育运动"，那就是球类比赛。

我们这里关注的，是不定期的娱乐如何转变为有组织的俱乐部和比赛制度。十七世纪的荷兰绘画表明，市民和农民热衷于**高尔夫**（*kolf*）运动，但据我所知，俱乐部组织的运动或当成比赛的运动还闻所未闻。显然，两个群体互相对抗比拼时，最容易产生这类固定组织。大规模的球赛尤其需要常设球队，这就是现代体育运动的起点。在村对村、校对校、镇上两方对抗之类的运动会上，现代体育进程就这么完全自发产生了。该进程始于十九世纪的英国，这多少可以理解，尽管还难以确定盎格鲁—撒克逊人的特有禀赋起了多大作用。但不容置疑的是，英国社会生活结构与此关系很大。地方自治政府鼓励这种联合、团结精神。不强制军训，为身体锻炼创造了机会和需求。独特的教育体制也朝同一方向发力。最后一点，英国的地理状况和地形特征最重要：地势大致平坦，公用土地比比皆是，可以提供最理想、最满意的游戏场地。就这样,英国成了现代体育运动的摇篮和中心。

十七世纪荷兰绘画中的冰上高尔夫运动

十九世纪最后二十多年来,在体育运动的幌子下[2],游戏愈发受到重视。规则渐渐越变越严、越变越繁。创下的纪录水平比以往想象的更高、更快、更远。十九世纪上半叶以来,报刊上那些板球运动员头戴高顶礼帽的迷人图片妇孺皆知。这一切无须赘言。

如今,随着体育运动日益系统化、组织化,某种纯粹的游戏特征不可避免地丢失了。我们可从"业余运动员"和"职业运动员"(曾有个直截了当的说法:"票友和选手"[3])的正式区分中非常清楚地看到这一点。这意味着体育运动在分组中,挑出不再把比赛当游戏的那些人归为一类,他们比真正游戏者地位低但能力高。职业运动员的精神不再是真正的游戏精神——它缺乏自主,不能随心所欲。[4] 这也影响到业余运动员,他们开始感到自卑。职业运动员和业余运动员共同把体育运动从真正的游戏领域推开,越推越远,直到它自成一体(*sui generis*):既非游戏,也不当真。在现代社会生活中,体育运动所处的位置与文化进程相伴又相隔;古代文化中的大规模竞赛则一直是神圣节庆的组成部分,还是能保健康、增福祉的活动,不可或缺。这种仪式上的

第十二章　当代文明的游戏要素

联系如今已彻底断绝。体育运动完全变得世俗、"无关神圣"，与社会结构毫无有机联系，政府举办的就更不用说了。现代社会的技术手段能在体育场公开举行最大规模的群众集会，却改变不了以下事实：无论是奥林匹克运动会，还是美国大学组织的体育运动，或是大肆宣扬的国际比赛，都丝毫无助于把体育运动提升到能创造文化的水平。不论对选手和观众来说有多重要，它都结不出果实。古老的游戏元素几乎彻底萎缩了。

1899 年参加板球赛的"票友"合影

这一观点或许和今天的大众感受背道而驰——按大众感受，体育运动是我们文明中游戏要素的极致。然而，大众感受错了。为了强调这种向过分严肃的致命转变，我们要指出，这种转变也影响到那些只讲计算的非体育比赛，比如棋赛和牌戏。

许多棋类游戏自古以来就广为人知，甚至在原始社会，有些棋类游戏多半因其多变的特点而备受重视。不论它们是碰运气的游戏还是技能游戏，都包含着某种严肃成分。这里不大有欢乐的游戏心态，特别是像国际象棋、国际跳棋（draughts）、十五子棋（backgammon）、哈尔马跳棋（halma）之类很少靠运气取胜的游戏。即便如此，所有这些游戏仍在我们第一章定义的游戏范围内。

国际象棋

国际跳棋

只是近来才利用它们大做文章,并通过举行公开锦标赛、世界联赛、登记成绩,以及文字自成风格但在不明真相的圈外人看来非常可笑的新闻报道,将其并入体育运动。

牌戏不同于棋赛,不可能完全不考虑运气。运气占支配地位,致使牌戏沦为赌博一类,就此而言,牌戏很不适合俱乐部活动和公开比赛。另一方面,多动脑的牌戏则为结伙交往意向留出足够的空间。正是在这个领域,向严肃和过分严肃的转变特别明显。从**奥伯尔牌戏**、**夸德里尔牌戏**(5)时代,到惠斯特牌戏(6)和桥牌时代,牌戏经历了不断改良的过程,但只是到了桥牌出现,这种现代社交手段才成为游戏主宰。规则复杂的指南、玩法以及专业训练,使得打桥牌成了极其正经的行当。最近报上载文,估算克伯森夫妇(7)一年赢的奖金有二十多万

奥伯尔牌戏

克伯森夫妇(左一、右二)在打桥牌

第十二章 当代文明的游戏要素

美元。桥牌风靡全球,耗费了大量智力,但除了带来相对说来并不重要的金钱交易,就没啥实际效果了。整个社会从这种无效活动中既没得益,也没受害。似乎很难把桥牌称为亚里士多德所谓的"高尚的消遣"(*diagōge*)。精通桥牌这种长处结不出果实来,只是极其片面地改进了智力,而没有以任何方式充实灵魂,它限制并消耗了大量才智,这些才智本可以更好地加以利用——我认为,甚至可以说,或许这些才智被桥牌用坏了。外表上看,桥牌在现代社会中的地位,说明当今游戏要素大量增加,但外表会骗人。真正去游戏,就要像儿童那样游戏。桥牌这种工于心计的比赛能算游戏吗?如果不能,那就说明游戏的美德(virtue)已经出局了。

力图在混乱的现代生活中厘清游戏内容,注定会得出自相矛盾的结论。在体育运动这个例子中,这项活动名义上叫游戏,却被提升到专业化组织和科学化精确的高度,致使真正的游戏精神面临消亡的威胁。但与这种过分严肃倾向相反,还有其他背道而驰的现象。某些活动的存在,其全部理由就在于物质利益领域,其初始阶段与游戏毫无瓜葛,却形成了只能称为游戏形式的次要特征。体育运动向我们表明,游戏已僵化成严肃,但感觉还是游戏;现在则是严肃行当退化成游戏,但仍被当成严肃行当。这两种现象被强大的竞赛习性联系在一起,这种习性仍普遍占支配地位,只是形式与以往不同。

十五子棋

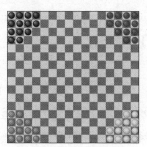
哈尔马跳棋

这种竞赛本性似乎要把世界带回到游戏的源头,其动力主要来自与文化本身无关的外在因素,简而言之,来自交通通讯工具。交通通讯工具使全人类的各种交流变得特别方便。技术、传播和宣传无所不在,它们推动竞争精神,并以史无前例的规模提供满足竞争精神的手段。当然,商业竞争并不属于远古的神圣游戏形式。只有在商业开始创造出人人都要尽力胜过邻人、骗过邻人的活动领域,才会出现商业竞争。很快,商业对抗就使约束规则(即贸易惯例)成为当务之急。商业竞争本质上还是原始的,直到最近,才随着现代交通通讯、宣传和统计学的出现而真正激烈起来。当然,某种游戏要素在早期阶段已进入商业竞争。统计学以交易纪录观念(最初源于体育活动)激发了这种竞争。纪录一词以前只是指备忘便签(memorandum),是掌柜在客栈墙上随手写的备忘,记的是某某骑手或旅客走完多少路程第一个抵达客栈。贸易和产品的统计资料必定会把体育运动要素带入经济生活。结果,几乎每次商业胜利或技术胜利,如今都有体育运动的一面:营业额最多、吨位最大、横渡最快、高度最高……这里,纯粹的游戏要素破天荒战胜了功利主义动机,因为专家告诉我们,从长远看,较小的装置,比如不那么庞大的蒸汽机和飞机,效率会更高。商业成了游戏。这一转变走得太远,以致一些大企业有意识地向工人灌输游戏精神,以利增产。现在动向反过来了:游戏成了商业。曾被鹿特丹商学院(Rotterdam Academy of Commerce)授予荣誉学位的一位工业巨头说过如下一席话:

　　"我当初进入商界至今,商业就是技术人员和销售部门之间的比赛。这边拼命大量生产,让销售部门永远卖不完;而那边拼命多卖,让技术人员永远跟不上。这场比赛一直在进行:时而这方领先,时而那方领先。我们兄弟都不把商业当成差事,而总是当成游戏。我们不断努力把这种游戏精神灌输给年轻员工。"

第十二章 当代文明的游戏要素

当然，这些话不可尽信。但是，大公司组建自己的体育协会，甚至招聘工人时不看其专业能力，而看他的身体状况是否适合踢足球，此类例子数不胜数。车轮再度转向。

确定当代艺术的游戏要素，并不比确定当代商业的游戏要素容易。我们在第十章就设法说明，创造和"生产"艺术品的过程中，游戏性质一点儿也不少。这在缪斯的艺术或"音乐类"艺术中很明显，其中强大的游戏要素是这些艺术的基本成分乃至必要成分。在造型艺术中，我们发现游戏意识与各种装饰形式密切相关；换句话说，心与手运作最自由之处，游戏功能特别有效。此外，它还体现在杰作或特别委托制作的展品中，体现在**绝活**中，体现在技艺和才能的打赌中。现在问题来了：十八世纪末以来，艺术的游戏要素是增强了，还是减弱了？

延续数世纪的缓慢进程，成功地祛除了艺术的实用成分，并使艺术日益成为独创性个体(号称艺术家)自由而独立的职业。这种解放的一个里程碑，就是配框油画战胜了镶嵌画和壁画，同样还有版画战胜了画饰和彩饰。文艺复兴时期认识到，建筑的主要任务不再是修建教堂、宫殿，而是建造住宅；不再是修建精美长廊，而是建造客厅、卧房。这时，从社会到个人的类似转变也发生了。艺术变得更个人化，但也更与世隔绝，成了个体事务、个人爱好。同样，为满足个人审美而特意创作的室内乐和歌曲，其重要性和表现力开始超越更为大众化的艺术形式。

除了这些形式上的变化，艺术功能和艺术鉴赏方面的变化甚至更深刻。艺术独立而高超的文化价值日益受到认可。但就算进入十八世纪，艺术在价值等级中还只占从属地位，不过是特权阶层生活的高级点缀。审美乐趣可能和现在一样多，不过是从宗教狂喜的角度去认识，或理解为一种好奇心，目的是解闷分心。艺术家只是艺匠，在很多情形中只是奴仆，而科学家或学者的地位至少算是有闲阶层一员。

十八世纪中叶开始,新的审美冲动导致巨大转变,它既有浪漫派形式,又有古典派形式,尽管浪漫派潮流更强大。它们共同导致审美鉴赏的空前兴起,由于要取代宗教发挥作用,审美鉴赏变得更加狂热。这是文明史最重要阶段之一。我们要跳过整个这段艺术巅峰期的历史,只需指出,从温克尔曼[8]直到罗斯金以及后继者,这一连串艺坛祭司(art-hierophant)从未间断。艺术崇拜和艺术鉴赏向来就是少数人的特权。直到十九世纪末,多亏有了照相复制术,艺术欣赏才走进文化程度不高的广大群众。艺术成了公众财富,热爱艺术风行一时(*bon ton*)。艺术家高人一等,这种观念广为接受,公众总体上受到势利浪潮的强劲冲击。同时,难以抑制的独创欲扭曲了创作冲动。不断追求新颖、前所未有的形式,驱使艺术沿着印象派[9]的陡坡滑向二十世纪的浮华和累赘。艺术比科学更易受到现代生产技术的有害影响。机械化、广告宣传、制造轰动效应——这些对艺术影响极大,因为通常艺术直接为市场工作,可以自由选取所有用得上的技术。

温克尔曼

第十二章 当代文明的游戏要素

这些情形,都无法让我们谈及当代艺术的游戏要素。十八世纪以来,正因为艺术被当成文化因素,艺术的游戏性质看上去有失无得。而最终结果是得是失呢?人们禁不住会认为,艺术对自己的高尚意义及其创造的美多半一无所知,这是艺术之幸;我们就是这么看待音乐的。如果艺术有自知之明,也就是说能意识到自身魅力,那就很容易失去不朽的童真。

当然,从另一个角度看,正由于艺术家被视为超越庸碌之辈,我们可以说,艺术的游戏要素得到了加强。身为高人雅士,艺术家有资格要求得到应有的尊敬。为尽情享受优越感,他需要有五体投地的民众,或情投意合的圈子,比起普通民众的陈词滥调来,这个圈子源源不断倾吐出的景仰更称心。当代艺术和古代艺术一样,都少不了某种神秘气息。如今领受秘传者事先都认可一个习俗:我们这些入会者,同意如此这般看待某事某物,所以我们能理解它,崇拜它。换句话说,领受秘传者需要有一个沉浸在自身神秘气息中的游戏团体。凡以"主义"、"派"(ism)结尾的时髦字眼,都能追溯出游戏团体的踪迹。现代宣传手段以浮夸的艺评、展览和讲座,有意增强了艺术的游戏特征。

试图确定现代科学的游戏内容,完全是另一回事,因为这会使我们遇到一个大难题。就艺术而言,我们把游戏当成基本的经验材料,当成普遍接受的定量;而谈及科学,我们要不断回过头来界定那个定量,还得重新追问它。如果把游戏的定义(在特定时空和特定意义范围内、按既定规则发生的活动)用在科学上,就会得出惊人结论:科学和学术的所有分支都是游戏形式,因为每一分支都隔离在自身领域内,并都受各自方法论严格规则的限制。但假如我们遵循上述定义的全部条件,就会立即发现,对于称得上游戏的活动,仅有范围和规则还不够。我们说过,游戏受到时间限制;与游戏以外的任何现实没有接触,完成游戏就是游戏自身的目的。此外,游戏还靠愉悦感乃至兴奋感来维持,使人们从紧张的平常生活中解脱出来。这些都不适用于科学。科学以其实用性而不断寻求与现实的联系,在这个意义上就是应用科学。不单如此,它还不断力求建立起普遍有效的现实模式,在这个意义上就是纯科学。科学规则不同于游戏规则,不会世世代代没有争议。科学规则常被经验证明有误并进行修正,而改变游戏规则不可能不破坏游戏本身。

因此,"所有科学都只是游戏",这个结论就可以当成得来全不费工夫的小聪明而抛弃了。不过,探究科学在其自身秩序的封闭区域内是否易于卷入游戏,倒也合情合理。例如科学家对体系的一贯嗜好就有游戏倾向。古代科学在经验上缺乏足够基础,就一门心思对所有想到的概念和特性进行枯燥的分类。尽管观察和计算在这方面也起到制动作用,但并未完全排除科研活动中的某种随意性。就连最精密的实验分析也无法在实际过程中真正加以控制,也会为了后来的理论加以耍弄(play)。确实,游戏的边界总是最后才发觉,但这种发觉也证明了游戏的存在。古代法学家因为类似伎俩受到责备。这方面,语言学家也并非总是无可指摘,因为从《旧约》和《吠陀经》至今,他们就喜爱危险的词源游戏;对今天那些好奇心赛过求知欲的人来说,词源游戏也备受欢迎。不论有没有资格,大家都在肤浅地运用弗洛伊德[10]术语,难道真的就可以断定心理学新流派不会因此被带进歧途吗?

科学工作者或业余爱好者除了可能会耍弄自己的方法外,还可能会被自身的竞争冲动诱引到游戏之路上。尽管科学中的竞争不像艺术中那样更直接受到经济因素的制约,但我们称为科学的这种文明,比起美学来,其逻辑发展与论辩术的联系更加密不可分。前面有一章,我们讨论了科学和哲学的起源,发现它们都源于竞赛领域。有人不失公允地指出,科学具有争辩性。但急于抢在他人前面作出发现或以论证击溃对手,并不是什么好迹象,这在工作量上显得更突出。真

第十二章 当代文明的游戏要素

正追求真理对战胜对手并不在乎。

我们暂作结论，可以说：现代科学只要仍遵循精确准确的严格要求，就难以成为我们所定义的游戏；而早期以及直到文艺复兴时期的情形不同，那时的科学思想和科学方法，明确无误地表现出游戏特征。

关于现代艺术和现代科学的游戏因素，上述只言片语应该够了，虽然要说的还很多。我们要抓紧收尾，只剩下整个当代社会生活的游戏要素尤其是政治的游戏要素还没考虑。不过一开始我们就要提防两种误解。首先，某些游戏形式可能有意无意地被用来掩饰社会意图或政治意图。在这种情形下，我们所涉及的并非本书主题——不朽的游戏要素，而是虚假游戏。其次，与上述情形毫不相干，总有可能突然遇到这类现象：表面上很像游戏，也可能会被当成不变的游戏倾向，但其实绝非那样。有个特点对现代社会生活的支配程度日益增强，它和游戏有共通之处，并让人误以为是高度发达的游戏因素。我斗胆用"幼稚态"（Puerilism）一词称之[11]，对近二三十年来肆虐全世界的那种青春期和蛮荒态的混合物来说，这个称谓恰如其分。

现在看来，似乎是青少年的心态和行为在文明生活的广阔领地上称王称霸，而这片领地以前属于有责任能力的成年人。我所想到的其中习俗，与世界一样古老——区别在于它们如今在当下文明中所处的地位及其用以表现自己的那种野蛮。这些习俗中，拉帮结伙也许是最强势、最可怕的。它导致最低等的幼稚态：大呼小叫或其他招呼手势，身着证章及各种名目的党派服饰，以齐步行军或特殊步伐招摇过市，以及所有繁琐的集体巫术和迷信崇拜仪式。与此酷似，在略深的心理层面，是对无聊娱乐和粗暴煽情的贪婪渴求，是对群众集会、群众示威、游行的热衷……俱乐部是非常古老的组织，但整个国家、整个民族成了俱乐部后，灾难就来了。因为除了能增进友谊、忠诚这类宝贵品质外，俱乐部也是产生宗派、偏执、猜疑和傲慢的温床，而且容易庇护那些美化利己主义和群体意识的错误观念。我们看到,伟大的民族失去了最后一丝荣耀,失去了所有幽默感,失去了真正的行为规范和公平游戏观念。这种全球文化堕落的原因、进程和范围,此处不宜探讨——受过半吊子教育的群众对国际思想交流的掺和,道德规范放宽以及技术过度膨胀,无疑起到重要作用。

举一个官方幼稚态的例子就够了。历史告诉我们,政府像玩九柱戏[12]一样耍弄名称,耍弄有关城市、人物、制度、历法等可敬名称时,这就是革命激情的信号。据《真理报》[13]报道,库尔斯克地区有三个**集体农庄**(*kolkhozy*),原先被命名为"布琼尼"、"克鲁普斯卡娅"[14],还有一处意思相当于"红色玉米地"(Red Cornfield),因拖欠上缴谷物,结果被当地苏维埃改名为"闲汉"(Sluggard)、"怠工"(Saboteur)和"懒鬼"(Do-Nothing),尽管这种过火热情(*trop de zèle*)遭到中央委员会官方批驳,侮蔑式绰号也被撤销,但这种幼稚态度表现得再明显不过了。

九柱戏

已故贝登堡勋爵[15]的伟大创举则完全不同。他的目的是把少年本身这一社会力量组织起来,并善加利用。这并非幼稚态,因为它基于对未成年人思想和才能的深刻理解——童子军运动也明确自称游戏。如

第十二章　当代文明的游戏要素

贝登堡勋爵

果说哪里能找到一个游戏例子,既为当今时代容许,又接近能创造文化的古代游戏,那就是童子军运动了。而当堕落了的童子军观念渗入政治后,我们可以追问,当今社会盛行的幼稚态还算不算游戏功能呢?乍一看,答案似乎肯定是"算",我在其他论著中对该现象也是这么解释的。(16) 现在我要得出不同的结论。按照我们的游戏定义,幼稚态要和游戏性质区别开来。儿童游戏并不是我们这里贬义的幼稚。如果我们现代的幼稚态是真正游戏的话,我们就应看到文明又回归到伟大的古代娱乐形式,那种形式是仪式、风格和尊严的完美结合。在有些人看来,社会快速正步迈进奴隶制度,是太平盛世降临的景观。我们认为,那些人搞错了。

十八世纪,文化的游戏要素盛极一时,从那以后逐渐衰减——这个悲哀的结论一再逼着我们接受。如今,文明不再游戏,就连貌似的游戏,也是虚假游戏(false play)——我差不多要说,它玩虚的(play false)。结果,分清楚哪里游戏终止、哪里"非游戏"(non-play)开始,就变得愈加困难。政治尤其如此。不久前,议会民主形式的政治生活还全是明确无误的游戏特征。我有位学生,根据我对该话题的意见,最近写出一篇有关英法议会辩论的论文——论文显示,十八世纪末以来,众议院的辩论是如何在极大程度上按游戏规则并以真正的游戏精神进行的。个人对抗总在起作用,在游戏者之间保持比赛不间断,游戏者的目的是要将死对手,但他们满腔真诚效忠国家,丝毫无损国家利益。直到最近,在英国以及灵活采纳英国模式的国家,议会民主的气氛和规矩还是公平比赛性质的。哪怕是刻毒至极的争论过后,伙伴精神也会使最势不两立的对头友好地闲聊。正是在这种行为方式中产生了"君子协定"(Gentleman's Agreement)。不幸的是,协定某方并不总是知道"君子"一词隐含的义务。毋庸置疑,正是这种游戏要素,让议会生活维持着健康,至少大不列颠如此,尽管近来责难声不绝于耳。政治机构中潜在的弹性人际关系,允许它"游戏",以此缓解紧张,不然紧张就会难以容忍、危机四伏——因为幽默枯萎才是致命的。这种游戏因素体现在整个选举机构中,我们几乎用不着多说。

哈里森

林肯

这在美国政治生活中甚至更明显。早在两党制沦为局外人难以分清其政策差异的两个庞大赛队前,美国的竞选活动就已发展成举国游戏。1840年的总统大选为后来所有竞选树立了榜样。当时自称"辉格"[17]的那个党有位优秀候选人,即1812年就出名的哈里森将

第十二章 当代文明的游戏要素

军[18],但该党没有竞选纲领。而命运所赐比竞选纲领不知要好多少倍,这位老军人退伍后深居简出的一间木屋,成了迈向竞选胜利的标志。多数票提名制(即呼声最高的获提名)始于1860年的竞选,那场选举让林肯[19]上了台。美国政治易感情用事,这深藏于美国自身的源头:美国人一直信奉草莽的拓荒生活。美国政治中有很多可爱之处,天真率直,这在当代欧洲舞台上的龙骑兵和军事操练中是找不到的,找到的也是更差劲的。

乍一看,尽管国内政治中也许存在大量的游戏迹象,但在国际关系领域似乎并没有游戏存在的机会。国际关系已到了暴力与危险的最不幸时刻,但这一事实本身并不排除游戏的可能性。我们从无数事例中看到,游戏会是残酷血腥的,此外,还往往会是虚假游戏。任何守法的群体或国家共同体,都具有以这样那样的方式与游戏团体联系起来的特征。国与国之间的国际法,就是靠互相承认某些原则来维系的——这些原则实际上像游戏规则那样运作,尽管它们可能以形而上学为基础。不然的话,就没必要制定**有约必守**(*pacta sunt servanda*)的原则了——这一原则明确承认,体系的完整有赖于一致同意遵守规则。一旦哪一方退出默契,整个国际法体系就会崩溃(哪怕只是暂时崩溃),除非剩下的国家强大得足以取缔"搅局者"。

在各个阶段,对国际法的维护,主要靠的是严格的法律领域之外的原则,比如荣誉、正派、举止得体等。由骑士制度特有的荣誉观念发展来的欧洲战争规则并非一无是处。国际法默认,失败的政权会像君子一样行事、输得起,遗憾的是很难做到。发动战争前要正式宣战,事关国际礼仪,但侵略者往往不遵守这条麻烦的惯例,并以占领边远殖民地之类的行动开战。不过说实话,直到最近,战争仍被视为高尚的游戏,视为国王的游戏;同样,战争规则的绝对约束力特征仍然基于某些形式的游戏要素,我们看到,古代战争是这些游戏要素的黄金时期。

现行德国政治文献中有个专门说法,表示从和平向战争的演变,即"das Eintreten des Ernstfalles"——大致意思是"发生严肃事态"(the serious development of an emergency)。当然,就严格的军事用语而言,该术语正确无误。真正的战争跟演习、操练、训练之类伴斗相比,无疑就是严肃之于游戏。但德国政治理论家的说法还有其他意思。"Ernstfall"(严肃事态)一词等于完全公开宣称:直到出现真正的敌对阶段,对外政策才算到了最严肃的地步,才算达成目的或奏效。国与国之间的真正关系是战争关系。所有外交往来,只要走上谈判和协议的道路,就不过是战争的前奏或两场战争之间的插曲。这个可怕的信条广为接受,甚至广为信奉。其信徒把战争和备战视为严肃政治的唯一形式,否认战争与竞赛有任何联系,进而否认战争与游戏有任何联系,这完全合乎逻辑。他们告诉我们,竞赛元素可能会在文明的原始阶段起作用,那时的确如此,但今天的战争远远超出了野蛮人的竞争。现代战争基于"敌友原则"。他们说,国家间、政府间的一切"真正"关系,都受制于这个回避不了的原则。[20] 任何"其他"群体,往往非敌即友。当然,不能把敌人理解成 inimicus 或 ἐχθρός,即你恨的人,更不能理解成坏人,简单地说,只能理解成 hostis 或 πολέμιος,即妨碍你所属群体的外地人或外国人。这种理论甚至拒绝把敌人视为对手或敌手——敌人不过是碍了你的事,因此必须消灭。这种过于简单化的敌对观念几乎沦为机械关系,如果说历史上有什么与此类似的话,那就是氏族、宗族或部落间的原始对抗了——我们看到,那时,游戏要素过度膨胀,扭曲变形了。文明本该把我们带出这个阶段。比起施密特[21]的敌友原则这种粗暴可悲的谬见来,人类理性堕落得如此之深、如此糟糕,无出其右。他的非人道思想甚至在形式逻辑上也站不住脚,因为严肃的并非战争,而是和平。战争以及与战争相关的一切,一直与游戏有着牢不可破的幽灵魔法般的联系。只有超越那种可鄙的敌友关系,人类

第十二章 当代文明的游戏要素

才会登上人性的尊严地位。施密特标榜的"严肃"只会把我们带回到野蛮层面。

这里,游戏和严肃令人困惑的对立再度呈现。我们渐渐明白,文明源自高贵游戏,而且,倘若文明要充分展现尊严和风度,就不能忽视游戏要素。国与国之间、政府与政府之间奉行游戏规则,比其他任何领域都更迫切。一旦规则破坏,社会就会陷入野蛮和混乱状态。另一方面,我们不能否认,现代战争已回到为了声望和荣誉而耍弄战争的古老竞赛姿态。

现在我们的难处在于,从表面上判断,现代战争已经失去了与游戏的所有联系。文化上最雄心勃勃的那些国家,已经顾不上国与国之间的礼让了,还无耻地宣称"有约不必守"(pacta non sunt servanda)。就这样,它们破坏了所有国际法体系固有的游戏规则。我们说过,它们为了声望而耍弄战争,但那种耍弄并非真正的游戏;可以这么说,它们在战争的游戏概念上弄虚作假。当代政治中,即便是基于最充分的准备甚至可能是真正的备战,也几乎找不到古代游戏态度的蛛丝马迹。荣誉观念受蔑视,游戏规则遭冷落,国际法被破坏,战争与仪式、宗教的古老联系统统消失。尽管如此,实施战争策略、进行备战的手段,仍然显示出大量竞赛姿态的痕迹,这些痕迹可在原始社会里找到。政治是某种碰运气的游戏,而且一直就是。只要想想那些挑战、挑衅、威胁和谴责,我们就会认识到,战争以及导致战争的政策,理所当然都是赌博,正如尼维尔·张伯伦[22] 1939 年 9 月初所说的那样。所以,战争并未从游戏的魔环中摆脱出来,尽管表面上与此相反。

这是否意味着战争仍然是游戏呢?甚至对于那些为自身权利和自由而战的被侵略者、受迫害者来说,战争也还是游戏吗?战争到底是游戏还是认真?——我们这个恼人的疑问,在此有了明确无误的答案。是行为的道德成分使行为变得严肃。战争一旦具有道德价值,就

张伯伦 1939 年 9 月 3 日对德宣战

不再是游戏了。只有否认道德标准的客观价值、否认道德标准正当有效,才能找到摆脱这个恼人困境的出路。因此,卡尔·施密特对战争即"发生严肃事态"这个公式的认可也是正确的——但和他所指的意义截然不同——他的观点是侵略者的观点,不受道德因素的制约。政治和战争深深扎根于文化的原始土壤中,在竞赛中进行,并且就是竞赛——这个事实依然如此。只有通过凌驾于敌友关系之上的精神,并承认比满足自我意志、群体意志或国家意志更高的目标,政治团体才能超越战争"游戏",达到真正的严肃。

这样,历经曲折,我们得出如下结论:没有游戏要素,就不可能有真正的文明,因为文明预先假定自身受到限制和控制,不会把自身发展趋势同终极目标、最高目标相混淆,却意识到文明处于自愿接受的特定界限内。在一定意义上,文明总是按特定规则来游戏,而真正的文明总是需要公平游戏。所谓公平游戏,无非就是用游戏术语表达的"诚意"(good faith)。因此,欺骗或搅局就会摧毁文明本身。要成为创造文化的健全力量,游戏要素就绝不能掺杂。它不能抹黑或贬损理性、信仰或人道设立的标准;它不能是虚假的表象,不能成为真正游戏

第十二章 当代文明的游戏要素

形式的假象、为背后的政治意图打掩护。真正的游戏不懂宣传——其目的就是游戏,而供它使唤的精灵就是愉快的灵感。

迄今为止,在探讨我们的主题时,都力求围绕一个游戏概念,这个概念来自明确的、普遍认可的游戏特征。我们是在直接的常用意义上看待游戏的,同时,竭力避免断言"一切人类行为都是游戏"的哲学概括。现在,论述将毕,这种观点有待我们斟酌。

"他把人类所有主张都称为儿童游戏。"赫拉克利特谈到晚期古希腊传统时这么说。[23] 为了给这句金玉良言补上坠子,让我们大篇幅摘述柏拉图的深刻言论(本书第一章引用过):"尽管人类事务不值得太当真,但还是有必要严肃对待;幸福则另当别论……我认为,人必须严肃地做严肃之事,而不能以其他方式。极度严肃唯有神配得上,而人是神造的玩偶,那就是人的最佳用途。因此,男男女女都要照此生活,玩最高尚的游戏,并达到有别于当前的另一种精神境界。因为他们认为战争是严肃之事,但在战争中,既没有名副其实的游戏,也没有名副其实的文化,而我们认为游戏和文化是最严肃的。因此,人人都必须尽可能地在和平中生活。那什么是正确的生活方式呢?过生活须得像做游戏,玩玩游戏,献献祭品,唱歌跳舞,如此这般,此人方能取悦众神,方能御敌自卫,方能赛场取胜。"因此"人类当依着本性去生活,因为在绝大多数方面,他们都只是木偶,只拥有少量真理"。柏拉图的对话伙伴对此反驳道:"朋友,如果你这么说的话,就把人性说得太不堪了。"柏拉图答道:"原谅我,我是因为凝望神灵、受神灵感召,才这么说的。换句话说,人性并非太不堪,而是值得关注。"[24]

只有转向终极思考,人类思想才能脱离游戏的魔环。逻辑思维走不到这么远。审视所有的思想宝藏以及一切显赫的智力成就,我们仍会发现,在每个严肃判断的根源,疑点尚存。我们打心底里知道,我们的见解没哪个是绝对令人信服的。在这一点上,我们的判断开始动摇,"世界是严肃的"这一看法终究也随之动摇。"万物皆空"的老话不再说了,"一切都是游戏"这种更明确的结论强加给我们。无疑,蹩脚的比喻纯属思想的无能,而柏拉图把人称为神灵的玩偶,则是他得出的智慧。在圣经《箴言》中,这一思想以奇特的想象再度重现,文中"智慧"说道:"在耶和华造化之初,在太初创造万物之先,即已有我。从亘古、太初、未有世界之前,我已产生……我同他化育万物:日日欢喜,常常在他面前游戏,在世间游戏。而我乐与世人为伴。"(25)

什么是游戏?什么是严肃?这个问题在脑海里不断穿梭盘旋,弄得我们晕头转向。此时,我们就该在道德领域重新找到那个一动不动的定点,逻辑是无能为力的。我们一开始说过:游戏无关道德;游戏本身非善非恶。但倘若我们必须甄别,受意志驱使的行为是严肃的义务还是正当的游戏,我们的道德良知立刻就会提供试金石。一旦真理和正义、同情和宽恕对我们的决断施加了影响,这个让我们犯愁的问题也就失去所有意义了。一丝同情就足以使我们的行为超越了理智的特征。良知确实源于正义和天恩的信念,良知是道德意识,它总是以恒久的沉默,淹没这个始终躲避我们、困惑我们的问题。

注释:

(1) 《贝奥武甫》里有个游泳比赛的过激变种,其目的是把对手闷在水里直到对手淹死为止。　　　　　　　　　　　　　　　　　　　　——原作者

(2) 我们不再说"游戏"(game),而是说"体育运动"(sport),这或许很耐人寻味。作者也许对这里和美国最近一二十年"体育运动"的发展不够熟悉,他没能着重指出最重要的一点:体育运动已经成了生意,或者说得直白点,成了赚钱的勾当。　　　　　　　　　　　　　　　　　　　　　　——英译者

(3) "票友和选手"(Gentlemen and Players),板球顶级对抗赛(First-class cricket)的一种形式。票友(Gentlemen)是业余队员,往往是社会中上阶层人士;选手(Players)是专业队员,往往来自下层人士。

第十二章　当代文明的游戏要素

(4) 按,吉·基·切斯特顿有句名言:值得做的事,不值得好好做!（If a thing is worth doing at all it is worth doing badly!）——英译者

吉尔伯特·基思·切斯特顿（Gilbert Keith Chesterton, 1874—1936）,英国作家。

(5) 奥伯尔牌戏（ombre）,十七、十八世纪欧洲流行的牌戏,三人玩四十张牌。

夸德里尔牌戏（quadrille）,十八世纪欧洲流行的牌戏,四人玩四十张牌,奥伯尔牌戏的变种。

(6) 惠斯特牌戏（whist）,十八世纪欧洲流行的牌戏,四人玩五十二张牌。

(7) 克伯森（Ely Culbertson）(1891—1955）,美国桥牌大师,著有《定约桥牌玩法大全》（Contract bridge complete: the Gold Book of bidding and play）;其妻约瑟芬（Josephine）是他的搭档。

(8) 温克尔曼（Johann Winckelmann, 1717—1768）,德国艺术史家、美学家。

(9) 印象派（Impressionism）,十九世纪六十年代兴起的西方艺术流派。

(10) 弗洛伊德（Sigmund Freud, 1856—1939）,奥地利精神分析学家,精神分析学派创始人。

(11) 参见《明天就要来临》（In the Shadow of Tomorrow）[赫尼曼出版社（Heinemann）](1936),第十六章。　　　　　　　　　　　　　　　　——原作者

(12) 九柱戏（Nine-pin）,在地上放九根柱子,用球滚地击倒柱子;源于三至四世纪的德国,是现代保龄球运动的前身。

(13) 1935年1月9日。　　　　　　　　　　　　　　　　　　　　——原作者

《真理报》（Pravda）,1912年创刊,1918—1991年为苏联共产党机关报。

(14) 库尔斯克（Kursk）,位于俄罗斯西部。

布琼尼（Budenny, 1883—1973）,苏联元帅。

克鲁普斯卡娅（Krupskaya, 1869—1939）,苏联教育家,列宁的夫人。

(15) 贝登堡勋爵（Lord Baden-Powell, 1857—1941）,英国作家,童子军运动（Scout Movement）创始人。

(16) 《超越文化中游戏和严肃之分》（Over de grenzen van spel en ernst in de cultuur）,第25页,以及《明天就要来临》第十六章。　　　　　——原作者

(17) 美国辉格党(Whig),美国政党,创始于十九世纪三十年代,十九世纪五十年代瓦解。

(18) 哈里森(William Henry Harrison, 1773—1841),美国军事家,第九任总统。1812年,英军与印第安人联合向印第安纳州进犯,美对英宣战,哈里森作为西北地区联合军司令,取得了泰晤士河战役的胜利。1841年在任内去世。

(19) 林肯(Abraham Lincoln, 1809—1865),美国政治家,第十六任总统(1861—1865)。

(20) 卡尔·施密特的《政治的概念》(*Der Begriff des Politischen*)(汉堡,1933)。

——原作者

卡尔·施密特(Carl Schmitt, 1888—1985),德国法学家、政治思想家。

(21) 施密特,见上注。

(22) 尼维尔·张伯伦(Neville Chamberlain, 1869—1940),英国政治家,1937年到1940年任英国首相。1939年9月4日,英国对德宣战后的第二天,张伯伦在对德国人民的广播讲话中提到了"万恶的战争赌博"(monstrous gamble of a war)。

(23) 《残篇》,第70则。

——原作者

(24) 《法律篇》,第803—804页;亦参见第685页。柏拉图的话在路德口中忧郁地共鸣,他说:"一切造物都是上帝的假面。"[埃尔兰根(Erlanger)版《路德全集》,第十一卷,第115页。]

——原作者

(25) 第八章,第22—23节,第30—31节。这是杜埃版(Douay)译文,蓝本是拉丁文通俗版圣经(Vulgate)。英文钦定本圣经(A. V.)和修正版圣经(R. V.)文中并未出现"游戏"概念。

——原作者

索　引

（页码为英文版页码，即本书边码）

A

Abelard, 阿伯拉尔, 155
Abner, 押尼珥, 41
Abyssinia, 阿比西尼亚, 84, 88
Achilles, Shield of, 阿喀琉斯之盾, 79—80
Actualization by representation, 以再现而实现, 14
Adat, 法律习俗, 78
Adolescence, in modern culture, 当代文化的青少年, 205
Aeschylus, 埃斯库罗斯, 145, 146
Aesthetics, play and, 游戏和美学, 7, 10
Agalma, 喜庆, 167
Agon, 竞技, 30—1, 48
"Agonal" man, "竞赛"人, 71, 72
Alain de Lille, 阿兰·德·里尔, 140
Alberoni, 阿尔贝罗尼, 186
Alboin, 奥博因, 69
Allegorical thinking, modern, 现代象征思维, 141

Allonge, 马尾假发, 184
Amadis de Gaule, 高卢的阿马迪斯, 181
Amateurs and professionals, 票友和选手, 197
American politics, 美国政治, 207
Anaximander, 阿那克西曼德, 117
Animals, personification of, 动物拟人化, 141
Animals, play of, 动物游戏, 1
Annam, 安南, 56, 83, 124, 126
Antilogia, 矛盾, 152
Antithesis in play, 游戏中的对立, 47
Arabia, 阿拉伯半岛, 59, 66—8
Arabic, words for "play" in, 阿拉伯语的"游戏"词汇, 35, 42
Aramaic, words for "play" in, 阿拉米语的"游戏"词汇, 35
Archilochus, 阿基罗库斯, 68, 87
Architecture, 建筑, 168
Ariosto, 阿里奥斯托, 181
Aristophanes, 阿里斯托芬, 144, 145, 152

Aristotle, 亚里士多德, 64, 130, 149, 160—1, 163

Art, appreciation, extension of, 艺术鉴赏的发展, 201—2

Art, modern, play-element in, 当代艺术的游戏要素, 201—3

Ases, 阿萨神族, 52, 57, 69, 81

Athletics, 体育运动, 51

Augustine, St., 圣奥古斯丁, 153

Augustus, Emperor of Rome, 罗马皇帝奥古斯都, 174—5

Augustus the Strong, 奥古斯都大力王, 163

B

Babar, 巴巴岛, 123

Bach, J. S., 约·塞·巴哈, 163

Bacon, Francis, 弗朗西斯·培根, 119

Baden-Powell, Lord, 贝登堡勋爵, 206

Badr, Battle of, 白德尔之战, 92

Ballet, 芭蕾, 164

Ball-games, 球类比赛, 196

Baroque period, play-element in, 巴洛克时代的游戏要素, 182—6

Battle, and play, 游戏和战争, 40—1

Battle, fixed time and place for, 约定时间地点交战, 98—9

Beauty, 美, 7

Beowulf, 贝奥武甫, 70, 121

Bernini, 贝尼尼, 182

Betting, 赌, 53

Biological function of play, 游戏的生物学功能, 1—2

Birds, play-activities of, 鸟类的游戏活动, 47

Blackfoot, words for "play" in, 黑足语的"游戏"词汇, 33, 43

Blackstone, 布莱克斯通, 94

Board-games, 棋类游戏, 198

Boas, F., 法·博厄斯, 59

Bocan, 博坎, 163

Bolkestein, Prof., 博克斯坦教授, 30—1, 33

Bragging matches, 吹牛比赛, 65

Brāhmana, 梵书, 108, 112

Breda, siege of, 围攻布列达, 98

Bridge, 桥牌, 198—9

Brunner, H., 海·布鲁奈, 93

Bull-fighting, 斗牛, 178

Burckhardt, Jacob, 雅各·布克哈特, 71—2, 73, 74

Buru, 布鲁岛, 122

Bushido, 武士道, 34, 102

Buytendijk, Prof., 拜腾狄克教授, 43

Byzantium, games at, 拜占庭的游戏, 178—9

C

Capelle, 卡佩勒, 147

Card-games, 牌戏, 198—9

Carolingian Renaissance, 加洛林文艺复兴, 154

Catch-questions, Greek, 希腊怪题, 148; 亦见 Riddle, 谜语,

Cervantes, 塞万提斯, 181

Chalcas and Mopsos, 卡尔卡斯和摩普索斯, 109

Chalcis, war with Eretria, 卡尔西斯与爱勒特里亚之战, 96

Chamberlain, Neville, 尼维尔·张伯伦, 210

Charlemagne, 查理曼大帝, 70, 154

Charles V, 查理五世, 53, 93

Charles of Anjou, 安茹的查理, 99

Charles the Bold, 大胆的查理, 98

Cheating, 作弊, 52

Chiang Kai-shek, 蒋介石, 99

Child and savage, comparison, 儿童与野蛮人的比较, 24

China, 中国, 14, 54—6, 65, 66

China, war in ancient, 中国古代的战争, 97—8

Chinese, words for "play" in, 汉语的"游戏"词汇, 32

Chivalry, 骑士制度, 96, 179—80

Christianity, and Humanists, 基督徒和人文主义者, 181

Chrysippus, 克吕西波, 148

Circle, magic, 魔环, 57

City-building, Roman, 罗马建城, 175—6

Civilities, exchange of, in war, 战争中互相客套, 98

Clearchus, 克勒库斯, 115, 148

Cleopatra, 克莉奥佩特拉, 62

Club, the, 俱乐部, 12, 205

Combat des Trente, 三十人之战, 89

Combat, single, 单挑, 91 页及后页

Comedy, Greek, 希腊喜剧, 144—5

Comic, the, 滑稽, 6

Commerce, competition in, 商业竞争, 200

Communities for play, 游戏圈子, 12

Competition, 竞争, 11

Competition, and plastic art, 竞争和造型艺术, 169—72

Competition, in drama, 戏剧的竞争, 144—5

Competition, 竞争, 亦见 Agon, 竞技,

"Contest" and "play", Greek distinction, 希腊人对"竞赛"和"游戏"的区分, 30—1

"Contest" and "play", relation, "竞赛"和"游戏"的关系, 40—1, 48 页及后页

Contest, in ancient China, 中国古代的竞赛, 55

Contest, musical, 音乐比赛, 163

Contest, seasonal, 季节性竞赛, 55—6
Cora Indians, 印第安部落科拉人, 22
Costume, Baroque, 巴洛克服饰, 183
Costume, 19th-century, 十九世纪服饰, 192—4
Cours d'amour, 爱情法庭, 125
Courtesy match, 彬彬有礼的比赛, 66
Creation myths, 创世神话, 136—7
Crécy, battle of, 克雷西会战, 99
Culture, play-element of, 文化的游戏要素, 46
Culture, modern, bastardisation of, 当代文化的堕落, 205
Cuzzoni, 谷佐妮, 163

D

Daedalus, 代达罗斯, 170
Danaids, 达那伊得丝姐妹, 83
Dance, 舞蹈, 164—5, 166
Dante, 但丁, 179
Davy, 戴威, 61, 76
de Jong, de Josselin, 德·若瑟兰·德·乔恩格, 122, 123
de Jouvenel, Henri, 亨利·德·茹弗内, 164
Deussen, Paul, 保罗·道森, 106
de Vries, 德·弗里斯, 69
Diagōge, 高尚的消遣, 160—1
Dialogue, forms, 对话体, 113

Dialogue, 对话, 亦见 Plato, 柏拉图,
Dice-playing, 掷骰子游戏, 57
Diderot, 狄德罗, 191
Dike, 正义女神狄刻, 80, 94
Dilemma, 两难, 112
Dio Chrysostom, 迪奥·克里索斯托, 153
Diogenes, 第欧根尼, 148
Dionysia, and drama, 酒神节与戏剧, 144—5
Disfida di Barletta, 巴列塔约战, 89
Disinterestedness of play, 游戏不涉功利, 9
Display, 展示, 13
Disputations, theological, 神学辩论, 112, 114
Doodling, 涂鸦, 168
Drama, 戏剧, 5, 14, 144—5
Dress, 服装, 见 Costume, 服饰,
Dressing up, 装扮, 13
Drinking contests, 饮酒比赛, 73
Dromenon, 仪式, 14
Drumming-match, 击鼓比赛, 85
Dualism, of social communities, 社会团体的二元性, 53
Dualism, sexual, 性别二元性, 54
Duel, judicial, 司法决斗, 93
Duel, private, 私下决斗, 94
Dutch, words for "play" in, 荷兰语的"游戏"词汇, 见 Germanic languages, 日耳曼语族,

Duyvendak, Prof., 戴文达教授, 32

E

"Earnest", as opposite of "play", "游戏"的反义词"认真", 44

Economic factor in history, 历史中的经济因素, 192

Eddas,《埃达》, 69, 83, 109—10, 113, 120, 130, 131, 134—5, 137, 143

Egyptian religion, 埃及宗教, 26

Ehrenberg, Victor, 维克多·爱伦堡, 72, 74—5, 82

Electioneering, 竞选活动, 207

Eloquence, Parliamentary, 议会辩论, 207

Empedocles, 恩培多克勒, 116, 117—18, 127, 138

Enemy, the, 敌人, 209

England, as cradle of modern sport, 现代体育的摇篮英国, 197

English, words for "play" in, 英语的"游戏"词汇, 见 Germanic languages, 日耳曼语族,

Erasmus, 伊拉斯谟, 6, 156, 181

Erotic use of word "play", "游戏"一词表示性爱, 43

Eskimo, 爱斯基摩人, 85—6, 125

Esotericism and art, 神秘气息与艺术, 202—3

Essence of play, 游戏的本质, 2

Euripides, 欧里庇得斯, 145

Euthydemos, 犹西德谟, 148

Exaggeration, 夸张, 143

Exercise, bodily, and culture, 身体锻炼和文化, 196

Exoticism, and moderns, 异国情调和现代人, 26

F

Faguet, Emile, 埃米尔·法盖, 142

Fashions, in dress, 着装时尚, 193—4

Fate, 命运, 79

Faustina, 弗丝蒂娜, 163

Festivals, 节庆, 21 及后页

Feudalism, and aristocratic contest, 封建制度和贵族比赛, 102

Florence, 佛罗伦萨, 172

Folly, 愚蠢, 6

Fontenelle, 冯特奈, 187

Francis, St., and Poverty, 圣方济各和"贫穷", 139

Fraud, 欺骗, 52

Frederick the Great, 腓特烈大帝, 163

Frederick II, Emperor, 腓特烈二世皇帝, 114—15

Freedom, 自主, 7—8

Freya, 弗蕾娅, 52

Friend-foe principle, 敌友原则, 209

Frobenius, L., 列·弗洛贝尼乌斯, 15 及后页, 20, 24, 46

Fun, element in play, 游戏的乐趣要素, 3

Fun, and sacred rites, 乐趣和宗教仪式, 22

Function of play, definitions, 游戏功能的定义, 2, 28

G

Gaber, 吹牛比赛, 70

Gage, 抵押, 50—1

Gaimar, Geoffroi, 杰弗里·盖马, 70

Games, Hellenic, 希腊运动会, 49, 73

Games, organised, 有组织的比赛, 196

Games, Roman, 罗马游戏, 177—8

Gelp, 取笑, 嘲弄, 70

"Gentlemen's Agreement", 君子协定, 211

Gerbert, 加贝, 153—4

Germanic languages, word for "play" in, 日耳曼语族的"游戏"词汇, 36 及后页, 43

Gierke, Otto, 奥托·吉尔克, 82

Gift ritual, 赠仪, 62 及后页

Goethe, 歌德, 78, 190—1

Gorgias, 高尔吉亚, 146, 147, 151

Gothicism, 哥特风, 190

Granet, Marcel, 马塞尔·葛兰言, 54—5, 59, 97, 124

Greece, artistic prize-contests, 希腊有奖艺术比赛, 171

Greece, education in, 希腊教育, 147

Greece, legal contests in, 希腊法律比赛, 87

Greece, slanging-matches in, 希腊骂战, 68

Greece, war in, 希腊战争, 96—7

Greek, words for "play" in, 希腊语的"游戏"词汇, 29—31

Greek culture, agonistic principle in, 希腊文化的竞赛原则, 63 及后页, 71 及后页

Greeks, and myth, 希腊人和神话, 130

Gregariousness, 拉帮结伙, 205

Grimm, 格林, 42

Grotius, Hugo, 胡果·格劳秀斯, 182—3

Guardini, Romano, 罗曼诺·瓜尔蒂尼, 19

Guarino, 瓜里诺, 181

Guilds, mediaeval, 中世纪行会, 171

Gunther, 巩特尔, 52

Gylfaginning, 《古鲁菲受骗记》, 131, 137

Gypsies, and potlatch, 吉卜赛人和斗富宴, 61

H

Haberfeldtreiben, 赶山羊, 86

Haikai, 俳句, 124

Hampe, K., 卡·汉佩, 115

Handel, 亨德尔, 163

Harald Gormsson, 哈拉尔·高森, 70

Harrison, Jane, 简·哈里森, 81

Hauptmann trial, 审理霍普特曼案, 87

Haydn, 海顿, 163

Hebrew, words for "play" in, 希伯来语的"游戏"词汇, 35

Held, G. J., 杰·扬·赫尔德, 57—8, 61

Heraclitus, 赫拉克利特, 116, 117, 211

Heralds, 报信员, 71, 121

Heretics, 异端, 12

Herodotus, 希罗多德, 96

Hesiod, 赫西俄德, 87, 117, 138

Heyne, M., 莫·海恩, 37

Hildegard of Bingen, 宾根的希德嘉, 140

Hippias, 希庇亚, 146

Holidays, 节日, 21

Homer, 荷马, 64, 138

Honour, 荣誉, 50, 63 及后页

Honour, and the duel, 荣誉和决斗, 94

Honour contests, 荣誉比赛, 66 及后页

Horace, 贺拉斯, 175

Horse-racing, Byzantine, 拜占庭赛马, 179

Humanism, play-element in, 人文主义的游戏要素, 181—2

Humanism, and body-culture, 人文主义和身体文化, 196

I

Iambos, 抑扬格, 68

Ibn Sabin, 伊本·萨宾, 114—15

Identification, 认同, 15

Images, 形象, 4, 14

Indigitamenta, 封神榜, 139

Industrial Revolution, 工业革命, 192

Inga fuka, 音佳赋歌, 122—3

Instinct, play-, 游戏本能, 1, 16

Insurance, life, 寿险, 53

International relations, 国际关系, 208 及后页

Ireland, legends, 爱尔兰传说, 69

Iurgum, 法律程序, 87

J

Jaeger, Werner, 魏纳·耶格, 80, 87, 117, 147

Japan, 日本, 56, 127

Japan, aristocratic culture in, 日本贵族文化, 102

Japanese, words for "play" in, 日语的"游戏"词汇, 34—5

Jason, 伊阿宋, 52

Java, 爪哇, 78

Jensen, A. E., 阿·伊·简森, 22—4

Joab,约押,41

Jocus,玩笑,36

John,Duke of Brabant,布拉班特的约翰公爵,99

Jongleur,吟游诗人,121

Joute de jactance,吹牛游戏,66

Judge,costume of,法官服饰,77

Judicial proceedings,play-element in,诉讼程序的游戏要素,76 及后页

Jul-feast,七月庆,69

Justice,archaic and modern,古代的审判和现代的审判,79

K

Kalevala,卡勒瓦拉,120,124

Kant,康德,38

Kauravas,俱卢族,52,57

Kenningar,隐喻语,134—5

Kerenyi,K.,卡·科伦伊,21—2

Kouretes,库里特,48

Kula,库拉,62—3

Kwakiutl,夸丘特尔部落,23,58

L

Language,语言,4

Language,poetic,诗歌语言,132—4

Latin,words for "play" in,拉丁语的"游戏"词汇,35

Laughter,笑,6

Law,international,国际法,100—1,208 及后页

Law,poetry and,诗歌与法律,127

Lawsuit,as *Agon*,打官司成了比赛,76

Leisure,Greek,希腊人的闲暇,147—8,160—1

Lemaire,Jean,让·勒梅尔,181

Limitedness of play,游戏的限制,9—10

Littmann,黎蒂曼,87

Liturgy,礼拜仪式,19

Livy,李维,62

Loango,洛安戈部落,23

Locker,G. W.,戈·威·洛赫,60

Logic,part of play in,游戏的逻辑成分,153

Lots,casting of,掷签,79

Love-courts,爱情法庭,125

Love-play,求爱游戏,43

Loyalty,忠诚,104

Luck,运气,56

Ludus,the word,游戏一词,35—6

Lusus,卢索斯,29 注

Lyric poetry,抒情诗,142

M

Mahābhārata,摩诃婆罗多,52,57,59,83,112

Malinowski,B.,布·马林诺夫斯基,23,62,66

Mamalekala,马勒卡拉部落,59

Marett,R. R.,罗·拉·马雷特,23

Marguerite de Navarre,玛格丽特·德·纳瓦尔,181

Marriage choice, and contest,竞赛择偶,83

Marxism,马克思主义,192

Masks,面具,26

Maunier,R.,雷·莫尼耶,61

Mauss, Marcel,马塞尔·莫斯,59,61,139

Meaux,莫城,65

Melanesia,美拉尼西亚,59,62

Menander,弥兰陀王,112—13

Metaphor,比喻,4,136

Michael Scotus,米迦勒·司各脱,114

Middle Ages,play-element in,中世纪的游戏要素,179—80

Milindapahañha,弥兰陀王问经,112—13

Mimesis,模仿,162

Mind,place of,in play,游戏中精神的地位,3—4

Miracles,奇迹,170—1

Molinet,Jean,让·莫里奈,181

Montaigne,蒙田,94

Mu'āqara,以砍骆驼脚争荣耀,59,66—7

Muller,F.,弗·穆勒,98

Munificence,Roman,罗马的慷慨,178

Muses,缪斯,159 及注,165

Music,play-element in,音乐的游戏要素,158 及后页

Music,eighteenth century,十八世纪的音乐,187—8

Musical art, in Greece,希腊"缪斯的"艺术,159—62

Musical instruments,"playing","玩"乐器,42

Musician,social status of,音乐家的社会地位,163

Mycale,Battle of,米卡里之役,96

Mysteries,Greek,希腊秘仪,26

Myth,神话,4—5

Myth and poetry,神话和诗歌,129 及后页,136 及后页

N

Nāgasena,那先,112—13

Names,puerilistic attitude to,对名称的幼稚态度,206

Neckel,G.,古·内克尔,131

Neuhoff, Theodore,西奥多·纽霍夫,186

Nguyen van Huyen,阮文宣,56,83,124,126

Nibelungenlied,尼伯龙根之歌,83

Nietzsche,尼采,152

19th century, play-element in, 十九世纪的游戏要素, 191—4

Nobility, and virtue, 高贵和美德, 64 及后页

O

Object of play, 游戏的目的, 50

Old Testament, personification in, 《旧约》里的拟人化, 139

Olympic Games, 奥林匹克运动会, 49

Opposite of play, words for, 游戏的反义词, 44

Oracles, 神谕, 79

Ordeal, 神判, 81—2, 91

Order, and play, 秩序和游戏, 10

Ortega y Gasset, J., 何·奥尔特加·伊·加塞特, 55 注

Ortric, 奥特里克, 153—4

Ottoboni, Card., 欧道堡大主教, 163

P

Palamedes, 帕拉墨得斯, 146

Panem et circenses, 面包和游戏, 177

Pantūns, 盘头诗, 123

Parabasis, 致辞阶段, 144

Parliament, eloquence in, 议会辩论, 207

Parrhasios, 帕拉修斯, 171

Paulus Diaconus, 保罗·迪亚科努斯, 69

Pechuel-Loesche, 派度尔—莱歇, 23

Pelops, 珀罗普斯, 52

Penelope, 佩涅洛佩, 83

Periwig, 假发, 183—6

Persia, Shah of, 波斯国王, 49

Personification, 拟人化, 136 及后页

Personification, Roman, 罗马的拟人化, 174

Peter Damiani, 彼得·达米亚尼, 155

Philip of Burgundy, 勃艮第的菲利普, 62

Philology, 哲学, 204

Philosophers, Greek, 希腊哲学家, 115 及后页

Philosophy, development from riddle-game, 谜语游戏演化成哲学, 146 及后页

Phratria, 胞族, 53

Pindar, 品达, 73

Places, sacred, 圣地, 19—20

Places, sacred, lawcourts as, 作为圣地的法庭, 77

Plastic arts, and play, 造型艺术和游戏, 165 及后页

Plastic arts, and competition, 造型艺术和竞争, 169—72

Plato, 柏拉图, 18—19, 27, 37, 48, 87, 130, 143, 145, 147, 149—51, 159, 160, 162, 211—12

"Play", the word and its equivalents, "游戏"及其同义词,28 及后页

Play, an independent concept, 独立概念的游戏,6

Play, non-moral character, 游戏非道德特征,6

Play, definition, 游戏定义,2,28

Play-ground, 游戏场所,10,14

Play-ground, 游戏场所,亦见 Places, sacred,圣地,

Play-language, Japanese, 日语的游戏用语,34

Plutarch, 普鲁塔克,49 注

Poetry, relation to play, 诗歌与游戏的关系,119 及后页

Poets, as possessors of knowledge, 拥有知识的诗人,120

Poets, Renaissance, 文艺复兴时期诗人,181

Politics, modern, and play, 现代政治和游戏,206 及后页

Polytechnos, 波吕泰克诺斯,170

Pope, Alexander, 亚历山大·蒲柏,187

Potlatch, 斗富宴,58 及后页,82

Poverty, St. Francis and, 圣方济各和"贫穷",139

Pretending, 假装,8,22

Pretium, 对应价值,51

Prize, 奖品,50—1

"Problems", "问题",148

Prodicus, 普罗狄克斯,146

Production, and art, 制作和艺术,165

Prometheus, 普罗米修斯,146

Protagoras, 普罗泰戈拉,146,147

Proverbs, Book of,《箴言》,212

Prunktürme, 招摇之塔,172

Psychoanalysis, 精神分析学,24,141

Psychology, 心理学,204

Puerilism, 幼稚态,205—6

Pythagoras, 毕达哥拉斯,147

Q

Question contests, 问答比赛,111 及后页,126

Quintilian, 昆体良,153

R

Rabelais, 拉伯雷,181

"Rags", "狂欢会",13

Rahder, Prof., 拉德尔教授,34

Ramayana,《罗摩衍那》,83

Rana, 拉纳人,122—3

Rape of the Lock,《鬈发遇劫记》,140,187

"Real life", play and, 游戏和"真实生活",8

Records, 纪录,200

Renaissance, play-element at, 文艺复兴

时期游戏要素,180—2

Repetition,重复,10

Representation,再现,13,15,161

Rhythm,韵律,142,159

Richelieu,黎塞留,95

Richer,里奇,153

Riddles,谜语,105 及后页

Riddles and poetry,谜语和诗歌,133—5

Rig-veda,《梨俱吠陀》,见 Vedas,吠陀,

Ripperda,里佩尔达,186

Ritual,仪式,5,15,17 及后页

Ritual and music,仪式和音乐,158—9

Ritual and plastic arts,仪式和造型艺术,167

Ritual,in Roman culture,罗马文化的仪式,174—5

Rococo period, play-element in,洛可可时期的游戏要素,186—9

Roman culture, and agonistic principle,罗马文化和竞争原则,74

Roman culture, play-elements of,罗马文化的游戏要素,173 及后页

Romance languages, words for "play" in,罗曼语族的"游戏",36,42

Romans, and personification,罗马人和拟人化,138—9

Romantic period, play-element in,浪漫主义时期的游戏要素,189—91

Rome, legal contests in,罗马的法律比赛,87

Romulus and Remus,罗慕卢斯和瑞穆斯,65

Roscelinus,罗瑟林,155

Rousseau,卢梭,188

Rubens,鲁本斯,182

Rules of game,游戏规则,11

Ruskin,罗斯金,103

Rutilius Rufus,卢提留斯·鲁弗斯,88

S

Sacred performances,宗教表演,14

Sages, question-contests of,哲人的问答比赛,112

Salamis, Battle of,萨拉米海战,96

Sannazaro,桑纳扎罗,181

Sanskrit, words for "play" in,梵语的"游戏"词汇,31—2,43

Satire,讽刺作品,68

Saxo Grammaticus,萨克索·格拉玛提库斯,121

Scarlatti,斯卡拉蒂,163

Schiller,席勒,168

Schmitt, Carl,卡尔·施密特,209,210

Scholasticism,经院哲学,154,156

Schroder, R.,理·施罗德,93

Science, play-content of,科学的游戏成分,203—4

Scouting,童军运动,206

Secrecy,保密,12

Seizure,附体,16—17

Sensationalism,煽情,205

Sentimentalism,感伤派,190—1

Seriousness and play,严肃和游戏,5—6,8

Seriousness, and sacred rites,严肃和宗教仪式,22—3

Seriousness, words for concept of,严肃一词的概念,44—5

Sexual act, and play,性行为和游戏,43

Sexual display, in animals,动物求偶的炫耀行为展示,9

Shakespeare,莎士比亚,142

Shou-sin,商纣王帝辛,66

Significance of play,游戏的意义,1

Skáldskaparmál,《诗语法》,131,135

Slanging-matches,骂战,68 及后页

Slanging-matches and litigation,骂战和诉讼,84

Social life, modern, and play,现代社会生活和游戏,205

Society, play and,游戏和社会,46

Socrates,苏格拉底,见 Plato,柏拉图,

Solitary and social play,个体游戏和群体游戏,47

Sophisms,诡辩,148

Sophists,诡辩派,87,146 及后页

Sophron,索福戎,149

Spengler,斯宾格勒,182

Spoil-sport, the,搅局者,11

Sports, modern,现代体育运动,196 及后页

Stakes,赌注,50

State, the Roman,罗马国家,175

Stoicism,斯多葛派哲学,88,151

Stock Exchange,证券交易,52

Stumpfl, R.,罗·司徒布尔,144

"Style","风格",186

Success,成功,49—50

Suso, Henry,亨利·苏叟,139

Sylvester II,西尔维斯特二世,见 Gerbert,加贝,

T

Tacitus,塔西佗,57

Tension,紧张,10—11,47

Themistocles,地米斯托克利,96

Theriomorphism,兽形,141

Theseus,忒修斯,52

Thucydides,修昔底德,152

Thulr,祭礼演说人,121

Tibet,西藏,56

Tlinkit,特林吉特部落,59,60

Tolstoy,托尔斯泰,57

Tongking,越南东京,56

Toradja,托拉查人,108

Totemism,图腾制度,53,141
Tournament,比武打擂,195—6
Trade,play-element in,商业的游戏要素,200
Tradition,play and,游戏和传统,10
Tragedy,Greek,希腊悲剧,144—5
Trial by battle,决斗断讼,93
Triumphus,凯旋,177,179
Trobriand Islands,特罗布里恩岛,62,66
Troubadours,行吟诗人,125
Tryggömál,《忠诚之歌》,128

U

Uhlenbeck,Prof.,乌伦贝克教授,33
Uncertainty,不确定性,47
Unity,mystic,神秘的统一,25
Universals,problem of,共相问题,156
University,mediaeval,中世纪的大学,154,156
Upanishads,《奥义书》,26,107

V

Valéry,Paul,保尔·瓦雷里,11,132
Van den Vondel,Joost,约斯特·范·登·冯德尔,182
Vates,先知,120,146,165
Vedas,吠陀,15,26,105—7,136—7,170
Versipellis,变形,141

Vico,Giambattista,贾巴蒂斯塔·维柯,119
Victory,as representation of salvation,代表拯救的胜利,56
Victory,in war,战争胜利,92
Villard de Honnecourt,维拉·德·奥内库尔,171
Virgil,维吉尔,175
Virtue,美德,63
Visigoths,conversion of,西哥特人的皈依,153
Voluntary character of play,游戏的自愿特点,7

W

Wager-element,in litigation,诉讼的打赌要素,83—4
Wagner,瓦格纳,130,163
Walpole,Horace,霍勒斯·沃波尔,189—90
War,agonistic aspect,战争的竞争特点,90,95 及后页
War,modern,现代战争,209
War,motives,战争的动机,90
War,play-element in,战争的游戏要素,89 及后页
War,Ruskin on,罗斯金论战争,103
War,words for,战争词汇,91 注
Watteau,华多,185

Wedding, 婚礼, 83
Wensinck, Prof., 文辛克教授, 35
Wetan, 韦坦岛, 123
Wieland the Smith, 铁匠韦兰, 170
Wig, 假发, 183—6
Wig, judge's, 法官的假发, 77
Will, Divine, and fate, 天意和命运, 79
William Rufus, 威廉·鲁弗斯, 70
"Winning", "获胜", 50
"Winning", and divine justice, "获胜"和神圣裁决, 81—2
Winter festival, ancient Chinese, 古代中国的冬季庆典, 54—5
Words used for "play" idea, 用于表示"游戏"概念的词, 29

Y

Yam stores, 山药仓, 66
Yanaka, 遮那迦王, 109
Yasna, 祷词, 114
Yin and yang, 阴和阳, 54, 117

Z

Zend-avesta, 《火教经释义》, 113—14
Zeno of Elea, 埃利亚的芝诺, 115, 149
Zeus, 宙斯, 81
Zeus, metamorphoses of, 宙斯的各种变形, 141